Yaşar Kemal
Der Baum des Narren

Yaşar Kemal

Der Baum des Narren

Mein Leben

Im Gespräch mit Alain Bosquet

Deutsch von
Ursula Marty und Nevfel Cumart

Unionsverlag

Die französische Ausgabe erschien 1992
unter dem Titel *Entretiens avec Alain Bosquet*
bei Éditions Gallimard.
Die türkische Ausgabe hat Yaşar Kemal
um einige Texte ergänzt, die von Nevfel Cumart
ins Deutsche übertragen wurden.

Rieterstrasse 18, CH-8059 Zürich
Telefon 0041-1 281 14 00, Fax 0041-1 281 14 40

Umschlaggestaltung: Heinz Unternährer, Zürich
Druck und Bindung: Ebner Ulm
ISBN 3-293-00245-5

ALAIN BOSQUET: Lieber Yaşar, seit zwanzig Jahren kennen wir uns nun schon: anfangs aus Zeitungen, sodann über Ihre Bücher, und seit etwa zehn Jahren verbindet uns eine ungestüme Freundschaft. Es ist an der Zeit, so glaube ich, Ihnen ein paar Fragen zu stellen. Der Grund dafür ist ein öffentlicher: Ihre Berühmtheit und die Geheimnisse, die sich darum ranken: Was bedeutet es, türkischer Schriftsteller zu sein? Ein anderes, eher persönliches Interesse: Wo liegt bei Ihnen die Grenze zwischen Phantasie und Wirklichkeit? Lassen Sie mich entsprechend einer schlechten und alten Gewohnheit meine Fragen aufgliedern. Im Land von Descartes und Valéry wird auch auf die Gefahr hin, unnötigerweise ein unauflösliches Ganzes zu zergliedern, systematisch vorgegangen. In Frankreich und im Westen allgemein liebt man das Erklären, und wenn die Erklärungen nicht ausreichen, erklärt man überaus gelehrt, warum sie nicht ausreichen, einen Künstler oder ein menschliches Wesen zu erfassen.

Befassen wir uns zuerst mit Ihrer frühesten Kindheit. Sie stammen aus dem Kernland der Kurden, mit seinen Traditionen, seinen Sitten, seiner Isolation, seinem Glück und seinem Unglück. Was sehen Sie, wenn Sie die Augen öffnen? Was umgibt Sie? Ein Vater, eine Mutter, ein Stamm? Nomaden oder Seßhafte? Was sehen Sie am Horizont? Wie ist der Himmel? Ein Berg, eine Ebene? Und die Äcker? Wie sind die Dinge um Sie herum? Die Haustiere? Beschreiben Sie mir das Reich dieses Kindes, das Sie einst waren?

YAŞAR KEMAL: Bevor ich unser Dorf und mein Haus beschreibe, möchte ich ein wenig von meiner Familie erzählen, von dem Ort, an dem sie zuvor gelebt hatte, davon, wie sie in die Çukurova zog, und welche Abenteuer sie auf dem Weg dorthin erlebte. Das Dorf meiner Eltern und der gesamten Familie ist das am Ufer des Van-Sees gelegene Dorf Ernis, der Schiffsanlegeplatz von Ernis. Heute wird das ehemalige Dorf als Provinzstadt Günseli bezeichnet.

Die Ereignisse, über die ich nun erzählen werde, habe ich nicht selbst erlebt, sondern von meiner Familie, vor allem von meiner Mutter gehört und erfahren. Meine Mutter besaß ein unheimlich gutes Erinnerungsvermögen. Niemals vergaß sie etwas. Meine Mutter sprach auch wunderschön. Bedauerlicherweise war ihr Türkisch recht spärlich. Das Kurdische hingegen sprach sie ausgezeichnet, vielleicht besser als mancher Epenerzähler. Wenn sie ein Märchen erzählte oder ein Epos vortrug, wenn sie von einem Ereignis berichtete, verschlug es allen Menschen die Sprache. Ich bewunderte ihre Erzählweise. Sie übte einen magischen Zauber auf mich aus. Wenn ich nach so vielen Jahren immer noch Kurdisch verstehen und sogar ein wenig sprechen kann, so verdanke ich es meiner Mutter.

Das Dorf liegt direkt am Ufer des Van-Sees, im Nordosten des Sees und am Fuße des Berges Esrük. Es liegt in der Nähe des Süphan, der nach dem Ararat der zweithöchste Berg der Türkei ist.

Es muß in den Frühlingsmonaten des Jahres 1915 gewesen sein. Von oben, von den Ausläufern des Süphan, drängt das russische Heer, das die osmanischen Truppen vernichtet hat, mit donnernden Kanonen auf das Dorf zu. Die Kanonenkugeln schlagen im Dorf ein. Eines der Geschosse reißt mitten im Dorf ein tiefes Loch auf. Aus dem Loch schießt heißes Wasser hervor. Die Kanonenkugeln und

Granaten schlagen immer dichter ein. Sie schlagen auch in den See ein, das Wasser spritzt zum Himmel auf, so hoch wie ein Minarett. Im Nu versammelt sich das gesamte Dorf, beginnt die Flucht. Sie ziehen gen Osten, in Richtung des Flusses Bendimahi. Auch Hazal und Zübeyde, beide nahe Verwandte von uns, befinden sich auf dem Weg dorthin. Sie haben sich bei der Hand gefaßt, klammern sich aneinander fest. Zübeyde wird später die Frau meines Onkels Tahir, der Bruder meines Vaters. Eine Granatenkugel schlägt mitten zwischen den beiden ein und reißt ihnen die ineinandergelegten Hände ab. Schließlich gelangen sie alle zur Brücke über den Bendimahi, doch was müssen sie dort sehen: Es herrscht ein heilloses Durcheinander, ein Tumult, als wäre es der Jüngste Tag. Vor der Brücke stehen die flüchtenden Menschen zuhauf, dichtgedrängt … Sie stoßen und schlagen aufeinander ein, nur um auf die Brücke zu gelangen. Die russischen Truppen immer noch in ihrem Rücken, unentwegt schlagen die Kanonenkugeln in den See, auf den darüber gelegenen Berg Esrük, auf die zwischen Berg und See liegende Ebene ein. Verwundete, Sterbende, in der Menschenmenge Zertrampelte … Überall wirbelt Staub auf, ein schlimmes Durcheinander … Weit und breit keine Rettung in Sicht. Manche Flüchtlinge werfen ihre Matratzen und Steppdecken auf das Wasser, versuchen, auf ihnen den Fluß zu überqueren.

Der Onkel meines Vaters, Gulihan Bey, der eine Zeitlang der Bey unseres Stammes, des Luvan-Stammes, gewesen ist, ruft meinen Vater zu sich: »Komm her zu mir, Sadik«, trägt er meinem Vater auf, »lauf zum Flußufer und hol den Hüseyin. Auf dich wird er hören. Wenn ihn einer holen kann, dann bist du es.«

Mein Vater läuft den Weg zurück.

Hüseyin Bey ist der Sohn von einem der Onkel meines Vaters. Er ist ein sehr hübscher Mann. Zuerst besuchte er die Schule in Van, dann auch die weiterführende Schule in Istanbul. Als er einige Jahre später in das Dorf zurückkehrte, wird er ein eigenartiger Mensch, spricht mit keiner Menschenseele mehr ein Wort. Sogar mit meinem Vater, der sein engster Freund ist, spricht er nur einige wenige Worte. Und jeden Morgen, bevor noch die Sonne im Osten graut, verläßt er das Dorf, setzt sich auf einen Felsen über dem See und starrt unentwegt auf das Wasser herab. Mein Vater und später auch die Dorfbewohner beobachten ihn. Mehrmals versucht mein Vater, mit ihm zu sprechen, doch Hüseyin Bey gibt ihm, seinem engsten Verwandten, seinem geliebten Freund, keine Antwort, spricht nicht ein einziges Wort mit ihm. Später erfährt das Dorf, was hinter seinem Verhalten steckt. In Istanbul, in der Stadt der Sultane, verliebte sich Hüseyin Bey unsterblich in ein bezaubernd schönes Mädchen im Elfenpalast. Aber dort in Istanbul, in dem Elfenpalast der Frauen, konnten sie sich nicht ohne Schwierigkeiten treffen. Das wunderschöne Mädchen soll zu Hüseyin Bey gesagt haben: »Geh du nach Van, auch ich werde später dorthin kommen.« Hüseyin Bey machte sich also auf den Weg, wartete eine geraume Zeit, wartete noch länger, doch weder erschien das Mädchen, noch war abzusehen, wann sie kommen würde. Vor lauter Sehnsucht hielt es ihn nicht im Dorf, entweder streifte er in den Hängen des Esrük umher, oder aber er wanderte am Ufer des Sees entlang. Eines Tages kehrte er voller Freude vom Seeufer zurück. »Sie ist gekommen, sie ist da, sie ist da, sie ist gekommen, sie ist gekommen«, schrie er unentwegt. »Ich habe es gewußt, daß sie kommen würde, ich wußte es.«

Seit jenem Augenblick entfernte er sich nicht mehr von

dem See. Jeden Tag im Morgengrauen setzte er sich immer an derselben Stelle auf den Felsen, starrte unentwegt auf das Wasser herab, ohne sich zu bewegen. Bis die Dämmerung anbrach, bis man nichts mehr sehen konnte, starrte er immerzu auf das Wasser. So ging es Jahr für Jahr. Sobald Hüseyin Bey seine Augen auf das Wasser richtet, strahlt die Oberfläche des Sees, ist erfüllt mit einem glänzenden Licht, und inmitten dieses Lichtes erscheint das Gesicht des wunderschönen Mädchens. Hüseyin Beys Gesicht leuchtet auf, sobald er das Mädchen erblickt, es strahlt vor lauter Glück und Freude.

So wie alle anderen, erfuhr auch Gulihan Bey von diesem Geschehen. »Laßt den jungen Burschen in Ruhe, rührt ihn nicht an! Es gibt keinen anderen Ausweg aus dieser Sache, wenn es nun einmal so ist, dann laßt es dabei bewenden«, sprach er zu den anderen.

An jenem Tag der großen Flucht, als der Morgen im Osten graute, bemerkten sie, daß Hüseyin Bey wieder nicht in seinem Bett lag. Sein Vater soll gesagt haben: »Der Hüseyin wird sowieso auf seinem Felsen sitzen. Wenn wir daran vorbeiziehen, können wir ihn abholen und mit ihm unseren Weg fortsetzen.«

Mein Vater erreicht den Felsen, auf dem Hüseyin Bey gewöhnlich sitzt, doch was er sieht, läßt seine Knie erzittern, die Beine versagen ihm, er kauert sich dort auf den Felsen nieder. Denn vor ihm schwimmt die Leiche Hüseyin Beys in dem See.

Mein Vater machte sich auf den Weg zum Bey und erzählte ihm, daß die Leiche Hüseyin Beys auf dem Wasser des Sees trieb. Von hinten drängte der Feind immer näher. Es blieb keine Möglichkeit, die Leiche Hüseyin Beys aus dem See zu bergen und sie zu begraben. Der Bey war ein reifer, erfahrener Mann, er hatte in Istanbul die Schule besucht, war ein Pascha im Range eines *Mirmiran* geworden. »Laßt ihn. Er soll bleiben, wo er ist, der Hüseyin«, soll er gesagt haben, »dort ist sein Platz.«

Über die Leiche Hüseyin Beys, die im See zurückgeblieben war, wurden später Lieder gesungen, Totenklagen gedichtet und Epen geschrieben. Im Verlaufe der Flucht wurde diese Legende immer großartiger und weitläufiger. Ich habe oft das Epos auf Hüseyin Bey und das wunderschöne Mädchen von dem Stammessänger der Sippe gehört. An jenem Morgen geht Hüseyin Bey zum See, um sich von seiner Geliebten, dem wunderschönen Elfen-Mädchen, zu verabschieden. So wie immer, erscheint das Gesicht des Mädchens auf der Wasseroberfläche. Hüseyin Bey starrt voller Bewunderung das Gesicht an. Später beginnt er zu weinen. Zum ersten Mal überhaupt spricht ihn das Mädchen an: »Was hast du? Dein Gesicht ist heute so düster vor Kummer und Unglück. In all den Jahren habe ich dich niemals in solch einem Zustand gesehen. Seit so vielen Jahren schon sind wir ineinander verliebt, wir sind angefüllt mit Liebe, angefüllt mit Glück, welches nicht enden wird … Was ist los mit dir?«

Aber es ist Hüseyin Bey, zu dem sie spricht, und Hüseyin Bey schweigt wie immer. Das Mädchen redet immer weiter auf ihn ein. Schließlich sprudelt es aus ihm heraus: »Hörst du nicht das Donnern der Kanonen, unser ganzes Dorf ist geflohen, und ich bin gekommen, um dir ›Lebewohl‹ zu sagen. Behüte dich Gott! Wir sollen wohl erst im Jenseits zueinanderfinden.«

Das Mädchen aber spricht: »Wir können uns nicht voneinander trennen. Ich bin zwar eine Elfe und du ein Menschensohn, doch Gott hat uns füreinander geschaffen.«

Und als der Morgen im Osten graut, steigt das Mädchen aus dem Wasser heraus. Splitternackt ist sie, das Auge blendend, ein wunderschönes Mädchen ist sie, wunderschön … Hüseyin starrt sie an. Er kann sich nicht von der Stelle rühren. Das Mädchen nimmt Hüseyin Bey an der Hand. »Hier, das ist unser Platz. Wir können uns nicht voneinander trennen«, spricht sie und nimmt ihn mit sich hinein in den See.

Ein anderes Lied erzählt das Ende der beiden in einer abweichenden Form. In diesem Lied springt Hüseyin Bey in das Meer (verzeihen Sie, die Kurden nennen den Van-See immerzu »Meer«, mir kam es jetzt auch so über die Lippen), um das Mädchen aus dem Wasser zu holen. Er greift das Mädchen an der Hand und zieht es aus dem Meer. Doch leider ergreifen die anderen Elfen-Mädchen, die aus dem See heraussteigen, die beiden und ziehen sie in das Meer hinein.

Die Legende von Hüseyin Bey lebte bis in die letzten Jahre in unserer Familie fort, bis die alten Leute starben. Heute lebt nur noch Hazal, das Mädchen, dem der Granatensplitter die Hand weggerissen hat. Ich weiß nicht, ob sie sich an dieses Ereignis erinnert. Ob diese Epen, diese Totenklagen und Lieder wohl in Van fortleben? Ob vielleicht mein Verwandter Misto aus dem Dorf Gürseli, in dem ich viele Volkslieder gesammelt habe, ein Lied, eine Totenklage oder ein Epos kennt, das auf Hüseyin Bey gedichtet wurde? Wenn mich eines Tages mein Weg wieder nach Van führt, werde ich Misto danach fragen. Oder ob er vielleicht von dieser Geschichte gehört hat?

Hüseyin Bey bleibt also im Haus seiner Geliebten, des Elfen-Mädchens, zurück, und die Unsrigen gelangen, mit den russischen Truppen im Nacken, bis nach Van. Van ist völlig leer, weit und breit nicht eine Menschenseele zu sehen. Meine Mutter pflegte zu erzählen: »Wir gingen in die Stadt hinein, zum ersten Mal erblickte ich eine Stadt, und sie war völlig leer, wie ausgestorben. Als wir durch diese leblose Stadt zogen, habe ich mich dermaßen gefürchtet ... Solch eine furchterregende Sache habe ich in meinem ganzen Leben nicht gesehen.«

Die Unsrigen bleiben ungefähr eine Woche am Fuße der Festung von Van und ziehen danach ohne Halt weiter. Erst in den Dörfern in der Gegend um Diyarbakir ruhen sie sich aus.

Wenn ich die abenteuerliche Geschichte meiner Familie niederschreibe, muß ich auch von der Mutter meines Vaters erzählen. Mein Vater soll über ein Meter neunzig groß, seine Mutter hingegen nur eine winzige Frau gewesen sein. Als sie sich auf die Flucht machten, soll meine Großmutter krank gewesen sein. Mein Vater nahm seine Mutter auf den Rücken. Bis nach Van hat er sie so getragen und auch die Wüste von Mesopotamien durchquert. Sie hatten sicher Pferde, denn wenn sie aus ihrem Leben erzählten, sprachen sie sehr oft von Pferden, sogar von reinrassigen Pferden. Warum aber trug mein Vater dennoch seine Mutter auf dem Rücken? Ich habe einen Grund gesucht, und ich denke, ich habe ihn auch gefunden. Als ich meiner Mutter davon erzählte, hat sie es bestätigt. Auch mein Onkel Tahir, der Bruder meines Vaters, gab mir recht. Sie besaßen zwar Pferde, doch auf diesen transportierten sie ihre Matratzen und andere Habseligkeiten, auch ihre Vorräte an Lebensmitteln. Ihre Mutter hätte ebenso auf ein Pferd steigen können, doch damit seine kranke Mutter keine Schmerzen haben sollte, zog es mein Vater vor, sie eineinhalb Jahre lang, die gesamte Strecke von Van bis in die Çukurova, auf seinem Rücken zu tragen. Ich kann mich noch sehr gut an meinen Vater erinnern. Diese langen Männer haben manchmal einen ganz leichten Bukkel auf dem Rücken oder wurden vom Alter gebeugt.

Mein Vater hingegen ging kerzengerade. Er war gewandt und hatte eine kräftige Statur.

Das wichtigste Ereignis, das ihnen auf dem Weg widerfuhr und worüber sie später unentwegt sprachen, war, wie sie seine Mutter in der Wüste von Mesopotamien verloren. Eines frühen Morgens, noch bevor der neue Tag im Osten graute, standen sie auf und mußten feststellen: die Mutter liegt nicht auf ihrem Schlaflager. Mein Vater sucht sie hier und da, sucht die gesamte Umgebung nach ihr ab, doch die Mutter ist nicht aufzufinden. Sie machen sich bereit zum Aufbruch, haben schon die Traglasten verstaut, doch die Mutter ist immer noch nicht aufgetaucht. Der Tag schreitet voran, es wird Mittag, die Zeit des Nachmittagsgebets bricht an ... Alle, die zur Familie gehören, stürzen sich in die Wüste und suchen bis zum Anbruch des nächsten Tages, doch vergeblich, sie bleibt wie vom Erdboden verschluckt. Mein Vater macht in jener Nacht bis zum Morgen kein Auge zu. Er streift durch die Wüste und ruft immerzu den Namen seiner Mutter. Der Morgen bricht an, wieder suchen sie alle ... Auch an diesem Tag finden sie die Mutter nicht. Am dritten Tag rührt sich mein Vater bis zum Mittag nicht von der Stelle, dann springt er plötzlich auf, ruft aufgeregt: »Ich weiß, wo sich meine Mutter befindet!« und läuft in die Richtung zurück, aus der sie gekommen sind. Gegen Abend sieht er aus der Ferne ein Tal, in dem einige Feigenbäume und vereinzelte grüne Pflanzen zu sehen sind, und läuft voller Hoffnung darauf zu. Dort liegt seine Mutter schlafend unter einem Feigenbaum. Er weckt sie nicht, zumal er selbst völlig erschöpft ist, sondern legt sich neben sie hin. Als der Tag anbricht und er erwacht, sieht er, daß seine Mutter nicht mehr bei ihm ist, sofort springt er wieder auf, läuft weiter auf dem Weg, falls man diesen Strich in der Wüste überhaupt als Weg bezeichnen kann. Von weitem erspäht er die undeutlichen Umrisse seiner Mutter, die, in sich eingesunken und gebeugt, langsam ihre Schritte setzt. Er holt sie ein. »Wohin gehst du, Mutter?« Die Mutter spricht kein Wort. Er will sie auf seinen Rücken nehmen. Die Mutter sträubt sich, windet sich. Sie gelangen unter die Feigenbäume. Von irgendwoher fließt ein Rinnsal von der Dicke eines Fingers, versiegt etwas weiter entfernt im Wüstensand. Sie trinken einige Schlucke Wasser und ruhen sich eine Weile aus. Mein Vater ist ein hartnäckiger Mensch, immerzu fragt er seine Mutter, wohin sie denn fliehen wolle. Schließlich hält sie es nicht aus, gibt ihrem Sohn voller Zorn eine Antwort: »Ich gehe geradewegs in den Höllenschlund. Wohin soll ich denn schon gehen, natürlich in mein Dorf, ich gehe zu den Ungläubigen. Sie sind auch nur Menschen, sie werden mich wohl nicht fressen, oder? Ihr könnt ruhig abhauen, mal schauen, bis wohin ihr euch davonstehlt.«

Auf diese Weise flüchtete die Mutter während der Wanderung von Van bis in die Çukurova vier-, fünfmal vom Rücken ihres Sohnes und lief zurück in Richtung ihres Dorfes. Sie machte ihren Söhnen das Leben reichlich schwer. Einmal fanden sie sie in einem Schwarzdorngebüsch. Bis sie die Mutter dort herausgeholt hatten, quälten sie sich die Seele aus dem Leib. Wie diese alte, kranke Frau in dieses Schwarzdorngebüsch hineingekrochen war, wie sie sich dort verstecken konnte, das war schon verblüffend. Die Dornen hatten den ganzen Körper der Mutter mit Wunden übersät. Weil das, was ihr zugestoßen war, ihr eigenes Verschulden gewesen ist, machte sie kein Aufhebens davon. Als wäre nichts geschehen, stieg sie wie jedes Mal zankend und keifend auf den Rücken ihres Sohnes. Stets schimpfte sie, schrie lauthals, rief herum, sträubte sich, und wenn sie sie doch auf ein Pferd setzten, fiel sie hinunter, weil sie sich angeblich vor lauter Schwäche nicht auf dem Pferderücken halten konnte. Dennoch blieb sie hartnäckig, stieg nicht auf den Rücken ihres Sohnes, sondern lief, solange ihre Kräfte es erlaubten. Wenn ihre Kräfte sie schließlich verließen, kauerte sie sich auf der Stelle nieder, dann nahm der Sohn sie auf den Rücken. Keinen Laut gab sie von sich. Wenn sie sich etwas besser fühlte, stimmte sie ein Jammer- und Wehgeschrei an und bettelte, daß man sie herunterlassen sollte. Ließ mein Vater sie herunter, lief sie weiter, und wenn sie am Ende ihrer Kraft war, legte sie sich einfach wieder auf die Erde nieder. Meine Mutter erzählte stets: »Noch nie hat solch ein starrsinniger Mensch das Licht dieser Welt erblickt. Ich habe schon viele Menschen gesehen, doch solch einem Menschen bin ich noch nie begegnet.«

Auf ihrem Weg begegneten sie vielen verkrüppelten, kranken und erschöpften Soldaten. Und auch viele Leichen von Soldaten sahen sie. Währenddessen aber dauerte der Krieg noch an, donnerten die Kanonen, herrschte ein großes Durcheinander. Und sie trafen sehr viele hungrige Menschen, waren Zeugen von sehr viel Diebstahl und Raub. Die Unsrigen erzählten, daß während ihrer Flucht alle Leute Diebstahl verübten, so gut wie die gesamte Verwandtschaft, nur unsere Familie nicht. Sie empfanden Stolz darüber, brüsteten sich damit. Denn schließlich gehörten sie zur Familie des Haci Süleyman, des Pilgerreisenden. Haci Süleyman war ein zutiefst religiöser Mann, der bereits mehrfach die Pilgerreise nach Mekka vollzogen hatte. Als sein Vater Mehmet Aga, der Bey des Luvan-Stammes, im Sterben lag, rief er seine Kinder an das Totenbett und sprach zu ihnen: »Meine Kinder, ich werde sterben. Ich übergebe das Siegel des Beys an den ältesten unter euch, an Haci Süleyman. Möge Gott dafür Sorge tragen, daß er unser Amt und unsere Besitztümer als Bey in gebührender Weise fortführt.« Doch Haci Süleyman, dem er das Siegel geben wollte, entgegnete: »Vater, bitte verzeih mir. Ich kann nicht das Amt eines Beys ausüben. Ich habe so oft die Pilgerreise nach Mekka vollzogen zur Ehre des Glaubens, habe mich so vielen Mühen unterzogen auf dem Wege Gottes. Ich kann in diesem Alter nicht solchen Waisen, denen der Flaum noch wächst, ihr Recht vorenthalten, ich kann den armen Leuten kein Leid zufügen.«

Mehmet Aga war über alle Maßen zornig hierüber, doch was sollte er tun. Auch die anderen Brüder schimpften auf Haci Süleyman ein, aber was blieb ihnen übrig. Genau in diesem Augenblick ergriff der jüngste Bruder unter ihnen den Ring. Er war ein Mann, der in Van und in Istanbul die Schule besucht hatte, einer, der sogar einige Fremdsprachen beherrschte. Er sprach: »Vater, gib mir dieses Siegel«, nahm es aus der Hand seines Vaters, und genau im selben Augenblick atmete Mehmet Aga zum letzten Mal aus.

Die Unsrigen rühmen sich sogar heute noch mit dieser Haltung des Haci Süleyman. Sie sagen, daß niemals etwas Unerlaubtes und Verbotenes in unser Haus hereingekommen sei. Wir sind die Enkelkinder des Haci Süleyman, der sogar auf das Amt und die Besitztümer des Beys verzichtete, brüsten sie sich.

Als ich im Jahre 1951 in das Dorf Ernis reiste, um Reportagen zu schreiben, stellte ich fest, daß mehr oder weniger die gesamte Dorfbevölkerung mit mir verwandt war. Und aus den anderen Dörfern strömten auch die Verwandten meiner Mutter hinzu. Die meisten von ihnen kannte ich nicht mit Namen.

Eines Tages ging ich zum Friedhof. Alle Verwandten,

die ich kannte, aber auch diejenigen, die ich nicht kannte, lagen dort. Das ist das Grab von dem und dem, und hier liegt dieser und jener, erklärte man mir.

»Wo liegt das Grab von Haci Süleyman?« erkundigte ich mich.

»Er hat hier kein Grab«, antworteten sie lächelnd. »Noch vor dem Krieg ging er auf die Pilgerreise nach Mekka, und von dort kehrte er niemals heim.«

Plötzlich fiel es mir ein. Ich hatte es schon völlig aus dem Gedächtnis verloren: Unser großer Vater, auf den die Unsrigen lange Jahre gewartet hatten, war demzufolge Haci Süleyman. Wir hatten also bis zum Tode meines Vaters auf ihn gewartet.

Die Unsrigen sahen auf ihrer Flucht auch unzählige Rudel von Hunden und Scharen von Kindern. In den Memoiren eines Armeniers, die letztes Jahr in Amerika veröffentlicht wurden, steht: »Zahllose Hunde, unzählige Kinder liefen in der Gegend umher, als bestehe die ganze Welt nur aus Hunden und Kindern.« Er fuhr fort: »Denn die Herden, zu denen die Hunde gehörten, waren vernichtet, ihre Besitzer waren in den Krieg gezogen und fanden dort den Tod. Die Wüste Mesopotamiens, der Südosten und der Osten Anatoliens wimmelten von den Hunden der Armenier, der Kurden, der Turkmenen, Aserbeidschaner, Yeziden, Nestorianer, Assyrer und der Syrier, die im Krieg getötet oder vertrieben und deren Herden vernichtet wurden. Diese Gegenden waren bevölkert mit Kindern, die ohne Vater und Mutter blieben.

Die hungrigen und wilden Hunde streiften zu Hunderten und Tausenden von Rudeln umher, suchten Tiere, gleich ob Gazelle, Wolf oder Vogel, suchten irgendwelche Lebewesen, die sie anfallen konnten.

Und auch die Kinder hatten sich zu Scharen und Banden zusammengeschlossen. Sie waren hungrig, in einem erbarmungswürdigen Zustand, splitternackt … In Scharen zogen sie umher, griffen Dörfer und kleine Städte an. Hunderte von Kindern suchten sich ein Dorf aus, stürmten an dem einen Ende des Dorfes hinein, verließen es am anderen Ende wieder. Zurück blieb nichts, was eßbar gewesen wäre. Wie ein Schwarm Heuschrecken.«

Von diesen Zuständen und Ereignissen habe ich sowohl von den Unsrigen als auch von vielen anderen Leuten gehört. Die Schrecken des Ersten Weltkrieges waren schlichtweg unbeschreiblich.

Die Unsrigen hatten auf ihrem Weg ein Kind verloren. Es soll ein sehr hübsches Kind gewesen sein. Als sie es verloren, war es im achten oder neunten Lebensjahr.

Als ich im Jahre 1938 die Mittelschule in Adana besuchte, begegnete ich vor der mächtigen Ulu-Moschee von Adana einem Menschen, der dort bettelte. Eines Tages hörte ich, wie der Bettler mit jemandem kurdisch sprach, ich ging auf ihn zu. Ich fragte ihn nach seinem Namen, woher er stammte, aus welchem Dorf er kam. Und es stellte sich heraus, daß der Bettler vor mir der Junge war, den sie damals auf der Flucht verloren hatten. Ich gab meinen Verwandten in Kadirli Nachricht. Onkel Şakir, der Bruder meines Vaters, nahm sich seiner an.

Ich muß einfach erzählen, was diesem Bettler alles widerfuhr:

Als dieser Junge verlorenging, was hätte er da machen sollen? Hungrig und durstig mischte er sich unter die Kinder, von denen ich vorhin erzählte. Er begann, mit den Scharen von Kindern durch die Gegend zu ziehen. Wenn irgendwo bewaffnete Reiter auf ein Kind stießen, töteten sie es auf der Stelle. Die bewaffneten Reiter töteten Nomaden und Yeziden, zumeist aber die Yeziden. Der verschollene Junge konnte ein Ereignis niemals vergessen. Mit eigenen Augen hatte er es gesehen, und es hatte ihm das Herz zerrissen. Es gab einen Hügel in der Wüste, um diesen Hügel zogen die Araber einen Zaun aus Stacheldraht. Die Reiter trieben Hunderte von Menschen auf den Hügel, ganze Familien, Kinderscharen, Männer und Frauen, junge Mädchen und Burschen, alte Großväter, greise Großmütter, alle pferchten sie hinein. Sie flogen förmlich auf ihren Pferden, hielten glänzende Schwerter in ihren Händen. Schließlich zogen sie mit langen Stöcken einen Kreis um den Hügel herum.

Diese Leute nannten sie Yeziden, erzählt der verschollene Junge. Ich habe sie mit meinen eigenen Augen gesehen. Sie breiteten die Hände gen Himmel, wandten sich dem aufgehenden Tag zu. Sie sangen herzzerreißende Lieder und weinten dabei. Die Reiter hatten in der Umgebung um sie herum einen Kreis gezeichnet und waren davongeritten. Weit und breit war nicht ein einziger Reiter zu sehen. Die Leute auf dem Hügel liefen nicht davon, flüchteten nicht. Wir Kinder befanden uns hinter einem Sandhügel, sahen von dort aus zu diesen Menschen hinüber, hatten Mitleid mit ihnen. Unter uns befand sich ein Junge namens Hasan, er kam aus der Stadt, er wußte alles. »Das sind Yeziden«, sagte er. »Deswegen töten sie diese Leute. Ich kenne viele Yeziden. Sie können die Kreise, die um sie herum gezogen werden, nicht überschreiten. Und das wissen die Reiter, bald werden sie zurückkommen und die Leute töten. Und dennoch können sie nicht aus dem Kreis fliehen. Sie werden sie alle töten, und ihr Geld und alles, was sie besitzen, werden sie an sich nehmen. Wenn sie uns hier finden, töten sie auch uns alle. Wir haben zwar kein Geld, wir sind auch keine Yeziden, aber sie töten auch alle Kinder.« Nach kurzer Zeit kamen die Reiter, Staubwolken aufwirbelnd, aus der Wüste geritten. Es waren vielleicht zweihundert. Wir versteckten uns noch mehr, verkrochen uns förmlich im Sand. Die Reiter ritten den Hügel hinauf. Ihr Schreien ergriff die ganze Welt, die Erde bebte und taumelte. Ein Todesschrei schwoll an und verebbte plötzlich. Gegen Mittag drang vom Hügel nur noch das Wimmern von einem einzigen Menschen zu uns herüber. Sie hatten alle mit ihren Schwertern aufgeschlitzt und niedergemetzelt. Als die Reiter außer Sicht waren, liefen wir den Hügel hinauf. Dort fanden wir einen Jungen, so um die zehn Jahre alt. Er lag versteckt unter der Leiche seiner Mutter. Wir zogen ihn hervor. Er hatte eine Wunde am Bauch. Hasan lief ins Dorf und holte Medikamente. Der Junge wurde gesund und blieb bei uns. Bei den Überfällen auf die Dörfer, bei den Raubzügen, auch bei den Raufereien und Kämpfen war er der mutigste von uns. Später wurde er auch unser Bandenführer. Fünf- oder vielleicht sechshundert Kinder hörten auf seine Befehle. Nicht einer von uns widersetzte sich seinen Anordnungen.

Ich habe viel Tod, viel Blutvergießen, viel Feuer gesehen. Gut nur, daß ich diese Welt nicht mehr sehen kann. Wären doch meine Augen noch früher erblindet, dann hätte ich solch ein Blutvergießen nicht sehen müssen.«

»Wann bist du blind geworden?«

»Nachdem die Getreidefelder brannten.«

Nachdem die Getreidefelder brannten ... Von diesem Ereignis hatte ich seit meiner Kindheit häufig gehört. Sogar die großen Stammessänger haben Epen und Legenden auf die brennenden Getreidefelder geschrieben.

Das Korn stand hoch. Die gelben Felder reichten von den Bergen bis zu den Wüsten, die ganze Erde wiegte sich gelb funkelnd hin und her. Als die Nomaden die Flucht fortsetzten, bemerkten sie zu spät, daß sie sich zwischen zwei Fronten befanden. Von rechts und links, von vorn und hinten hagelte es Geschosse. Ihr Nomadenzug war sehr lang, Tausende von Menschen drängten sich hintereinander. Sie wußten nicht, wie sie sich vor den Kugeln schützen sollten, die von allen Seiten kamen. Und das Kanonendonnern kam näher und näher auf sie zu. In der Nacht blieben sie, wo sie waren, konnten sich nicht von der Stelle rühren. Hier und da erklang Jammern und Geschrei in der Dunkelheit, niemand wußte, wer bereits tot und wer noch am Leben war.

(Seit so vielen Jahren schon schreibe ich, und wenn auch nur ein wenig, so habe ich es doch zu einer Reife gebracht. Einige Male habe ich schon versucht, dieses Brennen der Getreidefelder in Worte zu fassen, doch nicht einmal die Nähe der Meisterschaft der alten Epenerzähler konnte ich erreichen.) Von allen vier Seiten hagelten Kanonenkugeln und Gewehrsalven auf sie ein. Die Menschenmenge wogte hin und her, öffnete sich, schloß sich in Todesangst. Und nach dem Kugelhagel bricht ein Feuer aus. Ein Feuer fällt auf die flache Ebene, greift um sich, schließt sie in Windeseile von allen Seiten ein. Von dem Kugelhagel und den Kanonen niedergemetzelt, die Menschen, nun auch noch eingekesselt von der Feuersbrunst, die von allen Seiten auf sie zukommt ... Wohin sollen sie gehen. Todesschreie, Weinen, Wimmern ...

Meine Mutter erzählte stets: »Ich weiß bis heute nicht, wie wir uns retten konnten. Schon damals haben wir immer und immer wieder darüber nachgedacht, wie es uns gelang, den Flammen zu entrinnen, wir wissen es nicht.«

»Während dieser Feuersbrunst ging ich verloren«, erzählte der verschollene Junge. »Ich wußte nicht, wo ich mich befand, wußte nicht, was ich tat. Die Wüste zog sich bis zum Horizont hin, leer und öde war sie. Aus der Ferne drang das Donnern der Kanonen. Ich war so viel gerannt … die Flammen waren irgendwo hinter mir geblieben. Ich hatte mich in der Tiefe einer Schlucht verkrochen, lag dort zusammengekauert wie ein Knäuel. Wartete auf ein Geräusch, auf eine Bewegung. Ab und zu drang das Donnern der Kanonen bis zu mir, erstarb dann, die Umgebung klirrte vor lauter Ödnis und Leere. Dann hörte ich plötzlich Geräusche, es waren Schritte. Ich stand voller Freude auf, eine ganze Menge Kinder kam aus der Wüste. Sie kamen zu mir, ihre Gesichter waren pechschwarz, rußgeschwärzt. Und von vielen war die Kleidung angesengt. Sie betrachteten mich mitleidig. Später erfuhr ich, daß auch mein Gesicht den ihrigen glich. Ich mischte mich unter die Kinder. Wir waren alle hungrig. Gegen Mitternacht legten wir uns in einen Hinterhalt beim Zeltlager der Bedevi-Nomaden, die wir schon bei Tag ausgespäht hatten. Die Bedevi-Nomaden besaßen Pferde, die schneller waren als Gazellen, sie hatten wilde Hunde, Pistolen und Gewehre. Und sie waren sichere Schützen, selbst einen fliegenden Kranich konnten sie ins Auge treffen, wie man sagt. Doch was sollten wir tun, wir starben vor lauter Hunger. In der Finsternis der Nacht griffen wir an. Die Kinder hatten es zu solch einer Meisterschaft gebracht, die Hunde konnten weder unseren Geruch aufnehmen noch ein Geräusch von uns hören, bis wir an den Zelten angelangt waren. Alle gleichzeitig griffen wir an, und in der Zeit eines Augenaufschlags hatten wir schon alles an uns gerissen, was sich im Zeltdorf befand, und waren davongelaufen. Hinter uns wurden Gewehre abgefeuert. Wir hatten uns in die Wüste geflüchtet, uns in ein Versteck zurückgezogen. Die berittenen Bedevi-Nomaden konnten nicht einen einzigen von uns finden. Als der Morgen graute, befanden wir uns schon an einem anderen Ort. Wir fanden eine Quelle. Die Kinder kannten diese Gegend so gut wie ihre eigenen Handflächen. An der Quelle nahmen wir uns Zeit und aßen uns endlich satt. Und immerzu waren die Kinder wie verrückt vor Angst. Sogar während wir aßen, glichen wir aufgescheuchten Vögeln. Ich blieb bei ihnen. Wir überfielen Dörfer und kleine Städte, plünderten Häuser und Siedlungen aus. Die Dorfbewohner, die wir überfielen, verfolgten uns auf ihren Pferden. Und wen sie erwischten, töteten sie. An einem Morgen griffen wir eine kleine Stadt an. Wir stürmten an einem Ende der Stadt hinein, am anderen flohen wir hinaus. Die Bewohner nahmen sogleich unsere Verfolgung auf. Viele unserer Freunde brachten sie um. Einer der Männer erwischte auch mich, hielt seine Pistole in der Hand. Als er abdrücken wollte, entschloß er sich eines anderen. Er stieg von seinem Pferd und kam auf mich zu. Ich freute mich, daß er mich am Leben lassen würde. Er blickte mir eine Weile ins Gesicht. ›Was für ein Jammer‹, sprach er. ›Ich kann dich nicht umbringen. Was für ein hübsches Kind du bist. Wie schön dich Gott geschaffen hat.‹ Als ich solche Worte hörte, freute ich mich noch mehr. Dann zog der Mann seinen zweischneidigen Dolch aus dem Halfter am Rücken und ergriff mich. Zuerst stieß er mir den Dolch in mein rechtes Auge, dann in das linke. Ich wurde ohnmächtig, ich weiß nicht, wie lange ich dort ohne Besinnung lag. Die Kinder weckten mich. Aus ihren Stimmen hörte ich heraus, daß das nicht die Schar Kinder war, zu der ich gehörte. Es war eine Gruppe, die aus mehr als vierhundert, fünfhundert Kindern bestand. Wohin sie auch zogen, sie ließen mich nicht liegen, sie nahmen mich mit. In einem Dorf ließen sie mich sogar untersuchen. Und nachdem der Chirurg meine Augen behandelt hatte, kamen sie schließlich, um mich wieder abzuholen. Dem Chirurgen gaben sie auch Geld. Zwei, drei Jahre später ließ uns die Regierung einsammeln. Die anderen Kinder schickten sie zur Schule. Und ich ließ mich hier auf dem Platz vor der mächtigen Ulu-Moschee nieder. Gott möge es ihnen lohnen, die Leute hier haben sich meiner angenommen! Ich habe ein Mädchen kennengelernt, das genauso wie ich ohne Familie geblieben ist, genauso wie ich seine Augen verloren hat. Wir heirateten und haben drei Kinder.«

Seine Geschichte hatte mich sehr aufgewühlt, mich sehr traurig gestimmt. Ich war dermaßen betroffen von seinen Erlebnissen, daß ich sie hier zum ersten Mal niederschreibe. In keinen meiner Romane habe ich sie einzubauen vermocht. Ich habe es nicht übers Herz gebracht, die Menschen damit zu quälen. Doch Sie sehen, ich bin von dieser Haltung abgekommen. Der Mensch müßte für jede Tat verantwortlich sein, die seinesgleichen ausübt. Zu erfahren, daß es solche Schicksale gibt, könnte dem Menschen vielleicht eines Tages helfen.

Einer der wichtigen Vorfälle, die sich während der Wanderung der Flüchtlinge ereigneten, war, wie die Unsrigen ein Kind im Wald fanden, das später meinen Vater in der Moschee umbrachte.

An einer Quelle irgendwo im Wald schlagen die Unsrigen ihr Lager auf. Mein Vater weiß, daß sie bereits in wenigen Tagen die Çukurova erreichen. Warum gerade die Çukurova? Warum nicht Gaziantep, Maraş, Urfa, Diyarbakir oder die Küste der Ägäis? Ich konnte den Gund für diesen Entschluß nicht herausfinden. Viele der Kurden, die während des Ersten Weltkriegs aus Ostanatolien flohen, zogen bis nach Konya, Denizli, Afyon, Izmir und auch nach Ankara. Einer ihrer Stämme ließ sich sogar auf dem unfruchtbaren Boden von Bayburt nieder. Wie auch immer, kommen wir zurück zu der Geschichte mit dem Jungen. Meine Mutter erzählte, daß, nachdem sie die Hölle von Urfa überlebt hatten und in die kühlen, mit Wäldern umsäumten Berge von Islahiye gelangten, sie vor überschwenglicher Freude ein großes Fest feierten. Dort an der Quelle machten sie Wasser heiß und badeten sich ausgiebig, wuschen auch ihre Kleidung. Sie schlachteten ein Lamm, das sie von den Nomaden in der Nähe gekauft hatten, und bereiteten Pilav-Reis zu. Von dem unterhalb gelegenen Dorf besorgten sie sich auch Honig, kurzum, sie ließen sich zu einem prächtigen Fest nieder. Alles lief zwar seinen Gang, doch sie hatten gar kein Geld mehr. Also hätten sie nichts zu essen und zu trinken, wenn sie in der Çukurova ankämen, und so schnell ließe sich auch keine Arbeit finden … Während mein Vater mit ängstlicher Sorge diese Probleme überdachte, begriff meine Mutter die Situation. Sie sagte ihm: »Mach dir keine Sorgen. Bis hierher sind wir wohlbehalten gekommen, ohne uns mit etwas Unrechtem und Verbotenem zu beschmutzen. Eineinhalb Jahre lang haben wir Not gelitten … Ab jetzt werden wir dem ein Ende bereiten.« Sie nahm den Gürtel von ihrer Hüfte und reichte ihn meinem Vater. Mein Vater erwiderte: »Nein, das ist dein Hochzeitsgeschenk. Dies ist das Geschenk deines einzigen Bruders, ich kann es nicht annehmen.«

»Haben wir nicht bereits alles verloren, haben wir nicht unser Haus, alles, was wir besaßen, unsere Heimat verloren?« Sie warf den Gürtel meinem Vater vor die Füße. »Hier, das hier soll meine Opfergabe für dich sein«, sagte sie. »Wir werden arbeiten und wieder Geld verdienen.«

Mein Vater machte sich Sorgen: »Das ist ein sehr wertvoller Gürtel. Läßt sich hier in der Region überhaupt jemand finden, der seinen Wert ermessen kann?«

Meine Mutter erwiderte: »Ein jeder findet seinen Meister. Ziehe los und schaue dich um, wer sich hier in der Region aufhält.«

Nach langem Hin und Her konnte sie meinen Vater schließlich überreden. Er entschloß sich, den Gürtel zu verkaufen, falls sie jemanden fänden. Er ging zu dem Nomadendorf der Yürüken und begab sich zum Zelt des Agas. Er zeigte ihm den Gürtel, erklärte ihm die Situation, in der sie sich befanden. Der Aga der Yürüken nahm den Gürtel in die Hände, begutachtete ihn lang und bewundernd von allen Seiten. »Mir scheint, mein Aga«, sprach er zu meinem Vater, »als wäre dieser Gürtel ein sehr wertvolles Stück. Einen Menschen zu finden, der diesen Gürtel kauft, dürfte nicht nur hier in der Region unmöglich sein, sogar in Adana und auch in Istanbul dürfte es sehr schwer sein.« Während er immerzu auf den Gürtel blickte, dachte er eine Weile nach. »Wenn hier in der Region überhaupt einer in Frage käme, so allenfalls Hurşit Bey, der Bey von Pazarcik. Er ist ein sehr begüterter Mann, zudem sehr großzügig. Er ist ein guter Mensch und wird dich niemals betrügen.«

Mein Vater kam nach Hause und erzählte alles meiner Mutter. Das Haus von Hurşit Bey lag ein Stück Wegs vor ihnen. Schließlich kam er dort an. Als Hurşit Bey von den Ereignissen erfuhr, behandelte er meinen Vater sehr entgegenkommend. Er ließ feine Speisen auftragen, und sie aßen gemeinsam. Anschließend erzählte ihm mein Vater alles und schloß: »So ist es um die Sache bestellt, Hurşit Bey.« Kaum daß Hurşit Bey den Gürtel in den Händen hielt, machte er große Augen, es verschlug ihm den Atem. »Ich kann diesen Gürtel nicht kaufen«, gestand er, »ich besitze nicht soviel Geld, um diesen Gürtel kaufen zu können. Solch ein Gürtel ist einzigartig, eines Sultans würdig. Wer sind wir denn schon, daß wir uns solch einen Gürtel leisten könnten.« Doch mein Vater wollte sich damit nicht abfinden. Er sprach unablässig auf ihn ein und ließ nichts unversucht.

Hurşit Bey nahm daraufhin den Gürtel und brachte ihn seiner Frau. Er kehrte mit zwei Beuteln voll Goldmünzen zurück. »Dieses Geld ist nicht der Gegenwert für deinen Gürtel. Gib mir dein Wort, daß, wann immer du soviel Geld beisammen hast, du kommen und deinen Gürtel wieder eintauschen wirst.« So einigten sie sich und bekräftigten es mit einem Handschlag. Als mein Vater hocherfreut die Treppen hinunterging, trat ihm die Frau von Hurşit Bey in den Weg und reichte ihm einen weiteren Beutel mit Goldmünzen. »Für solch einen Gürtel ist sogar das noch zu wenig«, sprach sie. »Wann immer du Geld haben wirst, komm hierher, dieser Gürtel gehört dir. Nun lebe wohl, ich wünsche dir eine gute Reise.«

Mein Vater kam zu seiner Familie, und meine Mutter las ihm bereits vom Gesicht ab, daß er den Gürtel verkauft hatte.

»Wir sind gerettet«, frohlockte mein Vater. »Nun besitzen wir viel Geld.«

In dieser freudigen Stimmung packten sie ihre Habseligkeiten und brachen ihr Lager ab. Sie waren noch keine halbe Stunde unterwegs, als sie rechts von ihrem Weg ein Wimmern und Stöhnen aus dem Gestrüpp vernahmen.

Meine Großmutter saß wie gewöhnlich auf dem Rücken meines Vaters. »Ich habe ein Stöhnen gehört«, sagte sie meinem Vater. »Laß mich herunter und schau mal in diesem Gestrüpp nach, wer da so stöhnt.«

Mein Vater setzte die Großmutter ab, ging in die Büsche und blickte sich um. Er fand ein Kind unter einem Busch, zusammengekauert wie ein Häufchen. Völlig abgemagert war es, nur noch Haut und Knochen. Das Kind war tot, nicht ein Laut von ihm zu hören, nicht ein Atemzug.

Er kehrte zurück zu seiner Mutter: »Da drüben, in den Büschen liegt die Leiche eines Kindes. Wir können nichts mehr tun!« Mein Vater hatte noch nicht ausgesprochen, als das Stöhnen wieder zu hören war. Und als mein Vater wieder in das Gebüsch ging, brach es erneut ab. Das Ganze wiederholte sich einige Male.

Meine Großmutter geriet in Rage und machte ihnen die Hölle heiß. Wütend schrie sie los: »Die Leiche eines Muslims darf nicht so in den Bergen liegenbleiben, darf nicht den Wölfen und Geiern, den Schakalen und Hunden zum Fraß überlassen werden. Nicht einen Schritt kann ich von hier weichen, bevor wir ihn nicht beerdigt haben.«

Wohl oder übel ging mein Vater wieder in die Büsche und hob die Leiche auf. Als er ihn auf den Armen trug, öffnete der Junge plötzlich seine Augen. Später erzählte der Junge, warum er sich wie ein Schakal totgestellt hatte. Denn es gab doch damals diese Reiter, die die Kinder umbrachten, wo immer sie auf welche stießen. Er hielt meinen Vater für solch einen Reiter. Sie fragten den Jungen nach seinem Namen. Leise flüsternd konnte er nur mit Mühe »Mein Name ist Yusuf« sagen. Der gesamte Körper des Jungen war von Fäulnis befallen. In seinen Wunden wimmelte es nur so von Würmern. Die Unsrigen schlugen dort ihr Zeltlager auf. Meine Mutter zog die Würmer einen nach dem anderen aus den Wunden des Jungen. Am Rande der Quelle setzte sie einen großen Kessel Wasser auf und wusch den Jungen vom Scheitel bis zur Sohle gründlich mit heißem Wasser. Meine Großmutter mischte aus Gräsern, Kräutern und Baumharz ein Heilmittel zusammen und bestrich die Wunden des Jungen mit dieser Paste. Sie fütterten ihn und gaben ihm zu trinken. Als der Junge zum ersten Mal zu sich kam und meinen Vater sah, lächelte er ihn an. Drei Tage blieben sie dort, damit der Junge wieder einigermaßen zu Kräften kommen konnte. Als es ihm ein wenig besser ging, machten sie sich auf den Weg nach Osmaniye und brachten Yusuf dort zu einem Arzt. Der Arzt gab ihm einige Medikamente. »Dieser Junge wird wieder völlig gesund«, versprach er, »er hat eine sehr gute Konstitution.« Die Unsrigen freuten sich sehr hierüber.

Als später Yusuf meinen Vater in der Moschee umgebracht hatte, stieß meine Mutter unentwegt Verwünschungen aus: »Die Großmutter soll keine Ruhe in ihrem Grab finden. Mögen doch ihre Gebeine krachen und knirschen. Möge sie im Höllenfeuer schmoren. Alles geschah nur wegen ihr.« Diese Verwünschungen stieß meine Mutter bis zu ihrem letzten Atemzug immer wieder aus.

Der Zug der Flüchtlinge erreicht von Osmaniye aus Toprakkale. Von hier aus wollen sie weiter nach Kadirli, denn Hurşit Bey, der meinem Vater den Gürtel abkaufte, gab ihm einen Brief mit. In Kadirli hatten sehr viele Armenier gelebt. Nachdem sie wegzogen waren, fielen ihre Felder, Äcker und Häuser der Staatskasse zu und wurden den Flüchtlingen zugeteilt. Als mein Vater den Brief las, glaubte er, daß ihnen diese Häuser nur für eine bestimmte Zeit gegeben würden. Er konnte sich nicht vorstellen, daß sie sich völlig umsonst in den Häusern und auf den Feldern niederlassen könnten.

An jenem Morgen, als sie Toprakkale erreichen, ruft meine Großmutter meine Mutter zu sich: »Nigar, meine Tochter, sage deinem Mann, er soll hier in der Gegend ein weißgetünchtes Haus für mich finden. Es soll ein schönes Haus mit zwei Stockwerken sein. Wir wollen uns für eine kurze Zeit dort niederlassen.« Mein Vater erfüllte schnell den Wunsch seiner Mutter und fand ein prächtig ausgestattetes Haus. Es war der Konak eines Beys der Turkmenen, der uns das Haus überließ, nachdem ihm mein Vater von den Wünschen der Großmutter berichtet hatte. Die Unsrigen richteten sich bereits am Nachmittag im Haus ein.

Meine Großmutter sprach zu meiner Mutter: »Nigar, meine Tochter, nun wärme Wasser auf und wasche mich gründlich. Dann suche aus den großen Tragetaschen meine schönsten Kleidungsstücke hervor. Bringe mir auch meine Halsbänder, meinen Nasenring, meine Fußreifen und meine Armbänder.«

Und so bereitete sich die Großmutter bis zum Abend vor, kleidete sich, legte ihren Schmuck an. Wie die Turkmenen zu sagen pflegen: Sie wurde so hübsch wie eine junge Braut.

»Nigar, meine Tochter, bringe mir das Schnabelkännchen, ich will die rituelle Waschung vollziehen.« Meine Mutter tat, wie ihr aufgetragen.

Die Großmutter verrichtete das abendliche Ritualgebet. Und während sie auf die Zeit des Gebets nach Sonnenuntergang wartete, sagte sie zu den anderen im Haus: »Geht alle schlafen. Ich werde heute nacht ein sehr langes Gebet vollziehen.«

Am Morgen erwachten sie und fanden meine Großmutter auf ihrem Gebetsteppich. Sie lag in der Haltung wie bei der Niederwerfung im Ritualgebet und bewegte sich nicht. Mein Vater ging zu seiner Mutter und stellte fest, daß Hirde Hatun bereits seit gestern tot war.

Sie begruben sie dort in Toprakkale auf dem Friedhof.

Immer wenn die Sprache auf die Großmutter fiel, schimpfte meine Mutter: »Die Frau des Haci Süleyman überkam auch der Tod während des Gebets, doch sie soll keine Ruhe im Grab finden, die Großmuter.«

In Kadirli ist Arif Bey der Leiter der Besiedlungskommission. Mein Vater übergibt ihm Hurşit Beys Brief. Nachdem Arif Bey den Brief gelesen hat, behandelt er meinen Vater sehr entgegenkommend. Er läßt ihn sogar neben sich Platz nehmen und bestellt ihm einen Kaffee. Hat doch kein geringerer als Hurşit Bey, der wie der Himmel donnert, ihm diesen Kurden geschickt. »Also, du Sohn eines Kurden, ich werde dir einen Konak geben wie keinen zweiten im Dorf, er ist der schönste Konak hier. Ich werde dir Felder geben, es ist der fruchtbarste Boden des Tals. Denn du bist von unserem Bruder, von Hurşit Bey geschickt worden, dem wir alle große Achtung entgegenbringen. Wenn ich ihm einen Mann wie dich schicke, würde er ihn auch wie eine Krone auf seinem Haupt tragen. Und daher geb ich dir den Konak und die Felder von Semail.«

»Ich will nicht.«

Arif Bey ist ein abgemagerter Mann, nichts als Haut und Knochen. Er kann ungemein jähzornig werden. »Warum bist du dann hierhergekommen? Warum hast du mir überhaupt diesen Brief gezeigt?«

»Damit du mich hier irgendwo unterbringst.«

»Ja, ich bringe dich doch hier unter.«

»Ich möchte kein Haus.«

»Und warum nicht?«

»Meine Mutter hat gesagt ...«

Arif Bey schäumte vor Wut. »Was hat dir deine Mutter gesagt?«

»Meine Mutter hat gesagt: Das Nest eines Vogels, der aus seinem Nest vertrieben wurde, gereicht einem anderen Vogel nicht zum Segen.«

»Das sind keine Vögel, sondern Armenier.«

Mein Vater: »Vögel.«

Arif Bey: »Armenier.«

Vögel, Armenier, Armenier, Vögel, diese Diskussion zog sich eine ganze Weile hin. Schließlich geriet Arif Bey außer sich vor Zorn, zerriß den Brief von Hurşit Bey und zermahlte die Papierfetzen unter seinen Füßen. Dabei schrie er aus Leibeskräften: »So geschieht es, Hurşit Bey, das geschieht, wenn du mir diesen Taugenichts von Kurden schickst. Da hast du es, das kommt dabei heraus!«

Sofort rief er zwei Gendarmen herbei, zeigte auf meinen Vater und befahl: »Nehmt diese Leute hier und führt sie geradewegs in das felsige Dorf Hemite.« Damals gehörte Hemite nicht zum Bezirk von Osmaniye, sondern zu Kadirli. Die Gendarmen brachten die Unsrigen in das Felsendorf Hemite.

Mein Vater sagte immerzu und an jedem Ort: »Möge Gott es meiner Mutter, den Armeniern und den Vögeln lohnen. Sie haben mich in das gesegnete Dorf Hemite geschickt, das so reich an Felsen und an Menschlichkeit ist.«

Die Dorfbewohner errichten innerhalb von fünfzehn, zwanzig Tagen eine schöne schilfgedeckte Hütte mit Lehmmauern, verputzen sie, richten sie ein, reparieren und ergänzen sie überall, wo es nötig ist. Diese schilfgedeckten Behausungen, die man *huğ* nennt, kenne ich sehr gut. Ihre Wände und ihre Grenzhecken sind aus Schilfrohr, das Dach ist aus Ried. In unserem Dorf gibt es Erde unterschiedlicher Farbe. Blau, gelb, rot … Wem danach zumute ist, der kann sein Haus in der gewünschten Farbe streichen. Heute haben neue Häuser mit Dächern aus Ziegeln und Zinkblech diese schönen schilfgedeckten Behausungen ersetzt.

Nachdem ich nun von meiner Familie und davon, wie

sie in eineinhalb Jahren in die Çukurova gezogen sind, erzählte, kann ich dazu übergehen, die Landschaft zu beschreiben, in der ich auf die Welt kam, kann ich nun von meinem Land und meinen Romanen erzählen …

Das Reich meiner Kindheit. Die Çukurova, Kilikien, ist eine der Hochburgen der Antike: Tarsus, wo die kilikische Ebene sich mit dem Mittelmeer verbindet, war der Geburtsort des Apostels Paulus; Cicero war Präfekt von Kilikien. Der berühmte Dioscurides, der größte Arzt seiner Zeit, wurde in einer Stadt Kilikiens, im antiken Anazarbos, geboren, deren Überreste, eine Burgruine, fünfzehn Autominuten von meinem Haus entfernt sind. Sie ragt auf wie eine Insel, dreihundert Meter hoch, mit einer Länge von zwei Kilometern, inmitten der Ebene. Die Burg ist recht gut erhalten; ihre Mauern sind unversehrt geblieben. Der ganze Felsen ist durchlöchert von römischen Totenstätten. Auch die Reliefs der Sarkophage sind gut erhalten. Die Burg betritt man über eine in den Felsen gehauene Treppe. Wo immer sie die Erde aufscharren, in einem Meter Tiefe kommt ein byzantinisches Mosaik hervor. Und dicht daneben in Felsen gehauene hethitische Reliefs. Diese Ansiedlung ist so alt wie die Welt.

Der Spielplatz meiner Kindheit war ein Ruinenfeld aus der Antike. Sogar der öffentliche Dorfbrunnen besteht aus einer mit hethitischen Inschriften verzierten Grabsäule. Er ist in den letzten Jahren versiegt. Im Dorf befinden sich auch die unter den Sachverständigen bekannten hethitischen Reliefs von Karatepe. In der Antike war dies eine wichtige Gegend, wie die angrenzenden Gebiete von Misis und Castabala. Die Inschriften auf den Grabsäulen sind charakteristisch: Der hethitische Herrscher rühmt sich, die Räuber der Gegend gebändigt zu haben …

Die Ruinen dieser antiken Stadt werden heute Anavarza genannt. Kilikien wiederum wurde zur Çukurova, wörtlich »die tiefe Ebene«, ein sehr fruchtbares Gebiet zwischen dem Taurusgebirge und dem Mittelmeer. Sie entstand durch die Ablagerungen, die zwei Flüsse, der Ceyhan (der Pyramos der Alten) und der Seyhan (Saros), von den Bergen her angeschwemmt haben. Jahr um Jahr hat die Ebene dem Mittelmeer einen Strich Land abgerungen. Tarsus, in römischen Zeiten eine Küstenstadt, liegt heute vierzig Kilometer im Landesinneren. Ich kenne Tarsus und konnte mich nie mit dieser Tatsache abfinden, besonders als ich jung war. Sich vorzustellen, daß eine solche Erdmasse ohne Zutun des Menschen aus dem Gestein des Taurus abgetragen werden konnte, ging über meine Einbildungskraft. Später, als ich erfuhr, daß die ganze Ebene aus den Bergen geboren wurde und einstmals die Füße des Taurus im Mittelmeer badeten, kannte mein Erstaunen keine Grenzen. Heute liegen etwa hundertzwanzig bis hundertfünfzig Kilometer zwischen dem Taurus und dem Meer.

Mein Heimatdorf Hemite befindet sich aus der Vogelschau dreißig Kilometer von der Küste des Mittelmeeres entfernt. Es nistet am Ende eines kleinen, Schleifen ziehenden Tals, das sich in die Flanke eines abgeschälten Berges gräbt, der wie eine Halbinsel vorragt. Die Felsen sind von einem tiefen Blau, manchmal violett. Vor unserem Dorf fließt der Ceyhan. Im Westen unseres kleinen Tals ragt auf einer Hügelkuppe eine Burg aus dem Mittelalter empor. Jenseits des Flusses ist die Ebene so flach und schimmert in so unverhofften Blautönen, daß man meinen könnte, es sei das Meer. Je nach Jahreszeit wechselt die Ebene die Farben: intensiv gelb, sattgrün. Aber dieses Blau kommt, auch wenn nur für einige Stunden täglich, zu jeder Jahreszeit wieder.

Bei meiner Geburt zählte das Dorf etwa sechzig Behausungen; 1865 wurden hier die Nachkommen der nomadischen Turkmenen angesiedelt. Die Geschichte dieser Seßhaftmachung, die das ganze Land zeichnete, ist ein langes Abenteuer. Es ging um mehr als eine Million Menschen. Diese Turkmenen kamen aus Zentralasien und verbrachten ihr Leben zwischen den Winterlagern in der Ebene von Mesopotamien und den Hochebenen Zentralanatoliens. Die Osmanen zwangen sie mit Gewalt zur Seßhaftigkeit. Diese Politik zielte unter anderem darauf ab, sie vom Boden abhängig zu machen; diese Politik war nicht neu. Doch die Turkmenen hatten sich immer widersetzt: Sie wußten, daß sie Steuern zu zahlen hatten und Militärdienst leisten mußten, sobald sie seßhaft waren. Um diese Turkmenen aus dem Süden zu unterwerfen, sandte die osmanische Obrigkeit, von den Menschen Anatoliens »der Osmane« im Singular genannt, Spezialtruppen zur Aufrechterhaltung der Ordnung, die Firka-i Islahiye. Die Turkmenen der Ebene scharten sich um den Stammesführer Kozanoğlu, um sie zu bekämpfen. Da die Turkmenen sich der Schlacht in der Ebene stellten, anstatt in den Bergen, wo sie die Herren waren, wurden sie besiegt. Es war ein Massaker. Der Osmane pferchte die Überlebenden in der Ebene ein und riegelte den Zugang zu den Bergen ab; überall wurden Kontrollposten stationiert. Hunderttausende Turkmenen wurden von der Malaria und der ungewohnten Hitze vernichtet.

Während dieser Gewalttätigkeiten entstand in der Bergmulde das Dorf Hemite. Wahrscheinlich wurde ich 1923 dort geboren. Ich sage »wahrscheinlich«, weil mein erstes offizielles Dokument mein Schulabgangszeugnis war. Da war vermerkt: »Geboren 1926«. Ich weiß, daß das nicht stimmt. Nach vielem Rechnen schätze ich mein Geburtsdatum auf 1923; vielleicht ist meine Schätzung auch falsch. Ich verfüge über keinerlei Beweise, die mir erlauben würden, mein genaues Alter zu bestimmen. Es scheint, daß ich geboren wurde, als die Nomaden von ihren Sommerweiden zurückkehrten. Die Leute bei uns in der Çukurova kamen gegen Ende Oktober zurück. Auf dieses Datum zumindest kann man sich verlassen.

Im Dorf sprach niemand außer meiner Familie kurdisch. Bei meiner Geburt war mein Vater schon ziemlich alt; er war vermutlich über fünfzig. Meine Mutter war sehr jung; ungefähr siebzehn. Mit uns lebten auch einer der Brüder meines Vaters, dessen Frau sowie ein junges, durch Heirat verwandtes Mädchen. Meine Tante hatte nur eine Hand, die andere war ihr in Van durch die Granate weggerissen worden.

Die Familie war von hoher Abstammung. Gulihan Bey, der letzte kurdische Stammesführer der Luvan, denen meine Familie angehörte, war der Onkel meines Vaters. Der Stammbaum der Familie ist ziemlich kompliziert. Über ihre Ankunft in Van gibt es zum Beispiel zwei Versionen. Einerseits sagt man, daß sich ihr Ursprung in Seydisehir in Zentralanatolien befindet; andere behaupten, sie stamme aus Bursa bei Istanbul. Es besteht sogar noch eine weitere Version, die es allen recht machen will, wonach die Familie ursprünglich aus dem Kaukasus stammt und nach Seydisehir, Bursa und schließlich nach Van emigrierte.

Gemäß dieser letzten Version gehört meine Familie einem enterbten, deportierten Stamm an. Ihr Führer, Mustafa Bey, heiratet die Tochter des Bey des Luvan-Stammes. Mustafa Bey ist Turkmene, der Stamm der Luvan ist kurdisch. Halil Bey, der jüngere Bruder von Mustafa Bey, wurde in Muradiye, einem Bezirk von Van, zum Unterpräfekten ernannt. Eines Tages verschwand er spurlos. Ich habe den Onkel meines Vaters, den Stammesführer, noch gekannt. Ich erinnere mich, daß er sehr alt war, daß er aus Van vertrieben und nach der Niederschlagung von Scheich Saids Aufstand im Jahr 1925 nach Ankara verbannt wurde. Der Vater, die Brüder, alle Männer der Sippe meiner Mutter waren Gesetzlose. Mein Großvater mütterlicherseits war vom Stamm der Kizikan; sie lebten in den Dörfern beidseits der Grenze zwischen dem Iran und der Türkei. Mein Onkel mütterlicherseits war der legendäre Mahiro, der berühmteste Gesetzlose von Ostanatolien, dem Iran und dem Kaukasus. Es heißt, er sei im Alter von fünfundzwanzig Jahren erschlagen worden. Noch Jahre nach seinem Tod habe ich viele Geschichten über diesen Helden gehört.

Das Abenteuer des Onkels meiner Mutter, des Bruders ihres Vaters, hat mich in meiner Kindheit am meisten beeinflußt. In einigen meiner Romane findet sich das Echo davon.

Dieser Onkel Mahiro war der Führer einer berühmten Bande von etwa fünfzehn Räubern, die die Ausläufer des Süphan-Gebirges durchstreiften. Eines Tages wurde der Onkel mit der ganzen Bande von der Gendarmerie gefangengenommen. Man warf sie ins Gefängnis von Van, das sich in der Nähe des Sees befand. Während Monaten gruben die Gesetzlosen einen Tunnel. Eines Nachts, bei Tagesanbruch, sagte mein Onkel zu seinen Gefährten: »Vorwärts, Gefährten, der Tunnel ist fertig, unsere Stunde ist gekommen.« Doch die anderen hatten Angst, sie wagten sich nicht in den Durchgang hinein, den sie doch während Monaten ausgegraben hatten. Der Onkel versuchte sie zu überzeugen, vergeblich. Sein Freiheitsdurst war übermächtig, er ging allein in den Tunnel und kam am Seeufer heraus, frei. Aber mit dem Gedanken, seine Gefährten im Stich zu lassen, konnte er sich nicht abfinden. Deshalb machte er sich wieder auf den Weg in die Zelle. Wieder versuchte er sie mit tausend Reden umzustimmen, wieder konnte er sie nicht überzeugen. Bis in die frühen Morgenstunden pendelte er zwischen dem See und dem Gefängnis; seine Gefährten waren standhaft. Er ließ nichts unversucht, redete ununterbrochen auf sie ein. Nichts zu machen. Im ersten Tageslicht bemerkt einer der Wachmänner den Onkel und schießt. Obwohl der Onkel verletzt ist, überwältigt er den Wachmann und entreißt ihm die Waffe. Bis zum Mittag wurde er von den herbeigeeilten Gendarmen belagert, schließlich wurde er von einer Kugel getroffen.

Und nun, nachdem es geschehen ist, entsteht die Legende. Die Offiziere waren von seinem Mut sehr beeindruckt. »Was ist das für ein Mann«, fragten sie sich, »der sein Leben opfert, um seine Gefährten nicht im Stich zu lassen, wo er doch alles unternommen hat, diesen Tunnel in die Freiheit zu graben?« Man öffnet ihm die Brust, und was sieht man? Vier Herzen ... Meine Mutter erzählte uns die Fortsetzung: »Unser Exodus, die Flucht vor dem Feind, führte uns durch die Stadt Van. Wir kamen vor das Gefängnis. In den Ästen eines Baumes vor dem Haupttor hing die Leiche eines Hingerichteten, seine Familie sollte ihn abholen. Mein Vater und alle, die meinen Onkel gekannt hatten, erkannten sofort seine Kleider. Sie meldeten sich nicht. Sie dachten, die Behörden wollten unsere Familie in eine Falle locken. Die Überreste meines Onkels blieben an jenem Baum hängen.«

Ich war viereinhalb Jahre alt, als mein Vater beim Gebet in der Moschee mit einem Stich mitten ins Herz erdolcht wurde. Der Mörder war Yusuf, jenes Kind, dem mein Vater einst auf der Flucht von Van das Leben gerettet und das er adoptiert hatte. Mein Vater liebte die Kinder sehr. Jedesmal, wenn er in die Stadt ging, kehrte er mit Geschenken für alle Kinder des Dorfes zurück. Ich war an seiner Seite, als er in der Moschee betete und erstochen wurde. Vom Abend seiner Ermordung bis zum Tagesanbruch weinte und schluchzte ich ununterbrochen: »Mein Herz verbrennt.« Von da an begann ich zu stottern, und bis zum Alter von elf Jahren hatte ich Mühe zu sprechen. Ich stotterte jedoch nicht, wenn ich sang; ich stotterte auch nicht, wenn ich las, als ich später lesen und schreiben lernte. Das Stottern hörte auf, als ich zwölf war. Unter welchen Umständen? Ich erinnere mich nicht mehr.

Wie jedes Jahr vollbrachte mein Vater auch im Jahr vor seiner Ermordung das rituelle Widderopfer für mich. Auch jenes Jahr waren die Tiere im Hof, mit Fesseln an den Hufen. Der Mann meiner Tante väterlicherseits war dabei, die Opfertiere zu zerlegen, als plötzlich das Messer auf der Tierhaut ausglitt und in mein rechtes Auge drang: Ich wurde einäugig.

Der Tod meines Vaters war ein überwältigender Schmerz. Über viele Jahre hinweg wollte ich mir nicht eingestehen, daß mein Vater unwiederbringlich tot war. Nie besuchte ich sein Grab. In diesen Jahren ging ich nicht einmal in die Nähe des Friedhofs. Ich nahm ihm seinen Tod übel, ich trotzte. Warum mußte ausgerechnet mein Vater ermordet werden, wo doch alle anderen Väter am Leben waren? Ich konnte es nicht verstehen.

Mein Vater hinterließ viele Güter. Mein Onkel Tahir, sein Bruder, war ein großzügiger Mann. Er verteilte alles Geld. Der Reichtum schmolz in nur vier Jahren dahin, ohne daß es jemand bemerkt hätte. In der Zwischenzeit heiratete er meine Mutter; er wurde Bigamist. Dadurch begann die Zwietracht in unserem Haus.

Wenn es eine unantastbare Person im Haus oder gar im Dorf gab, dann war das ich. Ich hatte nichts als dumme

Streiche im Kopf und verwickelte die Kinder des Dorfes in alle möglichen Abenteuer: Melonen in den Nachbardörfern klauen, Vögel jagen, in den Bergen mit meiner Bande Brombeeren und Pilze sammeln, den Leuten einen Bären aufbinden und die unglaublichsten Streiche spielen. Die Kinder des Dorfes folgten mir überallhin, wie gebannt, gehorchten mir in jeder Lage. Unter ihnen mein bester Freund: Mehmet. Er hatte grüne Augen, er war stark, er hatte Haare wie Stacheln. Er war der Sohn unseres Nachbarn und Partners Ismail Aga, genannt der Jäger. Wir waren unzertrennliche Komplizen, wir stellten überall alles auf den Kopf.

Als ich acht Jahre alt war, war der frühere Glanz nur noch Erinnerung, und meine Familie gehörte zu den Ärmsten des Dorfes. Wie die anderen Dorfkinder lebte ich nun barfuß: Ich hatte kein Bedürfnis mehr, Schuhe anzuziehen, obwohl ich unzählige Paare besaß. In einen Winkel des Hauses verbannt, interessierten sie niemanden mehr ... Um mir eine Freude zu machen, hatte mein Vater mir einen Wagen gekauft, der von zwei Schimmeln gezogen wurde: ein Wagen, der in allen Farben blitzte und glänzte. Nach seinem Tod blieb er in der Hofmitte stehen, verrottete unter der Sonne und dem Regen und diente schließlich als Hühnerstall.

Wir hatten uns mit Ismail Aga zusammengetan, dem Vater meines Freundes Mehmet. Er besaß Felder, wir hatten beinahe nichts mehr. Es blieben uns nur ein Wagen mit zwei Pferden und einige Kühe. Das Gerücht ging um, meine Mutter besäße viel Gold. Mehrere Jahre später, als ich zum ersten Mal im Gefängnis saß, gab sie mir einen Teil ihres »Schatzes«. Alles in allem waren es elf osmanische Goldstücke, das war alles. Ismail Aga vertraute uns sein Feld an: Wir bearbeiteten es von der Aussaat bis zur

Ernte, wir gaben ihm die Hälfte davon ab. Mehmet und ich waren darüber empört, aber wir konnten nichts dagegen tun.

Eines Tages kam ein fahrender Händler ins Dorf. Er hatte allerlei Nähzeug und Stoffe für die Bäuerinnen bei sich; er verkaufte es ihnen auf Kredit und trug die Schulden in ein Heft ein. Ich war etwa acht Jahre alt. Ich fragte den Hausierer: »Was tust du da?« Er antwortete, daß er alles aufschreibe und daß er später seine Notizen nochmals lese, um nichts zu vergessen. Das war zu der Zeit, als ich begann, in der Art unserer Volksdichter Gedichte vorzutragen. Meine Mutter lehnte das völlig ab. Eine widersprüchliche Ablehnung übrigens, da die Ehre unseres Hauses genau daher rührte, daß der große kurdische Volksdichter Abdal Zeyniki uns auf seiner Durchreise beehrt und unter unserem Dach Versepen rezitiert hatte. Die ganze Familie sprach ständig davon. »Dieses Haus ist die Stätte, wo Abdal Zeyniki sich hinkniete, um zu singen«, hörte man immerzu sagen. In meinen Augen war Abdal Zeyniki ein Heiliger. Warum war meine Mutter dagegen, daß ihr Sohn den Spuren dieses großen Heiligen, den sie so feierten, folgen wollte? Selbst andere kurdische Erzähler, die in unser Haus kamen, bedienten sich im wesentlichen des Repertoires von Abdal Zeyniki. Das Leben Abdal Zeynikis war zur Legende geworden. Jeder Geschichtenerzähler fügte der Legende noch etwas hinzu. Ich ließ mich vom Widerstand meiner Mutter gegen meine Berufung nicht beeindrucken. Meine Gesänge waren schon in aller Munde: Ich war »Achik Kemal«, »Kemal der Barde«.

Eines Tages kam vom Taurus der blinde Barde Ali. Eine ganze Nacht hindurch trugen wir abwechselnd unsere Gedichte vor, so wie es die Barden tun. Aşik Ali mochte mich sehr. Er sagte mir: »Wenn du in deinem Alter schon so weit bist, wirst du es mit dem großen Karacaoğlan aufnehmen können.« Ich war sehr glücklich. Ich hatte die Anerkennung eines großen Meisters der Kunst.

Mein Vater hatte einen Leibwächter, genannt »Zalas Sohn«. Nach dem Tod meines Vaters wurde Zalas Sohn der bekannteste Räuber im Taurus. Wenn er manchmal nachts zu uns auf Besuch kam, brachte er mir Geschenke mit. Ich glaube, er hat sogar meinem Onkel Geld gegeben, damit er sich zwei Rinder und einige Kühe kaufen konnte. Er kam immer mit seinen fünf Gefährten. Er war ein sanfter, zärtlicher Mann mit einem hübschen Gesicht. Ich fragte mich, wie er Menschen töten konnte. Eines Tages sagte er zu mir: »Ich habe niemanden getötet. Sie haben sich selbst getötet.« Lange Zeit versuchte ich zu verstehen, was er damit sagen wollte. Eines Tages umzingelten die Gendarmen im Taurus Zalas Sohn und töteten ihn und seine fünf Gefährten. Als ich davon erfuhr, komponierte ich ein langes Trauerlied für ihn. Ich trug es gleich meiner Mutter vor. Es war das erste Mal, daß sie mich lobte, ohne weiteren Kommentar. Ich hatte sie besiegt. Ich war so von Begeisterung erfüllt, daß ich mich am nächsten Morgen an keine Zeile mehr erinnern konnte.

Neun Jahre war ich alt, mein Ansehen drang über die Grenzen unseres Dorfes hinaus. Es kamen sogar Barden ins Dorf, um mich zu sehen. Mein Freund Mehmet ging nun zur Schule in Burhanli, einem Dorf, das eine Stunde von uns entfernt war. Er hatte eine ältere Schwester in dem Dorf. Sie hatte einen reichen Nomaden geheiratet, der sich dort niedergelassen hatte. Eines Tages fuhren Mehmet und ich mit der Fähre über den Ceyhan, wir wollten nach Burhanli. Ich hatte beschlossen, mich in der Schule einzuschreiben, um in drei Monaten lesen und schreiben zu lernen. Damit ich den Wortlaut meiner Erzählungen nicht mehr vergaß. Damals gab es niemanden im Dorf, der lesen und schreiben konnte. Sogar der Imam des Dorfes, Fettah Hoca, konnte nicht schreiben.

Der Lehrer von Burhanli war ein ehrenwerter Herr mit Namen Ali Riza Bey. Mehmet und ich stellten uns voller Respekt vor. »Ich bin gekommen, um lesen zu lernen«, sagte ich ihm.

»Gut«, sagte der Lehrer. »Hast du wenigstens ein Paar Schuhe? Deine Identitätskarte?«

»Nein, das habe ich nicht.«

»Bleistift? Heft?«

»Auch nicht.« Meine Kleider in Fetzen ... »Ich werde in drei Monaten lesen und schreiben können«, sagte ich, »ich werde dir nicht zur Last fallen.« Ich schwor bei allen meinen Göttern, daß ich ihn nicht länger als drei Monate belästigen würde.

Die Verhandlungen mit dem guten Mann dauerten lange. Der Lehrer konnte mich weder von der Nützlichkeit von Ausweispapieren überzeugen noch davon, daß das Lernen von einem Paar Schuhe abhängen sollte. Schließlich gab er mir fünfundzwanzig Kuruş und sagte: »Geh und kauf dir ein Heft und einen Bleistift.« Er schrieb mich in eine Klasse ein. Er legte eine ABC-Fibel in meine Hände, auf dem Umschlag waren Granatäpfel abgebildet. In meinem ganzen Leben hatte ich noch nie einen solchen Zustand der poetischen Verzückung erlebt. Den ganzen Tag lang bekritzelte ich das Heft. Pausenlos kopierte ich sämtliche Buchstaben. Da es in meiner Fibel keine anderen Abbildungen gab, zeichnete ich überdies unzählige Granatäpfel. Bis zum Abend gab es keine einzige Ecke mehr im Heft, die nicht mit Granatäpfeln übersät war. Ich nahm mein Heft unter den Arm, und wir kehrten nach Hause zurück, Mehmet und ich. Ich verspürte die überbordende

Begeisterung eines unter Aufbietung aller Kräfte erzielten Sieges. Die ganze Nacht bekritzelte ich die kleinsten Zettelchen, die mir in die Hände fielen: zu Hause, bei den Nachbarn, sogar Mehmets Heft mußte daran glauben. Mein Onkel, einer der besten Männer, die die Erde je gekannt hat, schickte mich am nächsten Tag nicht in die Schule. Wir gingen zusammen ins Marktstädtchen, wo er mir fünf Hefte kaufte. Ich hatte bereits meinen Bleistift aufgebraucht; wir kauften ein Dutzend. Er wählte ein schönes Paar Schuhe im Laden für mich aus, eine Pluderhose, ein Hemd und eine Schülermütze.

Nach drei Monaten las ich schon die Zeitung. Ich bekritzelte alles, Steine und Papier, Mauern ... alles, was mir unter die Finger kam. Das ganze Dorf spielte mit und lebte in einer frenetischen Schreibbegeisterung. Eines Morgens stellte ich mich vor dem Lehrer auf. Ich dankte ihm mit allen mir zur Verfügung stehenden Worten. Meine Überlegung war einfach: Nun, da ich lesen und schreiben gelernt hatte, mußte ich Wort halten und die Schule verlassen. Dieses Mal jedoch wollte mich der Lehrer nicht gehen lassen. Ich war entschlossen, er aber auch. Ich fügte mich, indem ich mir sagte, daß ich meinem Lehrer gegenüber in der Schuld stand, einer Schuld aus Dankbarkeit, und wohl oder übel mußte ich mich seinem Willen beugen: Ich blieb in der Schule. Im zweiten Jahr wohnte ich bei Verwandten in der kleinen Stadt, um die Grundschule weiter zu besuchen.

Mein Ruf als Barde hatte die Stadt Kadirli erreicht. In meiner Klasse war ein Mitschüler noch bekannter als ich, Aşik Mecit. Außerdem spielte er sehr gut Saz. Er war in meinem Alter und trug Gedichte von großer Reife vor, vergleichbar mit denen eines Dadaloğlu oder Karacaoğlan. Noch heute staune ich über den Zauber seiner Gedichte.

Ich frage mich, wie ein Junge seines Alters Poesie von solcher Schönheit schreiben konnte!

Ich ließ mich davon nicht unterkriegen und wurde Aşik Mecits Schüler. Wir waren gute Freunde. Er versuchte, mir das Sazspiel beizubringen. Unglücklicherweise starb Aşik Mecit vor dem Abschluß der Grundschule; für mich war das der größte Schmerz nach dem Tod meines Vaters. Ein ganzes Jahr lang fragte ich mich: »Wie ist es möglich? Wie?« Ich komponierte für ihn viele Klagelieder, die die Zuhörer zum Weinen brachten.

Als ich in der letzten Grundschulklasse war, kam der berühmte Barde Aşik Rahmi vom Taurus zu uns. Er war groß, prachtvoll, elegant gekleidet. Eines Abends stellte man mich ihm gegenüber für einen traditionellen Wettstreit zwischen Barden. Als Unterstützung hatte ich meinen Lehrer, den Dichter Abdullah Zeki Çukurova. Er war ein in allen Kämpfen erprobter Mann und zugleich ein Volksdichter. Bis zum frühen Morgen ging mit Aşik Rahmi der Wettstreit hin und her. Am Morgen schenkte mir Rahmi eine Saz. Mein Lehrer war sehr stolz auf seinen Schüler. Aşik Rahmi machte mir einen Vorschlag: Ich sollte ihn nach der Grundschule in seinem Dorf aufsuchen, und gemeinsam würden wir ganz Anatolien durchstreifen, Dorf um Dorf, um das Repertoire der traditionellen Volksmusik zu singen und epische Gedichte zu rezitieren. Er war sich meiner Zukunft gewiß, die er mit der eines Karacaoğlan verglich.

Ich schloß die Grundschule ab und hatte das Diplom in der Tasche. Es gab zwei Möglichkeiten: Entweder ging ich ins Gymnasium von Adana, oder ich machte mich auf den Weg in die Berge zu Rahmi dem Barden. Ich war einen Monat lang unschlüssig und verbrachte schlaflose Nächte. Schließlich entschloß ich mich für die Schule.

Aber wie? Mit welchem Geld? Die ganze Familie hatte sich seit mehreren Jahren im Städtchen niedergelassen. Wir lebten bescheiden in einem etwas baufälligen Haus. Mein Onkel war der Pächter eines großen Aga geworden. In jenen Tagen erkrankte die ganze Familie an Malaria. Mein Lehrer Abdullah Zeki Çukurova, der unsere Lage kannte, suchte insgeheim die reichen Honoratioren im Städtchen auf und führte eine Sammlung für mich durch. Mit diesem Geld kauften sie Kleider und Schuhe und legten den Rest auf die Seite. Das sollte mir erlauben, meine Studien am Gymnasium als Internatsschüler zu beenden. Mein Lehrer suchte mich überall, um mir das Geld zu übergeben, doch ich war unauffindbar. Ich hatte das Haus verlassen und war ins Dorf geflüchtet. Meinem Lehrer gegenüberzustehen, bedeutete das nicht, daß ich das Geld annehmen mußte, um ihn nicht zu enttäuschen? Während ich doch aus einem Haus kam, wo Abdal Zeyniki kniend seine Gesänge vorgetragen hatte! Konnte ich dieses Geld annehmen? Ich hatte keine einzige Lira. Wie sollte ich nach Adana gelangen? Ich vertraute mich meinem Onkel an. Auch er sagte mir: »Nimm dieses Geld nicht an! Unser Haus wurde von Abdal Zeyniki beehrt, der zum Singen sogar in die Knie ging!« Es blieb uns nur noch ein junger Ochse. Mein Onkel sagte: »Nimm ihn, verkaufe ihn, und geh nach Adana, wenn dir die Schule so wichtig ist.« Bei Meister Mustafa, genannt »der Kämpfer«, arbeitete ich während der Sommerferien als Schusterlehrling. Ihm verkaufte ich den Ochsen für fünfzehn Lira. Inzwischen hatte Abdullah Zeki erfahren, daß ich das Tier verkaufen wollte, um meine Reise nach Adana zu bezahlen. Er hatte mir eine Falle gestellt; er wollte mich zu fassen kriegen, wenn ich den Bus bestieg. Ich hatte von diesem Komplott Wind bekommen und brach sehr früh auf. Es sind hundertfünf Kilometer von Kadirli bis nach Adana. Dennoch machte ich mich auf den Weg. Eines Nachts kam ich schließlich in Adana an, mit Füßen wie Brei. Ich stand beim Bahnhof. Zum ersten Mal entdeckte ich die Elektrizität. Ich sank bei einem Strommast nieder, um mich auszuruhen. Nichts hatte mich bisher so in Erstaunen versetzt wie diese Fülle an elektrischem Licht. Später streifte ich durch die Stadt, ging den Fluß entlang. Ich kam zu einem Kino, wo ein Film mit dem Titel *Der kleine kriminelle Junge* lief. Auch das Kino kannte ich nicht. Bis um Mitternacht schaute ich mir den Film an. Schließlich brach ich in einem Winkel zusammen und schlief ein.

Die Folge ist ein langes Abenteuer. In jenem Sommer fand ich Arbeit in einer belgischen Baumwollfabrik. Kinder und Erwachsene arbeiteten dort. Arslan Bey, der Fabrikdirektor, stellte mich ein. Er wußte, daß ich von niemandem Hilfe und Unterstützung annehmen wollte. Er war ein ehemaliger Offizier aus dem Kaukasus, ein Tscherkesse. Den ganzen Sommer arbeitete ich in der Fabrik. Als die Saison vorbei war, kaufte ich mir einen Anzug, ein Paar Schuhe und eine Gymnasiastenmütze; von Kopf bis Fuß eingekleidet, wie für eine Parade, kehrte ich nach Hause zurück. Doch hatte ich noch immer keine Unterkunft in der Stadt. Schließlich war es wieder der Fabrikdirektor, Arslan Bey, der mir zu Hilfe kam und mir in der Fabrik ein Bett aufstellen ließ. Abends arbeitete ich in der Fabrik, bis spät in die Nacht machte ich meine Aufgaben, jeden Morgen verließ ich die Fabrik und ging in die Schule. Arslan Bey zeigte mir gegenüber jene respektvolle Zurückhaltung, die einem Mann, den man achtete, gebührt. Er wußte, mit welcher Verbissenheit ich mich in meinen Stolz hüllte. Für einen Mann aus dem Kaukasus bedeutete ein Kind von meinem Schlag eine Investition. Empfohlen hatte mich einer der großen Industriellen Adanas, Ibrahim Burduroğlu, dessen Mutter aus unserem Dorf stammte. Auch er wollte mir helfen und lud mich für die Dauer meiner Studien zu sich nach Hause ein. Wieder lehnte ich ab. Ibrahim Burduroğlu war ein Freund meines Vaters, ein Mann von bemerkenswerter Großzügigkeit.

Der Bürgermeister höchstpersönlich sprach mich bei Schulbeginn auf das Geld an, das für mich gesammelt worden war. Sein Name war Hakki Çözeli, er kleidete sich mit großer Eleganz. Aus gutem Grund: Vor seiner Wahl zum Bürgermeister war er Schneider gewesen. Er lud mich in ein luxuriöses Restaurant ein und versuchte mich zu überzeugen, das gesammelte Geld anzunehmen. Wieder weigerte ich mich. Um des Friedens willen schenkte man dieses Geld einem meiner Mitschüler, einem Jungen aus einer armen Flüchtlingsfamilie. Dank diesem Stipendium konnte er seine Studien bis zur Universität weiterführen. Fehmi Gürkan, einer der reichsten Notabeln des Städtchens, erinnerte sich noch lange an die Sache mit der Sammlung. Als ich mich später für den Sozialismus engagierte, als dann keiner der Notabeln ein Wort an mich richtete, bezeugte mir Fehmi Gürkan weiterhin eine große freundschaftliche Treue. Wann immer ich heute Gelegenheit habe, ins Städtchen zurückzukehren, suche ich als ersten diesen großmütigen Mann auf. Über die Hartnäckigkeit dieses Kindes, das ich war, staunt er noch heute, versichert er mir immer wieder.

Die Bewohner unseres Dorfes zogen jeweils im Sommer auf die Weiden im Taurusgebirge. Unsere Familie konnte nur dreimal mitziehen. Bei dieser Gelegenheit lernte ich den Taurus aus der Nähe kennen. Welch ein unglaubliches Paradies von Pflanzen, Tieren und Vögeln! Ich begegnete dort einer winzigen alten Frau. Sie war die Führerin ihres

Stammes. Alle bezeugten ihr den Regeln entsprechend einen großen Respekt. Sie führte mich heimlich zu einer nahen Quelle, sie bastelte mir kleine Spielsachen und spielte mit mir. Ich war ein Ausreißer: drei Sommer in den Bergen – und dreimal bin ich weggelaufen. Jedesmal machte ich mich auf und davon. Sei es im Dorf oder in der Hochebene, immer wenn ich mich langweilte, verschwand ich, ohne jemandem etwas zu sagen. Manchmal blieb ich Monate bei einem Verwandten, und eines schönen Tages kehrte ich unvermittelt zurück. Meine Kindheit war geprägt von diesem Ausreißen.

Unsere Familie glitt unausweichlich in die Armut ab und konnte nicht mehr mitziehen. Mehr und mehr Familien blieben im Sommer mit uns im Dorf. Später verlor sich diese Tradition trotz der extremen Hitze. In der Nähe des Dorfes befand sich der große Sumpf von Akçasaz, »der Sumpf des weißen Röhrichts«. Myriaden von Vögeln in allen Farben fanden dort Unterschlupf. Wie eine Wolke schwebten die Schmetterlinge über dem Sumpf. Hunderte von Adlern kreisten über den Felsen. Schwarze und rote Adler. Auch Schwärme rosafarbener Flamingos gab es dort. Im Frühling und im Herbst brausten diese Vögel und Schmetterlinge umher wie ein Wirbelwind. Ich glaubte, diese Vögel und Schmetterlinge kämen aus jenem Jenseits, vom Mittelmeer, das es noch zu entdecken galt, das ich noch nie gesehen hatte. Ich verdächtigte auch den Ceyhan, der sich vor unserem Dorf hinstreckte, der Komplize dieses Festes der Vögel und Schmetterlinge zu sein.

Noch heute sind meine Träume erfüllt von den weißen Wolken und bunten Wirbelwinden meiner Kindheit. Das war eine Natur ohne Grenzen, reich und großzügig. Ich träume auch von unseren Baumwollfeldern; das ganze Dorf ging in die Ebene zum Pflücken. Damals interessierte ich mich auch leidenschaftlich für die Bienen. Um die Bergkuppe und die mittelalterliche Burg, die unser Dorf überragten, erstreckte sich das Paradies der Bienen. Hunderte verschiedener Arten tummelten sich in diesem Blumenmeer, in den Felshöhlungen. Unsere Bande von Jungen war die Vertraute der Bienen geworden. Sobald uns die Feldarbeit ein wenig Zeit ließ, hatten wir nur eines im Sinn: die Bienen. Die wilden Bienenstöcke, die Nester waren ein Zuhause für mich. Wir waren Komplizen. Eine Freundschaft, die gegenseitig war: Nie hätten sich meine Bienen erdreistet, mich zu stechen. Ich verfügte über eine solche Meisterschaft, mich ihnen zu nähern, daß ich tatsächlich nur selten gestochen wurde. Die großen roten Hummeln waren meine große Spezialität. Sie waren groß wie ein Kinderfinger. Sie waren auf gewisse Weise brutal, und wenn sie grundlos zustachen, wand man sich lange vor Schmerz. Jede war wie ein rotes Licht, kristallklar, mit schillerndem Glanz.

Über einige Sommer hinweg bewachte ich die Melonen im Garten meiner Familie, der sich auf einer Halbinsel inmitten des Flusses befand. Die Abenteuer, die ich in diesem Garten erlebt habe! Dort fand meine erste nächtliche Begegnung mit Räubern statt. Ich bot den durstigen Bauern vor Frische berstende Wassermelonen an. Jeden Abend sammelte ich die Melonen und legte sie am Wasserrand hin. Der Fluß kühlte sie bis zum Morgen ab. Ich hatte ein kleines Staubecken gebaut: Das Wasser war dort immer sehr kalt und wurde durch das stetige Abfließen kristallklar. Ich hatte mein Becken genau unter einer Platane eingerichtet, zwischen der Straße und dem Ufer. Ich mußte nur noch auf die Bauern warten, die auf dem Weg in die Stadt dort vorbeikamen. Ich hielt sie an, um ihnen eine halbe Wassermelone und eine mit frischem Wasser gefüllte Kalebasse anzubieten. Die Bauern ruhten sich einen Augenblick im Schatten der Platane aus. Zwangsläufig wurde die Platane zur »Platane von Kemal dem Narren«. Ich muß anfügen, daß in Anatolien das Wort *deli* nicht nur »der Narr«, sondern auch »der Tapfere, der Großzügige, der Gute« bedeutet ... Ich weiß nicht, ob diese Platane noch steht, womöglich nennt man sie immer noch »die Platane von Kemal dem Narren«? Dies nur, damit Sie wissen, daß ich abgesehen von meinen Büchern hier auf Erden auch eine Platane habe. Und einen Baum im Garten meines Hauses in Istanbul!

Während der Wache im Garten hatte ich mit den Melonenschalen eine Falle aufgestellt, um meine Bienen anzulocken. Ich legte die Stücke in die Sonne und wartete. Wespen, Bienen und Hummeln umschwärmten die Stelle. Ich setzte mich in ihre Mitte und konzentrierte mich während Stunden auf ihr schwirrendes Dröhnen. Während Stunden etwas zu fixieren war eine meiner Kindheitsmanien: Ich erinnere mich zum Beispiel, daß ich während Monaten in die Muster eines Kelims versunken war, der ins Haus gebracht worden war. Dieses Versinken in der Betrachtung hat sich auf andere Bereiche übertragen: Die Arbeit der Zimmerleute und der Schmelzofen der Schmiede verzauberten mich ebenso wie das Schwärmen der Bienen. Das Schauspiel dauerte Tage. Es war, als sei es mein einziger Lebenszweck, mich an ihrem Schauspiel zu erfreuen. Es war so faszinierend, sich dem Betrachten der Adler hinzugeben, die über dem Dorf kreisten, auf dem Rücken dahinglitten, den Schnabel gegen den Himmel gerichtet, dann in tausend Flugformationen flogen, bis sie sich zur Kugel machten, um mit großem Flügelrauschen auf das Dorf niederzuschießen und die Küken auf dem Feld zu schnappen!

Im Dorf wie im Garten hatte ich sogar mit den perlfarbenen Wespen Freundschaft geschlossen. Sie waren gefährlicher als die gewöhnlichen Wespen. Wer sie gegen sich aufbrachte, den griffen sie an wie wütende Stiere. Verglichen mit ihren Stichen, waren die Wespenstiche nur Neckereien; ihre Stiche waren beinahe tödlich. Trotzdem konnte ich nicht ohne sie sein. Sie hatten um ihren Rumpf violette, rote, grüne, blaue und gelbe Ringe. Auch die Flügel flammten auf in unsagbarem Glanz, in tausendundeiner Farbe. Ich war hingerissen von einem Insekt, dessen harter Panzer zwischen Grün, Blau und Rot schillerte. Beim Auffliegen blitzten seine Flügel in einem strahlenden Rot. Als es mir gelang, eines dieser Insekten einzufangen, zeigte ich es allen im Dorf. Niemand war in der Lage, mir den Namen dieses Tieres zu nennen, und noch heute kenne ich ihn nicht. Am Morgen, gleich nach dem Aufwachen, fing ich so viele ein, wie ich konnte, und als ich genügend für einen Schwarm zusammenhatte, ließ ich sie losfliegen, eins nach dem anderen; ich entließ sie in die Sonne, nur um den roten Glanz auf ihren Flügeln zu sehen.

Die Ameisen wurden ebenfalls meine Freunde, besonders die roten Ameisen auf ihren langen Beinen, die sich bewegten wie dressierte Pferde. In den Feldern machte ich eine rote Ameise aus und folgte ihr so lange, bis ich sie aus den Augen verlor. Wenn ich eine verloren hatte, kam eine andere an die Reihe: dieselbe Verfolgung.

Die Insekten, die Bienen, die Vögel. Ich hatte auch meine Blumen während der Kindheit: die Herbstzeitlosen, die Kugeldisteln, die Gänseblümchen, die Myrrhe, den Klatschmohn …

Ich sagte schon, daß es um unser Dorf herum viele Adler gab: die liebsten waren mir die, deren Farbe ins Kupfergoldige überging. Ismail Aga schoß unermüdlich auf die roten Adler, die seine Küken stahlen. Er schenkte die Raubvögel den Dorfkindern, tot oder verletzt. Einmal gelang es mir, den Kindern einen verletzten Adler zu stibitzen, um ihn nach Hause zu bringen. Das Tier hatte eine Kugel im rechten Flügel. Wie durch ein Wunder war Mutter Havva da, die einzigartig war im Zubereiten von Kräutersalben. Sie war auch eine Erzählerin, deren Geschichten überreich waren an Farben, Vögeln, Menschenfressern und verzauberten Bergen. Es wurde gesagt, daß sie meinen Vater, der ein guter Freund ihres Mannes gewesen war, sehr mochte. Ich suchte sie auf und flehte sie an, meinen verletzten Adler zu heilen. Zu zweit ist es uns gelungen. Um den verletzten Flügel zu pflegen, haben wir eine Unmenge Myrrheblüten und wilder Kräuter gesammelt und daraus so viele Mixturen gebraut, daß dieser Flügel einfach heilen mußte. Eines Tages gingen wir in die Berge, um ihn freizulassen. Mutter Havva schrie dem Raubvogel hinterher: »Komm ja nicht zurück, um unsere Küken zu stehlen!« Mutter Havva hatte Vertrauen in das Gute. Ganz sicher erzählte der Raubvogel seinen Artgenossen von unserer Freundlichkeit, die wiederum unsere Küken verschonen würden.

Im Frühling 1960 kehrte ich ins Dorf zurück. Es gab keinen einzigen Adler mehr, weder im Gebirge noch im Weiler. Ich fragte die Bauern, was geschehen war. Sie sagten mir, daß »die Pferdepest schuld war«. Welche Verbindung zwischen der Pferdepest und den Adlern bestehe, insistierte ich. Als die Pferde an der Pest starben, besprühten sie sie mit einem Desinfektionsmittel. Die Bauern sagten mir: »Eines Morgens beim Aufstehen sahen wir, daß unsere Felder mit Adlerleichen übersät waren. Auch im Gebirge konnte man keinen Schritt tun, ohne über einen toten Adler zu stolpern.«

Die Adler vom Berg Anavarza sind auf die gleiche Art gestorben. Zudem war der Sumpf von Akçasaz trockengelegt worden. Auch die Vögel, auch die Schmetterlinge waren fort. Heute hat es im Dorf weder Vogel noch Schmetterling. Alles ist zur Wüste geworden. Wenigstens blieben noch die Bienen … Und dann sind da immer noch die roten Ameisen, die in der Ebene ihre zügellosen Expeditionen fortsetzen.

In die Sammlung meiner Lieblingstiere gehört auch das Rebhuhn. Als meine Bienen, die Adler und die Schmetterlinge zur Routine zu werden drohten, verlegte sich meine Neugier auf die Rebhühner. Auf den Burgmauern von Anavarza waren sie zahlreich vertreten. Wir gingen zur Jagd und versuchten, die Rebhühner einzufangen, die noch nicht fliegen konnten. Wir steckten sie in aus Kalebassen gefertigte Käfige und fütterten sie. Ich fing eines Tages ein Rebhuhn, das ich närrisch liebgewann. Das Rebhuhn gleicht nicht den anderen Vögeln; wenn es sich an den Menschen gewöhnt, verläßt es ihn nicht mehr. Mein Rebhuhn folgte mir überallhin, in die Felder, durch das Dorf. Um es zu verwirren, versteckte ich mich manchmal hinter Sträuchern, doch es schaffte es immer, mich ausfindig zu machen. Ich hatte mehrere Rebhühner. Ihr Tod war eine Tragödie für mich. Jedesmal schwor ich mir, nie wieder ein Rebhuhn zu halten, und jeden Frühling fing ich wieder eines ein. Das Abenteuer mit meinem letzten Rebhuhn war besonders traurig. Ich hatte es mit aller erdenklichen Fürsorge aufgezogen. Ich fing ihm die fettesten Heuschrecken, entfernte Kopf und Flügel und fütterte es damit. Eines Morgens beim Aufwachen war das Unwiderrufliche geschehen: Der Kopf meines Rebhuhns hatte sich im Drahtfaden verfangen, der ihm die Füße fesselte. Es war tot. Um mir über meinen Schmerz hinwegzuhelfen, boten mir einige Jungen aus dem Dorf ein Rebhuhn an, das sie vor kurzem gefangen hatten, aber es war schon groß: Sein Schnabel und seine Füße hatten bereits die charakteristische Hennafarbe. Trotzdem habe ich es etwa zehn Tage gefüttert, schließlich ließ ich es im Gebirge frei. Nie mehr hatte ich ein Rebhuhn. Vor einigen Jahren brachte mir mein Onkel mütterlicherseits, der diese Begebenheit aus meiner Kindheit gut kannte, Rebhühner aus Van. Als er abgereist war, schenkte ich die zwei Rebhühner einem Freund, einem Rebhuhn-Liebhaber.

Der Fluß Ceyhan, der an unserem Dorf vorbeifloß, war sehr breit an dieser Stelle. Den ganzen Sommer über planschten wir Dorfkinder im Fluß. Um ein Haar wäre ich zum Schwimmer geworden. Glücklicherweise hat die Literatur gesiegt …

Ich sah das Mittelmeer zum ersten Mal, als ich siebzehn war. Ich arbeitete als Tagelöhner auf den Baumwollfeldern. Ich hatte ein wenig Geld auf die Seite gelegt, und eines Tages nahm ich den Zug nach Mersin. Ich saß am Strand und schaute bis zum Abend aufs Meer. Das Meer hat mich nicht überrascht. Ich hatte viel darüber gelesen. Mit Arif Dino hatte ich *Das trunkene Schiff* von Rimbaud übersetzt. Später lernte ich das Meer so gut kennen wie die Erde.

Das Dorf, wo ich geboren wurde, war ein turkmenisches Dorf. In der Nähe befand sich eines jener Gebiete, wo die türkische Sprache ihren größten Reichtum erlangt hatte. Jede Frau dort war eine Dichterin. Gab es eine, die nicht eine Elegie zu komponieren wüßte? Eine Verrückte oder eine Zurückgebliebene! Das gehörte ganz einfach zum Leben. Karacaoğlan, der im sechzehnten Jahrhundert lebte, ist einer der größten Dichter unserer Gegend und unseres Landes. Undenkbar, daß eine Frau oder ein Mann, die etwas auf sich hielten, nicht wenigstens eines von Karacaoğlans Gedichten kannten. Die anderen wurden als geistig zurückgeblieben, als beschränkt angesehen. Nicht nur mein Dorf – die ganze Çukurova hatte diese Leidenschaft. Erzähler von großem Ruhm kamen ins Dorf, sangen uralte turkmenische Epen. Die bekanntesten waren Aşik Murtaza und »Mehmet der Kleine«, beide aus dem dreißig Kilometer entfernten Nachbardorf Gebeli. Sobald sich Mehmet der Kleine ans Werk machte, begann das Epos, das er deklamierte, buchstäblich aufzuleben. Wie auf einer Bühne spielte er, was er erzählte. Später lernte ich einen anderen großen Erzähler kennen, »Güdümen« Ahmet, »den Knirps«. Er hatte seinen Beinamen von einem Helden aus dem Epos vom *Sohn des Blinden* geborgt; sein wirklicher Name war in seiner Kunst untergegangen. Da waren auch »Çolak« Ökkes, »der Einarmige«, und »Haci« Aşik aus Gavurdag. Der letztere galt nach Karacaoğlan und Dadaloğlu als der größte Barde unserer Region.

Bei uns zu Hause sprach man meist kurdisch. Unsere ganze Familie hatte schlecht und recht Türkisch gelernt. Wir Kinder sprachen kaum kurdisch. Die Familienangehörigen sprachen kurdisch mit uns, wir antworteten auf türkisch; sie nahmen es uns nicht übel. Heute verstehe ich alles, was auf Kurdisch gesagt wird, und ich spreche es ziemlich gut, solange es nicht kompliziert wird. Wenn man mir sagen würde: »Erzähl eine kurdische Geschichte«, könnte ich es nicht. Ich kann es auch nicht schreiben, und ich habe Mühe, die Texte zu entziffern. Im Dorf nahm man uns nicht als Kurden wahr. Wir empfanden uns selbst auch nicht als andersartig. Im ganzen Dorf herrschte ein Gefühl der Verwandtschaft. Noch heute empfinde ich dieses Gefühl von verwandtschaftlicher Verbundenheit mit den Menschen des Dorfes. Um ein Mißverständnis zu vermeiden, muß ich dies genauer erläutern: Wenn Sie sich eine Karte der Türkei anschauen, sehen Sie, daß Hunderte von Kilometern den Van-See im Osten, woher mein Vater stammt, und den Süden, wo ich geboren wurde, trennen. Erst 1951 besuchte ich als Journalist das Dorf meines Vaters am Ufer des Van-Sees. Einen Monat lang blieb ich bei seinen Verwandten.

Die Dinge aus dem Reich meiner Kindheit? Bei uns gab es eine Überfülle an Kelims. Einer war besonders eigenartig, mit einzigartigen Motiven und Farben. Er hing an der Wand. Stundenlang ließ ich meinen Blick fasziniert auf diesem Kelim umherschweifen. Danach interessierte ich mich für die Menschen, die diese Wunder webten. Kelims wurden meist von jungen Mädchen gewebt. Ganze Tage lang betrachtete ich diese Weberinnen. Ich war sieben Jahre alt; eines der webenden Mädchen, eine Nachbarin, war neun Jahre alt. Ich wußte nicht mehr, ob ich in das Mädchen oder in den Kelim verliebt war, so groß war meine Verwirrung. Ich war so gebannt von diesem Handwerk, daß ich sie keine Sekunde aus den Augen verlor. Sie lächelte mir mit ihren Wangengrübchen zu, mit einer leuchtenden Liebe und dem Einverständnis eines sanften Blicks. Wann immer ich ihr Lächeln sah, wurde mein ganzer Körper wie hypnotisiert, Schauer durchliefen mich.

Unter den Dingen, die Teil unseres Lebens waren, gab es auch aus Pinienholz geschnitzte Trinkbecher. Innen, auf der Seite und am Henkel waren sie verziert. Das Wasser, das wir daraus tranken, schmeckte nach Pinienharz.

Wir hatten eine Kutsche, die über und über verziert war. Anstelle des Markennamens war eine Tafel angebracht: »Hergestellt durch Meister Ferhat aus Bursa«. Mein Onkel hatte sie ganz neu gekauft, und ihre Räder sangen ein hübsches Lied. Meister Ferhat hatte die ganze Welt auf die Kutsche übertragen, die er grün und mit tausend Verschnörkelungen bemalte. Ich erinnere mich noch an den Geruch der Farbe auf dieser Kutsche. Ich muß gestehen, daß die Liebe auf den ersten Blick, die ich für diesen Wagen empfand, mich von meiner Liebe zu den Kelims und dem webenden Mädchen ablenkte.

Ich besaß ein sehr schönes Taschenmesser, mit dem ich Spielsachen, Autos und Kamele schnitzte. Ich habe viele persönliche Gegenstände in meinem Leben verloren, aber dieses Taschenmesser habe ich sehr lange in meiner Hosentasche mit mir herumgetragen.

Wir hatten viele Hunde und Katzen zu Hause. Ich habe einige Fohlen aufgezogen. Mein liebstes war rostbraun. Es hatte berühmte Vorfahren. Mein Onkel hatte es von Leuten aus Urfa erworben. Zu jener Zeit wurden in dieser Stadt die edelsten Araberpferde gezüchtet. Als das Fohlen drei Jahre alt war, war mein Onkel aus finanziellen Gründen gezwungen, es zu verkaufen.

Ich habe schon von meinen Rebhühnern erzählt. An jedem Haus waren zudem Schwalbennester zu finden. Die Schwalben galten als heilige Vögel, daher wagte es niemand, sich an den Nestern zu vergreifen. Lange betrachtete ich die winzigen, kaum aus dem Ei geschlüpften Vögel, die mit ihren weit geöffneten gelben Schnäbeln einen unglaublichen Krach machten. Es ist mir nie gelungen, sie zu beschreiben. Ich fühle mich nicht in der Lage, den Zauber wiederzugeben, der von ihnen ausgeht.

Das Reich meiner Kindheit – das sind die Herbstzeitlosen, die Winkelzüge jener, die meinen Vater umbringen ließen, die erbitterten Bemühungen meines Onkels, meiner Mutter, meine hartnäckige Ungläubigkeit gegenüber dem unleugbaren Tod meines Vaters, und als ich schließlich daran glaubte, der unendliche Trotz, den ich ihm gegenüber empfand; es ist das rostbraune Fohlen, das Kind, das

das rostbraune Fohlen von einer Ebene zur anderen frei laufen ließ, die Rebhühner, die Adler, der Aufstieg zu den Adlerhorsten, das Pflücken der Beeren in den Brombeersträuchern; im Ceyhan zu schwimmen, die Verfolgung der jungen Hasen in den Feldern, wo das Korn größer war als ich, das Sammeln von bemalten Keramikscherben in den Burgruinen, die Sterne, die ins Wasser fallen, die Wolken, die mitziehen, der Traum, eines Tages das unendliche Meer zu sehen ... Es sind diese Sommernachmittage, der Moment, bevor der *garbi*, der Westwind, aufkommt, wo die Wolken sich vom Mittelmeer her aufblähen, wie aus der Erde geboren; mit den Wolken erhoben sich Staubsäulen, so hoch wie Pappeln, die uns überfielen und schließlich im Taurus verlöschten. Die Welt meiner Kindheit war unbeschreiblich reich. Jede Kreatur, jede Farbe, jeder Duft machte mich närrisch vor Freude, wie in einer Ekstase. Ich sang aus vollem Hals. Das Dorf nannte mich bereits »Kemal den Narren«. Ein Spitzname sowohl für Jungen, die so unbezähmbar sind wie Quecksilber, wie auch für die »Großen«, die man von der Masse der Menschen unterscheidet.

Ein Teil von mir badete in Blut, der andere im Zauber der Träume. Ein Teil war besessen von Pferdedieben und blutbesudelten Räubern mit Zwirbelschnäuzen, der andere war fasziniert von den großen Geschichtenerzählern ... Einerseits Karacaoğlan, der so zerbrechlich war wie eine Feder, und andererseits Dadaloğlu, der türkische Dichter, der wie kein anderer den Widerstand in der türkischen Geschichte besang, der Dichter des Aufstandes von 1865 in Kozanoğlu ... Dadaloğlus Dichtung hörte ich zum ersten Mal aus dem Mund von Ismail Aga, der sie, an einen Maulbeerbaum gelehnt, sang, als wäre er in einem Zustand der Verzückung. Ich setzte mich schweigend zu ihm. Es war ein solcher Schmerz in diesen Klageliedern über die Niederlage, die er sang, daß das Herz nicht widerstehen konnte. »Sing noch einmal dieses *agit*, Onkel Ismail«, sagte ich ihm; er tat es. Als er geendet hatte, fragte er mich: »Soll ich es nochmals wiederholen?«

»Ja«, sagte ich, und dieses Mal beschrieb er mir die Niederlage vom Anfang bis zum Ende. Ismail Aga hatte einen langen, leuchtendweißen Bart und Augen, so grün wie die Felder. Er schaute einem tief in die Augen, ohne zu blinzeln. Sie werden mir sagen: »Ein Greis wird bestimmt nicht einem Knirps von sieben oder acht Jahren vom Aufstand von Kozanoğlu erzählen!« Doch ich erinnere mich, daß niemand im Dorf mich behandelte, als wäre ich ein Kind, auch die anderen Kinder nicht. Ich mußte an den Ufern der Stadt stranden, weit weg vom Dorf, um zu erleben, daß Kinder für das genommen werden, was sie sind: Kinder. Natürlich waren auch wir Kinder, aber niemand hielt uns für unmündige Wesen. Meistens unterschied man nicht zwischen uns und der Welt der Erwachsenen. Wir durften zum Beispiel bis zum frühen Morgen aufbleiben, um den großen Erzählern zuzuhören. Keinem wäre es in den Sinn gekommen zu sagen: »Das sind Kinder, sie können diese großen Geschichten nicht verstehen.« Im Reich meiner Kindheit gab es keine verschlossenen Türen. Ich tat alles, wozu ich Lust hatte. Ich kannte keine Hindernisse. Wenn ich etwas wollte, konnte ich es jederzeit tun, niemand konnte mich daran hindern ... Einmal wählte ich als meinen Wohnsitz die Umgebung der Adlerhorste in den Bergen, ein anderes Mal die Ebene bei den Schlangen in den Burgmauern, dann wieder die Granatapfelgärten oder den Platz unter den Feigenbäumen des Dorfes. Die Feigenbäume in Kadirli waren unbeschreiblich groß.

Einmal fand man mich am Ufer des Flusses Savrun beim Schlendern im violetten Majoran, ein andermal war ich im

Zelt von Nomaden, einen Falken, einen Habicht, einen Milan auf dem Handrücken, ein Geschenk der Nomaden … An einem Tag saß ich als Schüler bei einem Barden, am nächsten durchstreifte ich das Land mit den Schatzsuchern … Mein Reich war groß. Und nie werde ich Ibrahim den Hinkenden, den Schreiner, vergessen. Es gab nichts, was er nicht aus Holz schnitzen konnte, die verschiedensten Formen, Statuen … Er war einer meiner besten Freunde in meiner Kindheit.

ALAIN BOSQUET: Wir kennen nun das Land Ihrer Herkunft, beschreiben Sie nun bitte die damalige historische Lage in ihrem größeren Zusammenhang. Was ist dieser Zipfel des Kurdenlandes in den zwanziger Jahren? Lebt jeder sein persönliches Abenteuer, oder verschmelzen die Menschen in einem gemeinsamen Schicksal? Welches sind die ersten Worte, die gebräuchlichen und die fremdartigen, die ein Kind in jener Zeit lernt? Was sagt der Vater, was sagt die Mutter?

YAŞAR KEMAL: Die schreckliche Sommerhitze der Çukurova versengte unser im Felsgestein eingekeiltes Dorf; sein Fleisch aus Erde und Stein brannte buchstäblich. Wer die Mittel hatte, ging im Mai in die Berge, schlug dort das Sommerlager auf und kehrte Ende Oktober zurück. In diesem harten Land lebte jeder sein eigenes Schicksal, und gleichzeitig verschmolz er im kollektiven Schicksal. Die Berge waren voller Räuber, die Ebene wimmelte von Pferdedieben. Die Geschichtenerzähler, von denen ich Ihnen berichtet habe, wie Ökkes der Einarmige oder Aşik Haci, schmuggelten Tabak. Unzählige Schmuggler kamen durch unser Dorf. Sie kamen in der Nacht, auf dem Weg zum Taurus. Sie trugen Hosen aus Serge und sehr lange Schnauzbärte. Ihre Herzen waren voller Abenteuer. Jeden Herbst brannten zehn, fünfzehn Häuser aus Lehm und Schilf in jedem Dorf, ohne ersichtlichen Grund. Die anderen Dörfer teilten das gleiche Schicksal.

Baumwolle wurde angepflanzt, zur Ernte ging das ganze Dorf Richtung Adana in die Ebene. In den türkischen

Dörfern werden die Arbeiten, die die Gemeinschaft betreffen, *imece* genannt, gemäß einer alten Tradition gemeinsam und ohne Lohn verrichtet: Manchmal gingen wir in den Sumpf von Akçasaz, schnitten Schilf und Ried, um damit die Häuser auszubessern. Abgesehen von den Feigenbäumen gab es in unserem Dorf keine Obstbäume. Einzige Ausnahme: der gigantische Granatapfelbaum vor unserem Haus. Manche Familien besaßen einen Garten mit Melonen in Hülle und Fülle.

Das erste etwas fremdartige Wort, das mir auffiel? Da läßt mich mein Gedächtnis im Stich. Auf jeden Fall lebte ich in einer sonderbaren sprachlichen Atmosphäre: zu Hause kurdisch, draußen türkisch. Doch erlebte ich diese Situation nicht als einen Konflikt; es lag in der Natur der Dinge.

Ich unterschied nicht zwischen den türkischen und den kurdischen Geschichtenerzählern, die ins Haus kamen. Der Barde unserer Familie, Abdal Musa, erzählte mir eine Geschichte über die Çukurova, die aus dem Repertoire des großen kurdischen Erzählers Abdal Zeyniki stammte. Das Epos besang den großen kurdischen Gebieter Sürmeli Mehmet Pascha, der mit seinen Reitern in der Ebene den turkmenischen Herrscher Kozanoğlu bekämpft hatte. Ich erinnere mich an den endlosen Refrain dieser Erzählung: »Ich kann die Augen nicht schließen in dieser verfluchten Hitze / Die Mücken rauben mir den Verstand / Der Schrei der Schakale macht mich ganz närrisch / Sogar die Vögel können in dieser verfluchten Hitze nicht schlafen.« Das Wort kam unaufhörlich wieder: »Hitze, Hitze ...«, vielleicht hundertmal. In der Nacht stieg ein Drache aus den Sümpfen hervor, Mehmet Pascha versuchte ihn zu töten, und am frühen Morgen gelang es ihm, ihn zu zweiteilen. Die Erzählung nahm den quälenden Refrain wieder auf:

»Hitze, Hitze, Hitze ...« Ich hatte dieses Heldenlied auf Kurdisch gelernt und sang es den Kindern vor, auf Türkisch übersetzt.

Zu Hause wurden die Volkslieder gesungen, die *türkü*. Mein Onkel hatte eine schöne Stimme, aber er sang immer dasselbe Lied, er erfand nur immer wieder neue Worte. Alle Dorfkinder hockten unter dem Fenster des Hauses, hinter dem Schilf und lauschten diesem kurdischen Gesang. Ich übersetzte die Worte ins Türkische. Nach einer gewissen Zeit mußte ich nicht mehr übersetzen: Gleich nachdem der Gesang angestimmt wurde, kamen die Kinder angerannt, und da sie die Worte auswendig gelernt hatten, sangen wir alle im Chor. Das Lied sprach sehnsüchtig vom Van-See.

Dieser Ort wurde zu einem Paradies auf Erden. Dort war es nie heiß. Die Fische flogen auf ihren Silberflügeln über die Wellen zum Gebirge. Es gab keine Krankheit, keine Malaria. Der Menschensohn war unsterblich. Die Pferde waren von einem reinen Weiß; auch sie unsterblich. Sie durchstreiften frei die Berge von Ararat, Süphan und Nemrud ... Das Meer war tiefblau; und das Wasser ein Jungbrunnen. Man begegnete dort grauen Kranichen und einem Baum, den mein Onkel gepflanzt hatte. Zu allen Jahreszeiten blühten die Blumen ... Wir, die Kinder, fieberten in diesen Träumen.

Wann immer mein Onkel sich über jemanden ärgerte, im Dorf oder zu Hause, und seine Wut war hartnäckig, drohte er, das Haus mit Hab und Gut zu verkaufen. Dann setzte er sich in eine Ecke und stimmte sein Lied an. Tagelang sprach er zu niemandem ein Wort: Sein Gesang genügte ihm in diesen Stunden des Trotzes; er verweigerte auch das Essen. Wer auch immer ihn in diesen Zustand versetzt hatte, er kam zu ihm, um ihn zu beschwichtigen.

Mein Onkel schaute auf, ein Blick stillen Einvernehmens; er trank einen großen Krug Wasser in einem Zug und verzichtete darauf, das Haus zu verkaufen und das Dorf zu verlassen.

Mein Vater? Ich kann mich an keines seiner Worte erinnern. Ich sagte Ihnen schon, daß er in der Moschee erdolcht wurde, als ich viereinhalb Jahre alt war. Aber mit meiner Mutter lebte ich lange Jahre. Ich war der einzige Sohn. Sie bewachte mich wie ihren Augapfel. Sie hatte einen sehr regen Geist. Wo immer sie auftauchte, beherrschte sie alles im Nu. Ich bewunderte ihre Art, mit den Menschen umzugehen. Sie erzählte mir die Heldentaten ihres Bruders, des Räubers, und wie man ihn getötet hatte. Ein Lied habe ich nie von ihr gehört. Sie hat dann meinen Onkel geheiratet, aber es geschah nicht aus Liebe. Sie brachte außer mir noch einen Jungen von meinem Vater auf die Welt, danach zwei Söhne aus der Ehe mit meinem Onkel. Alle drei starben an Malaria. Ich war der einzige Überlebende. In der Familie meiner Mutter gab es kaum einen Mann, der vor Altersschwäche im Bett starb, außer ihrem Vater. Alle anderen waren mit Gewehrschüssen ins Jenseits befördert worden. Sie war wohl ziemlich stolz darauf und konnte deren Taten nicht genug rühmen. Selten, und nur wenn mein Onkel sein Lied anstimmte, spürte ich ihre Liebe zu ihm. Ihre Augen verdunkelten sich, und summend begleitete sie sein Lied.

ALAIN BOSQUET: Im Westen stellen wir uns vor, daß das Geheimnisvolle und die Phantasie sich von der Kindheit an sehr schnell verwischen, um der Logik und der Sachlichkeit Platz zu machen. Ich nehme an, daß dies in Ihrer Kindheit nicht der Fall war. In allen Ihren Büchern erstaunen mich vor allem zwei Dinge: die Gegenwärtigkeit der Religion, einschließlich ihrer abergläubischen Aspekte, und die Sprache, die voller Omen, Sprichwörter und sibyllinischer Formulierungen ist. War das Imaginäre Teil des Alltags? Und waren diese furchteinflößenden Weisen Ihre Vertrauten? Waren es Bettler, Mystiker oder Scharlatane?

YASAR KEMAL: Es fällt mir schwer, eine Trennlinie zu ziehen und zu sagen, daß jenseits dieser Linie das Geheimnis und das Phantastische der Logik und der Sachlichkeit weichen. Aus einem einfachen Grund: Meine Kindheit war nicht abgetrennt von der Welt der Erwachsenen. Es gab kein Alter der Kindheit, wie Sie es vielleicht gekannt haben. Ich glaube, die Kindheit wird bei Ihnen und bei uns anders erlebt. Unsere Imagination ist real. Ich kann mich mit Beispielen besser erklären: Wie ich schon sagte, kamen oft Geschichtenerzähler in unser Dorf, und alle, Frauen, Männer, Junge, Alte, wir alle kamen zusammen und hörten ihnen bis in die frühen Morgenstunden zu. Es gab keine Unterscheidung zwischen den Erwachsenen und den Kindern. So war es auch mit den Erzählungen und Legenden: Es gab keine eigentlichen Kindergeschichten. Die Gesänge, die Erzählungen, die Legenden waren für alle dieselben. Einzig die Spiele waren nur uns Kindern vorbehalten. Die

Kinder schufen sich ihre Spiele selbst, auch Zungenbrecher und andere Wortspiele. Sogar die Spielsachen fabrizierten die Kinder selbst aus Holz und Stein. Wir kannten nie Spielsachen aus der Stadt, die von anderen, seien es auch Meister ihres Handwerks, gefertigt worden waren. Wenn es zum Beispiel in Strömen regnete, oder wenn wir bei den Quellen im Sommerlager waren, bastelten wir Schaufelräder, die wir in die stärkste Strömung stellten. Diese Räder trieben unsere imaginäre Mühle an, die unser nicht weniger imaginäres Korn mahlte. Diese Einheit zwischen der Welt der Kinder und der Erwachsenen macht es mir schwer zu bestimmen, wo die Phantasie der Kindheit endet und wo die der Erwachsenen beginnt. Sogar auf den Feldern arbeiteten Erwachsene und Kinder zusammen, jeder im Rahmen seiner Möglichkeiten. Unsere Welt war weder kindlich noch abgesondert.

Was mich selbst betrifft, hat sich der Stellenwert des Imaginären seit meiner Kindheit ohnehin nicht groß verändert. Ich wollte immer zum Geheimnis des Menschen vordringen: Diese Suche war das eigentliche Abenteuer meines Lebens. Was die Kraft des Imaginären angeht, so erschaffe ich mir wie in meinen Kindertagen Träume ins Unendliche. Wie soll ein Mensch hoffen, der nicht mehr träumt? Die Hoffnung – sie entsteht aus dem Traum, ist sie nicht einer der größten menschlichen Werte, die der Mensch pflegen kann? Kann der Mensch leben, ohne Hoffnung zu erschaffen? Sind Hoffnung und Traum nicht das Geheimnis, das der Mensch sich erschafft, um nach der Unsterblichkeit zu greifen? Sind nicht Traum und Geheimnis Teil dessen, was Sie Realismus nennen? Was ist überhaupt Realismus? Wird nicht alles vom Menschen neu erschaffen? Sind der Traum und die sogenannte Realität »Objekte«? Wer hat sie erschaffen, wenn nicht der Mensch?

Sind die Realität und die Kraft des Imaginären nicht unauflöslich miteinander verbunden? Wo beginnt die Realität, wo endet das Imaginäre? Wo ist die Grenze, wo verläuft sie; können Sie sie situieren? Ich glaube, daß – unabhängig von der Zeit, den Lebensbedingungen und dem Ort – die von Menschen geschaffenen Geheimnisse und Traumwelten das Universum, das wir Realität nennen, für alle Zeiten beherrschen werden. Die Grenzen zwischen Realität und Imagination werden immer mehr verfließen.

Um auf Ihr Thema zurückzukommen: Wenn der europäische Mensch nach der Kindheit an imaginärer Schöpferkraft verliert – ich glaube das nicht, Sie brachten es vor; ich bin kein Europäer, ich bin ein Mensch des Mittelmeers –, müssen wir die Gründe dafür nicht anderswo suchen? Dostojewski, ein Europäer, mobilisierte das Imaginäre, um in die tiefsten Tiefen des menschlichen Geheimnisses vorzudringen. Europa kann den Traum und das menschliche Geheimnis gar nicht verlieren. Europa hat vielleicht andere Werte verloren, die es eines Tages wiederentdecken wird. Gehen wir davon aus, daß es sich hier um eine vorübergehende Dürre handelt.

Das Imaginäre in meinem Alltag? Wen begleitet es nicht durch all seine Tage? Wie soll man es aussortieren – eine Stunde für den Traum, eine Stunde für das Imaginäre … Mitternacht oder Mittag? Ich gebe zu, daß ich kein Maß habe. Ich weiß, daß die Menschen nicht aufhören zu träumen. Ein Maß festzusetzen, beim Bauern, beim Stadtmenschen, im Westen oder Osten … läßt sich die Mischung dosieren? Wenn wir unbedingt einen Lehrsatz aufstellen möchten, würden wir vielleicht die Behauptung wagen, daß sich der Mensch in eine erschaffene Traumwelt flüchtet, je mehr er sich Zwängen und Schwierigkeiten gegenübersieht. Ist unsere Welt denn eine Welt der Fülle, mit allem, was der Mensch benötigt? Ist ein Mensch ohne Enttäuschung vorstellbar? Erschafft sich der Mensch in seinem Traumuniversum nicht nach seinen Wünschen die Welten, die ihm nicht zugänglich sind? Erschafft er sich nicht die Angst und die Liebe, um in seinen selbstgeschaffenen Paradiesen oder Höllen zu leben? Dies ist die Rolle des Imaginären in meinen Romanen.

Ich bin in meinem Leben vielen Menschen begegnet, viele dienten mir als Modell für meine Figuren. Doch alle meine Figuren habe ich in meiner Arbeit als Schriftsteller erschaffen. Natürlich will ich mich dem Realen nähern, aber dies ist nicht das zentrale Thema meiner Arbeit. Ich will eine Welt des Imaginären und der Fiktion schaffen, eine gänzlich andere Welt: das Reich des Imaginären, erschaffen durch das Wort. Natürlich bin ich nicht der erste und nicht der letzte, der aus Worten Universen schafft. Meiner Ansicht nach ist und war das seit jeher vor allem eine professionelle Methode des Arbeitens. Die mir vertrauten »Lehrmeister« waren solche Fachleute. Homer war ein echter Fachmann; die türkischen und die kurdischen Homere meiner Zeit sind ebenfalls Fachleute. Ihre Kunst besteht darin, geschichtenerzählend Welten zu erschaffen. Sie sind weder Mystiker noch Scharlatane noch vagabundierende Bettler, sondern die Meister einer gemeinsamen Kunst. Sie sind Ehrenmänner, die ihr Brot mit dem Wort verdienen. In den Kreisen, in denen sie sich bewegen, gelten sie beinahe als Heilige.

ALAIN BOSQUET: Wie sieht zu jener Zeit der Tag eines kurdischen Kindes aus? Wer hat mehr Einfluß, die Mutter oder der Vater? Gibt es Momente, wo der Begriff »Freiheit« auftaucht? Worin bestehen die ersten Belehrungen? Wie haben die Legenden und Erzählungen der wandernden Barden auf Sie eingewirkt? Haben Sie vielleicht bei ihnen erfahren, daß Sprache mehr ist als ein Mittel der Kommunikation: ein magischer Dialog?

YAŞAR KEMAL: Im Sommer arbeiteten alle Kinder auf den Feldern. Mein Onkel zwang mich nie dazu; meine Mutter immer. Morgens hatte ich Mühe aufzuwachen. Und aus gutem Grund: In der Nacht verwandelte ich die Welt in einen Traum. Ich verlor mich darin, versank in den Träumereien: ein Universum der Freude, das ich nur ungern verließ. Ich kann heute nicht mehr genau sagen, wovon ich träumte: eine neue Bienen- oder Ameisenart, eine unbekannte Blume, die ich am Tag zuvor entdeckt hatte, genügten, um mich in Begeisterung zu versetzen. Ich lauschte oft Märchen und wundersamen Erzählungen, sie berauschten mich … Ich reiste über die Gipfel des mythischen Berges Qâf, zu den Fürstenpalästen, inmitten von Hirschkuhherden. Die Märchen, die ich von den alten Frauen des Dorfes zu hören bekam, erzählte ich mit vielen Ausschmückungen wiederum den anderen Kindern. Später habe ich begriffen, daß jeder Erzähler, der diesen Namen verdient, eine Erzählung, auch wenn sie bekannt ist, immer neu erschafft, indem er sie jedesmal erneuert.

Was ich Ihnen jetzt sagen werde, wird Sie nicht allzusehr erstaunen. Die von mir geschaffenen Figuren sind keine übernatürlichen Wesen. Sie sind Wesen aus Fleisch und Blut. Wenn Sie Ihnen beim Lesen übernatürlich vorkommen, liegt der Fehler ein wenig bei mir: Meine Begeisterung vergrößert sie im Moment des Schreibens. Ist dies ein Fehler? Meine Welt ist übervoll von Imaginärem. Aber hat im Grunde nicht jeder dieses Potential an Imaginärem, an erfundenen Welten und neuen Hoffnungen? Ich habe vorübergehend das Leben im europäischen Westen geteilt, auch das Innenleben.

Sie können mir glauben: Diese Welt, die Sie durch den egoistischen Individualismus aufgebaut haben, ist nicht so düster, wie es scheint. Lassen wir die Welt Kafkas beiseite, die wieder etwas anderes ist: ein Universum der Hoffnungslosigkeit. Der europäische Westen gefällt sich vielleicht in der Finsternis. Man darf nicht verzweifeln: Europa wird bald der selbstgeschaffenen Dunkelheit müde werden. Noch ein weiterer Punkt bekümmert mich, nämlich daß man auch Dostojewski als düster und »ungesund« empfindet. Gewiß, manchmal versinkt der Mensch in Finsternis und Verzweiflung. Das Ferment des Menschen besteht jedoch aus Hoffnung und Licht und aus dem Verlangen, wunderbare, leuchtende, funkelnde, optimistische Welten zu erschaffen. Ich verstehe nicht, wie man aus Dostojewski, dem größten modernen Schöpfer von Hoffnung und Licht, einen Sänger der Finsternis und des Unbehagens machen konnte. Wie kann man sich nur über diesen Meister des Imaginären so täuschen? Es stimmt, daß Dostojewski eine Mauer der Finsternis vor uns aufbaut: darin besteht seine Arbeit, seine Zauberkunst. Hinter dieser Mauer erkennen wir die Hoffnung um so klarer. Für mich zeigt Dostojewski die leuchtenden Züge der Menschlichkeit. Er hat nichts mit Kafka oder den Pessimisten unserer Zeit gemeinsam.

Doch ich wollte ja über ein kleines Kind in der Ebene der Çukurova erzählen!

Ich liebte die Menschenmassen, und ich erstickte im Dorf. Ich träumte unaufhörlich von Flucht. Ich wußte, daß andere Welten existierten, jenseits unseres Dorfes, doch sie machten mir angst. Bald, bald würde ich weggehen. Manchmal floh ich von zu Hause, zog in ein weit entferntes Dorf, blieb fünf, sechs Tage, dann kehrte ich zurück. Ich war auf den Feldern, wenn das Korn gedroschen wurde. Im geschnittenen Korn suchte ich immer jenes bitter duftende Kraut, das mich mit seinem warmen Duft berauschte. Meine Mutter, mein Onkel und seine andere Frau staunten über die Begeisterung, mit der ich aufs Feld ging. Noch heute kann ich unter tausend Düften den Duft dieses Krauts in den Kornfeldern unterscheiden. Ich bewahrte mir noch ein anderes Talent aus jener Zeit, das ich unzählige Male ausprobiert habe: Wenn ich nachts im Mondschein auf irgendeiner Straße der Çukurova marschiere, kann ich erraten, nur nach dem Duft, womit das Feld daneben bepflanzt ist. Ein Reisfeld? Ich gebe zu, daß dies leicht zu erkennen ist: Jeder, der mit der Erde verbunden ist, kann den Geruch eines Reisfelds wiedererkennen. Doch Sesam, Baumwolle, Korn oder Sonnenblumen … ich erkenne sie an ihrem Duft. Ich hatte einen gut entwickelten Geruchssinn.

Ich war sehr selbständig, wohl schwer zu beeinflussen, und bald bot ich der ganzen Familie und dem Dorf die Stirn. Wenn ich von zu Hause ausriß, verband ich damit gar nicht den Begriff von »Freiheit«: Das war nichts, was meine Phantasie beschäftigte.

Die ersten Belehrungen? Am Abend versammelten sich die Alten des Dorfes zum Gespräch. Ich gesellte mich zu ihnen und hörte ihnen still zu, manchmal bis zum Morgengrauen. Sie sprachen von den großen Zeiten der Turkmenen, vom großen Barden Dadaloğlu, vom Aufstand von Kozanoğlu, von der Qualität oder der Unfruchtbarkeit der Äcker, vom Nationalen Befreiungskrieg. Über Religion wurde selten gesprochen in unserem Dorf. Es gab nur eine Moschee ohne Minarett. Die ältesten Dorfbewohner sprachen dort ihre Gebete. Ich erinnere mich an keine anderen religiösen Bilder in unserem Alltag. Kürzlich sagte mir ein syrischer Dichter: »Warum beten die Menschen so selten in Ihren Romanen? Ist Ihr Volk nicht muslimisch?« Die unsrigen waren Muslime, für die die Religion im Leben aufging. In der Türkei ist die Religion erst in den letzten dreißig Jahren eingedrungen. Die Traditionen, die ich in meinen Romanen beschreibe, sind wahrscheinlich archaische Mythen, die in den Islam eingeflossen sind.

Ich sagte schon, daß die umherziehenden Barden mich stark beeinflußt haben. Ich wollte sein wie sie und meinen Lebensunterhalt mit dieser Arbeit verdienen. Das Schicksal wollte es anders, aber ich habe mich immer gefragt, wie weit ich es in dieser Kunst gebracht hätte. Wäre es mir gelungen, sie zu verändern?

Ich wurde mir der Kraft der Sprache und ihrer unbegrenzten Macht durch meine eigenen Versuche bewußt. Ich hatte einen immensen Glauben an die Magie und Macht der Sprache: Noch heute bin ich überzeugt, daß die Sprache die Menschheit retten wird. Mein guter Freund Roger Caillois sagte mir eines Tages: »Glaubst du wirklich, daß die Sprache fähig ist, die Probleme dieser Welt zu lösen? Du glaubst, daß die Sprache die Lösung ist in der Politik, der Wirtschaft, so ist es doch?« Ich hatte mich noch nie so kategorisch geäußert, aber ich antwortete ihm, daß ich an die Kraft der Sprache glaube ... Ich bleibe in diesem Punkt »gläubig«, und deshalb halte ich die Worterschaffer, mich eingeschlossen, für die wirklich Verantwortlichen unserer Zeit. Ich betrachte die Sprache nicht nur als Kommunikationsmittel, sondern als eine Kurbelwelle mit unbesiegbarer Kraft. Im Zusammenhang mit Sprache von Motoren zu sprechen ist natürlich eine Abwertung. Ich sehe sie als Universum von uneingeschränkter Macht. Noch heute bin ich überzeugt, daß die Sprache in der Lage ist, unsere Menschennatur zu erneuern und zu verschönern. Die Sprache wird neue Universen erschaffen; sie wird andere vernichten.

Das Kind, das ich war? Ich weiß nicht, ob es etwas Außerordentliches gibt in der Geschichte eines Jungen von vier oder fünf Jahren, der sehr früh vom traditionellen Gesang und der Poesie fasziniert war, der nicht stillsitzen konnte und sich in tausend Abenteuer stürzte. Eine Geschichte, die sich nicht sehr von der anderer Jungen unterscheidet.

ALAIN BOSQUET: Wer waren Ihre Eltern? Welchen Beruf übten sie aus? Gab es in Ihrer Familie Nomaden und Menschen, die es in die Großstadt zog? Stellten sich die Fragen von Armut und Reichtum, Hunger und Wohlstand? Wer waren Ihre ersten Freunde?

YAŞAR KEMAL: Meine ersten Freunde waren die Kinder aus dem Dorf. Mit Mehmet Sahin begann ich die Grundschule; wir wurden im selben Monat geboren. Da war auch Süleyman der Schwarze, der bereits tot ist. Mit jedem der beiden verband mich eine andere Art von Freundschaft.

Ich habe Ihnen die Mitglieder meiner Familie beschrieben. Ich komme darauf zurück. Da war mein Onkel Tahir, der nach dem Tod meines Vaters meine Mutter geheiratet hatte. Er war ein sehr lauterer, intelligenter Mann mit einem schönen Lächeln. Vor dem Tod meines Vaters wurde er sein Haupthirte. Er kannte jedes einzelne Schaf, jede Ziege, jeden Stier. Im Kopfrechnen war er nicht zu schlagen. Sein Talent war in der ganzen Gegend bekannt. Er sang sehr schöne traditionelle Gesänge voller Sehnsucht. Ich sagte es bereits: Er war sehr leicht verstimmt. Die ganze Welt brach zusammen, wenn ihm gegenüber jemand ein verletzendes Wort fallenließ.

Meine Mutter war eine sehr schöne, auch sehr selbstbewußte Frau. Ihr Name war Nigar. Die erste Frau meines Onkels, die Zübeyde hieß, war ebenfalls sehr selbstbewußt. Die zwei Frauen stritten sich unablässig. Meine Mutter liebte die Hausarbeit, Zübeyde verabscheute das Häusliche.

Ich hielt immer zu meiner Mutter; das beendete ihre Streitereien.

Nach dem Tod meines Vater komponierte mein Onkel Tahir Dutzende von Klageliedern. Jahrelang deklamierte er sie landauf, landab. Er hat diesen Tod nie vergessen. Er hatte nur einen Gedanken im Kopf: meinen Adoptivbruder Yusuf töten zu lassen, der meinen Vater ermordet hatte. Ich würde nicht sagen, daß die Gesamtheit des von meinem Vater hinterlassenen Erbes für diese Rache ausgegeben wurde, aber viel Geld! Er beauftragte einen Totschläger, der durch ein kleineres Vergehen in das Gefängnis von Diyarbakir eindringen konnte, wo sich der Mörder meines Vaters aufhielt. Dem gedungenen Totschläger gelang es, ihn mehrmals zu verletzen, ohne ihn jedoch zu töten. Nach achtzehn Jahren wurde Yusuf entlassen, und er begann um das Dorf herumzustreichen. Als mein Onkel es erfuhr, war er krank und schon sehr alt. Dennoch! Er konnte nicht stillsitzen: Mit der Pistole am Gürtel durchstreifte er die Umgebung, um ihn zu erschießen. Er konnte sich keinen Totschläger mehr leisten.

Von mir konnte er ebenfalls nicht viel erwarten. Um die Wahrheit zu sagen, er wollte nicht, daß ich ihn tötete. Er litt an Krebs und wußte es. Später haben wir erfahren, daß Yusuf von Koca Osman erschossen wurde. Mein Onkel war mit einem Schlag geheilt: Er war verändert, sein Gesicht leuchtete.

Auch meine Mutter hatte nur einen Gedanken: den Mörder so schnell wie möglich umbringen zu lassen. Das war zweifellos der einzige Punkt, über den sich meine Mutter und mein Onkel einig waren, vielleicht sogar der Grund, warum sie ihn geheiratet hatte. Jahrelang wollte sie mich davon überzeugen, den Mörder meines Vater umzubringen. Als ihr bewußt wurde, daß ich größer wurde und daß Yusuf bald entlassen würde, wechselte sie ihre Strategie: Yusuf würde die Freiheit wiederfinden, aber was bleibt von einem Mann nach achtzehn Jahren hinter Gittern? Er würde das Gefängnis nicht als menschliches Wesen, sondern als Toter verlassen. Es lohnte sich nicht mehr, einen Toten zu töten. Der Vatermord war Sühne genug: Er würde jeden Tag tausend Tode sterben. Wozu ihn nochmals töten? So mußte ihr Sohn, ein Nachkomme der Adler von Van, der den Mörder seines Vaters hätte umbringen sollen, nicht mehr töten. Ich, der ich vom Geschlecht der Adler und der Männer mit den zwei Herzen abstammte, mußte nicht mehr töten.

Welchen Nutzen hätte die Ermordung dieses schändlichen Mannes, dessen Blut keinen Pfifferling wert war? Würde mein Vater dadurch wiederkommen? Warum sollte ich meine jungen Hände mit Blut beflecken?

Als sie später erfuhr, daß Koca Osman Yusuf getötet hatte, war sie sehr verärgert: Sie redete sich ein, daß ich ihn getötet hatte, daß ich aber Osman beauftragt hatte, den Mord auf sich zu nehmen. Sie begann, ihre Version herumzuerzählen, um alle davon zu überzeugen. Glücklicherweise glaubte ihr niemand; ich war zum Zeitpunkt des Mordes gar nicht in der Çukurova gewesen. Aber es blieb ihr großer Traum, wenigstens einmal aus meinem Mund zu vernehmen, daß ich Yusuf getötet hatte. Noch wenige Stunden vor ihrem Tod stellte sie mir die Frage.

Wir waren arm, kannten aber keinen Hunger; weder im Dorf noch bei uns zu Hause. Wir hatten Kühe und Hühner. Wir hatten reichlich Milch, Butter und Eier. So ging es auch den anderen Familien des Dorfes. Wir hatten auch einen Gemüsegarten, und die übrigen Nahrungsmittel kamen vom Markt aus der Kleinstadt. Niemand träumte von der großen Stadt.

Der Freund meiner Kindheit, Mehmet, lebt in Ankara: Er ist Lagerist im Ruhestand. Ich wohne in Istanbul. Eigentlich sind wenig Leute aus unserem Dorf abgewandert. Meine Familie kannte immer nur eine Sehnsucht: das verlorene Paradies vom Van-See; immer träumte sie von der Rückkehr. Als ich vierzehn Jahre alt war, ließ sich meine Familie im Nachbarstädtchen Kadirli nieder, wo weitere Verwandte und Verschwägerte aus Van lebten.

ALAIN BOSQUET: In welchem Alter hat Sie ein Buch wirklich beeinflußt? Welches Buch war es? Weckte es in Ihnen die Idee, eines Tages zu schreiben? Waren sie als Junge träumerisch, unzufrieden, oder waren Sie ganz in Ihrem Milieu integriert? Wann entstand Ihr Wille zur Unabhängigkeit? Doch ich möchte eine noch wichtigere Frage stellen: die nach Ihren ersten Schuljahren. Gibt es einen merklichen Unterschied zwischen der Sprache, die Sie in Ihrer Kindheit sprachen, und der geschriebenen Sprache der Intellektuellen? Müssen Sie sich um Anpassung bemühen, um sich auszudrücken? Gibt es einen Graben zwischen der Sprache Ihrer Familie und Provinz und dem Türkisch, wie es gelehrt wird? Läßt es sich vielleicht so zusammenfassen: Was gesagt wird, ist ganz anders als das, was geschrieben wird?

YAŞAR KEMAL: Der erste Roman, den ich gelesen habe, war *Der kleine Dingsda* von Alphonse Daudet. Danach *Kerem und Asli*: ein orientalisches Märchen aus dem Mittelalter, das mit traditionellen Gesängen angereichert ist. In seiner Struktur ähnelt es stark dem Rolandslied. Mit diesem Märchen war ein Tabu verbunden: Wer es las, versank in der *karasevda*, der verstandraubenden, schwermütigen Liebe. Im Volk zirkulierten viele Geschichten über dieses Märchen: Man zeigte auf die Menschen, die es gelesen hatten und dem Wahnsinn verfallen waren. Ich habe es gelesen, ohne von der *karasevda* erfaßt zu werden, und ich bin nicht wahnsinnig geworden. Ich war damals in der fünften Grundschulklasse.

Das erste Buch, das mich beeinflußt hat, war *Don Quichotte.* Ich war siebzehn, als ich es las. Ich hatte bereits vorher in den Schulbüchern Abschnitte daraus gelesen, aber ich hatte es nicht ernst genommen. Beim erneuten Lesen entdeckte ich eine neue Welt. Tagelang war ich von diesem Buch wie gebannt. Cervantes zeigte mir auf, was ich im Innersten meines Herzens verbarg. Ich tauchte ein in die Finsternis, und ich tauchte größer wieder auf. Zu jener Zeit wurde ich zum ersten Mal aus politischen Gründen ins Polizeikommissariat vorgeladen. Die Polizisten benahmen sich mir gegenüber nicht sehr zartfühlend. Lange vor *Don Quichotte* hatte ich beschlossen, Bücher zu schreiben. Ich hatte bereits einige Gedichte in literarischen Zeitschriften veröffentlicht.

Arif Dino brachte mich dazu, die Klassiker und *Don Quichotte* zu lesen. Er war der ältere Bruder des berühmten Malers Abidin Dino. Beide standen in Adana unter Polizeiaufsicht. Ihr Großvater, Abidin Pascha, war der Gouverneur von Adana gewesen, und die Dinos besaßen Grundstücke im Ort ihres Exils. Als Arif Dino einen Teil seines Grundbesitzes verkaufte, schenkte er mir mehr als hundert Klassiker. Als ich die Bücherpakete auspackte, fand ich drei Exemplare von *Don Quichotte.* Ich glaubte an ein Versehen und wollte Arif Dino zwei Exemplare zurückgeben. Er erklärte mir, daß es sich ganz und gar nicht um einen Irrtum handelte: Er hatte mir drei Exemplare geschenkt, damit ich *Don Quichotte* bis ans Ende meiner Tage lese! Wie sein Bruder war auch Arif Dino ein großer Maler. Es lag ihm nichts daran, seine Werke auszustellen. Er malte für sich selbst und begnügte sich, sie einigen guten Freunden wie mir zu zeigen. Unsere Freundschaft dauerte siebzehn Jahre, eine Freundschaft ohne den geringsten Schatten. Er schrieb Gedichte auf Türkisch und Französisch und war einer der Gründerväter der neuen Lyrik. Bevor ich die Brüder Dino kennenlernte, schrieb ich Gedichte und sammelte mündliche Überlieferungen, ich träumte davon, große wissenschaftliche Werke zu schreiben. Arif Dino sprach griechisch: Er liebte die klassische Antike. Er gab mir Zeichenstunden und kannte Rimbaud auswendig; ich glaube sämtliche Gedichte. Über siebzehn Jahre hinweg dauerte unsere Debatte über den Roman, die Kunst und den Sozialismus. Auch Abidin Dino beeinflußte mich sehr. Wir diskutierten oft über Lyrik, Literatur und Malerei. Diese zwei Freunde waren für mich die Männer mit dem erlesensten Geschmack unserer Zeit.

Ich erinnere mich, wie Arif Dino uns eines Tages mit Überzeugung erklärte, daß die Romanschriftsteller unserer Zeit Angst hätten, große Figuren zu erschaffen: Es gab nicht einen unter ihnen, der es gewagt hätte, einen Helden wie Don Quichotte darzustellen. Seiner Meinung nach war nur ein Roman mit einem so einzigartigen Helden wie Don Quichotte ein Weltroman.

Durch Abidin Dino lernte ich die moderne Literatur kennen. Er gab mir den ersten Roman des türkischen Erzählers Sait Faik, *Ein Lastkahn namens Leben*. Ich bewunderte ihn. Abidins Frau war Dozentin für französische Literatur an der Universität. Sie gab mir eine Liste der französischen Klassiker. Schon bevor ich die Dinos kennenlernte, verkehrte ich in einem Kreis, der sich mit Literatur auseinandersetzte. In Adana waren viele meiner Freunde Dichter und Novellisten. Als die Gebrüder Dino eintrafen, kannte ich sie bereits vom Hörensagen. Ich hatte Arif Dinos Gedichte gelesen und Abidins Zeichnungen gesehen. Der letztere hatte einen scharfsinnigen Artikel, eine neuartige Interpretation über das Werk des größten Dichters meiner Region, Karacaoğlan, geschrieben.

Als ich *Don Quichotte* entdeckte, hatte ich mich bereits den sozialistischen Ideen verschrieben und einige Aufenthalte in der Polizeipräfektur hinter mir. Ich las alles über den Sozialismus, was mir in die Hände fiel. Auch hier hat mir Arif Dino sehr geholfen. Abidin hatte eine Besonderheit: Er wollte ein Leben als militanter Sozialist führen in Einklang mit der Literatur. Vor Ort bildete sich bald eine beachtliche Gruppe junger Sozialisten. Wir nahmen Verbindung auf zu den erfahrenen sozialistischen Arbeitern und den Intellektuellen. Tag und Nacht sprachen wir über den Sozialismus. In jener Zeit hatten wir nicht genügend Werke und Texte zu unserer Verfügung. Marx' *Manifest* zirkulierte zum Beispiel in Form maschinengeschriebener Kopien. So kam der Sozialismus durch die mündliche Überlieferung zu uns, vom Meister zum Lehrling. Gewiß haben wir im Verlauf dieser Lehre viel Falsches gelernt.

Das Türkisch meiner Kindheit und das geschriebene literarische Türkisch waren sehr verschieden. Das geschriebene Türkisch war verarmt, während unser gesprochenes Türkisch von großem Reichtum war. Es bestand also die Gefahr, daß wir uns, obwohl Menschen derselben Sprache, nicht verstanden. Ich lernte die Sprache der anderen, die geschriebene Sprache, sehr leicht. Seit der Grundschule hatte ich das gesprochene Turkmenisch der Çukurova aufgegeben. Ich verwendete nur noch die Sprechweise von Istanbul. Zu Hause im Dorf nahm ich jedoch die Mundart sehr schnell wieder an. Bis zu meiner Ankunft in Istanbul im Alter von sechsundzwanzig Jahren gebrauchte ich jahrelang beide Sprechweisen: die Istanbuler Mundart und das Turkmenisch der Çukurova ... In Istanbul benutzte ich nur noch die Sprache dieser Stadt. Die ersten Dialoge meiner Novellen schrieb ich jedoch im Turkmenisch der Çukurova. Meine erste Sammlung von Erzählungen, *Die Gelbe*

Hitze, ist in dieser Form erschienen. Als ich mir bewußt wurde, daß niemand meine Sprache verstand, habe ich für die weiteren Auflagen alles umgearbeitet, und ich machte mich auf die Suche nach einer literarischen Sprache, die beides in sich vereinigte. Einerseits die Armut des geschriebenen Türkisch – Nazim Hikmets Sprachreichtum ausgenommen – und andererseits der unerschöpfliche und unglaubliche Reichtum der Volkssprache …

Ich wurde mir dieser sprachlichen Probleme ziemlich früh bewußt, mit fünfzehn oder sechzehn Jahren. In meinen Gedichten und meiner Prosa versuchte ich, die Möglichkeiten des lebendigen und reichen Türkisch der Çukurova mit denen der gesprochenen Sprache der Städte zu vereinen. Anfangs war mein Vorgehen nicht systematisch, doch mein Sprachbewußtsein wurde bald sehr intensiv.

Kostete es mich Kraft, mußte ich mich anpassen, um mich ausdrücken zu können? Entgegen dem sanften und versöhnlichen Bild, das man sich von mir macht, bin ich im Grunde wohl sehr hart. Ich schob alles beiseite, was nicht mit der Vorstellung, die ich mir von mir selbst machte, vereinbar war. Ich hatte beschlossen, mich so auszudrücken, wie ich war. Natürlich wurde ich in großem Maß beeinflußt, aber ich glaube, ich bin immer der Nase nach gegangen, wie man bei uns sagt.

Sprachlich habe ich viel von Karacaoğlan gelernt. Ich dachte oft nach über die Ressourcen der Sprache und die Erzähltechniken. Eine Sprache ist eine Welt für sich. Ihre Fundamente müssen solide sein, damit man andere Welten auf sie bauen kann. Ich wollte die Sprache bereichern: Die Sprache des Volkes war so lebendig für mich wie die Natur. Wie diesen Reichtum in die geschriebene Sprache einfließen lassen? Zu jener Zeit ahnte ich noch nicht, wie schwierig das war. Ich hatte das leuchtende Vorbild Nazim

Hikmets vor mir, den ich so sehr bewunderte. Er hatte sich dieser Herausforderung erfolgreich gestellt. Ich wurde von einer gewissen Frustration nicht verschont. Ich suchte den Reichtum, immer mehr Reichtum … In den Jahren dieser großen Sprachträume kannte ich mich nicht einmal in der Interpunktion aus. Ich mußte sie im Zeitraum von wenigen Jahren lernen. Viele türkische Schriftsteller, auch die besten, beherrschen die Interpunktion noch heute nicht.

Ich war ein unersättliches Kind. Ich wollte etwas tun, womit ich mich zur Geltung bringen und worauf ich stolz sein konnte. Noch heute tritt diese Manie von Zeit zu Zeit auf. Mich anpassen? Ich war nie angepaßt; war immer mein eigener Herr an Bord. Seit ich mich erinnere, zwang ich mich immer zur Unabhängigkeit. Abhängig war ich nur von meiner Freundschaft mit Arif und Abidin Dino. Ich befolgte Arifs Ratschläge. Ich diskutierte die meisten meiner Schwierigkeiten mit Abidin. Noch heute teile ich meine Probleme mit Abidin.

ALAIN BOSQUET: Dachten Sie an Ihre Herkunft, als sie beschlossen, Ihr Leben und Ihre Phantasie in Worten auszudrücken? Ging es Ihnen darum, Ihrem Land und seiner offiziellen Sprache den Reichtum Ihrer Herkunft zu überbringen? Oder beabsichtigten Sie vielmehr, Ihrem Volk und Ihrer Sprache Treue zu beweisen? Die Türkei durch eine kurdische Sensibilität zu bereichern oder der kurdischen Kultur ihre besondere Eigenheit auf türkisch übersetzt wiederzugeben? Ist dies ein wirkliches Problem oder eine von außen gesehene intellektuelle Illusion?

YAŞAR KEMAL: Als ich mir als Schriftsteller der Sprache bewußt wurde, versuchte ich, Gefühle, Nuancen, eine neue Vielfalt ans Licht zu bringen. Als ich damit begann, war die türkische Sprache sehr verarmt. Vor der Jahrhundertwende war die geschriebene, die offizielle Sprache das Osmanische, eine Mischung aus Türkisch, Arabisch und Persisch. Im Zug der Sprachreform kam das Französische hinzu. Mit der Zeitschrift *Junge Federn*, 1908 in Saloniki erschienen, begann eine Bewegung zur »Reinigung« des Türkischen, um ihm neben dem Osmanischen das Bürgerrecht zu verleihen. Im Verlauf dieser sprachlichen Reinigung sind viele osmanische Wörter, Ausdrücke, Sprichwörter und Begriffe verschwunden, wodurch die Sprache im Wortschatz sehr arm wurde.

Zu jener Zeit waren Anatolien und Istanbul mit seinen Intellektuellen völlig getrennte Welten. »Der Osmane« hatte in den Metropolen des Reichs seine eigene Kultur eingesetzt. Anatolien wiederum hatte seine eigene Kultur geschaffen, mit seinen eigenen Mitteln, außerhalb dieser osmanischen Kultur. Während das osmanische System Dichter und Wissenschaftler hervorbrachte, brauchte Anatolien siebenhundert Jahre, um seine eigene kulturelle Eigentümlichkeit zu entwickeln.

Die anatolische Literatur entstammt einer mündlichen Tradition; es gelang ihr jedoch, sich schriftlich auszudrükken. Die *tekke* zum Beispiel waren richtige Kulturzentren in Anatolien. Die tekke der Glaubensgemeinschaft der Aleviten oder Rufai-Bruderschaft dienten als Relaisstation zwischen der Tradition und der geschriebenen Sprache. Diese tekke hatten Bibliotheken, die reich waren an unschätzbar wertvollen Manuskripten. In der Entwicklung der Literatur Anatoliens übten diese tekke einen beträchtlichen Einfluß aus. Der sprachliche Reichtum Anatoliens wurde zudem von weiteren Quellen gespeist. Die Türken sind ein Volk von Nomaden, deren Migration von Zentralasien bis nach Anatolien mehrere Jahrhunderte dauerte. Dadurch wurden unzählige Wörter, Ausdrücke, Begriffe, kulturelle Merkmale aus China, Persien und von den Arabern übernommen. Als sich die Türken in Anatolien niederließen, nutzten sie zudem die autochthonen Kulturen der Griechen, Armenier, Kurden und anderer Völker.

Es ist bekannt, daß ein Nomadenvolk wenig Interesse am Boden hat. Der Ackerbau wie auch das Ernten war ihnen fremd. Die Bezeichnungen für die Ackergeräte, die bäuerlichen Begriffe, das Vokabular der Handwerke haben sie meist den einheimischen Völkern entlehnt. Bei den Siedlungsnamen und Ortsbezeichnungen fällt auf, daß sie eigene geschaffen haben, aber genauso viele übernommen haben. Das gleiche trifft auf die Umgangssprache zu.

Anatolien war immer ein Durchgangsgebiet für Karawanen und Völker ... Alle diese Wanderbewegungen haben zur großen sprachlichen und kulturellen Vielfalt des Landes beigetragen. Anatolien ist eine Halbinsel; auch die Seefahrer haben ihren Teil zum Wortschatz beigetragen. Die faszinierende Geschichte Anatoliens ist von all diesen großen Zivilisationen geprägt, Sumerer, Assyrer, Urartäer, Hethiter, Griechen, Hurriter ... Dazu die kulturellen und religiösen Ablagerungen des Schamanismus, des Islam und des Judentums. Der Apostel Paulus stammt aus Anatolien, und die erste christliche Kirche entstand in Anatolien.

Die türkischen Intellektuellen konzentrierten sich in ihrem Bemühen um sprachliche Reinigung auf das Türkisch von Istanbul; bis in die dreißiger Jahre ignorierten sie den sprachlichen Reichtum Anatoliens. Atatürks Beharrlichkeit gab der sprachlichen Erneuerung neue Impulse und machte eine Rückbesinnung auf Anatolien möglich. Bis in die dreißiger Jahre waren zahlreiche wertvolle Dichter und Schriftsteller gezwungen, in einer sehr verarmten Sprache zu schreiben.

Sogar Nazim Hikmets Sprache ist arm in seinen ersten Gedichten aus jener Epoche. Er war der erste unter den Dichtern seiner Zeit, der aus dem Reichtum der Sprache Anatoliens schöpfen konnte. Seine Jahre im Gefängnis spielten dabei eine wichtige Rolle. Im Verlauf seiner langen Haft begegnete Nazim Hikmet dem Volk Anatoliens: Er ließ sich durchdringen von dessen Sprache. Sein erstes Meisterwerk, *Das Epos von Scheich Bedreddin*, ist das Resultat dieser Begegnung. Nazim Hikmet war von diesem Volk »geimpft« worden: Es ermöglichte ihm, Meisterwerke zu schreiben.

Schon früh begegnete ich der Dichtung Nazim Hikmets. Die für mich ausschlaggebenden Dichter waren Karacaoğlan und Dadaloğlu; nun kam auch Hikmet hinzu. Wie Yunus Emre, Pir Sultan Abdal und Abdal Zeyniki bewunderte ich ihn grenzenlos. Ich fragte mich oft, ob der geniale Schöpfer Nazim Hikmet ohne die anatolische Sprache seine Vollendung hätte erreichen können. In der neuen Türkei fanden die Menschen aus Anatolien dank Nazim Hikmet Eingang in die Literatur.

Im Alter von siebzehn Jahren entdeckte ich die westliche Literatur. Ich stürzte mich mit einem wahren Heißhunger auf Balzac, Tolstoi, Tschechow, Stendhal, Dostojewski. Ich las die Übersetzungen mit einem Gefühl der Seelenverwandtschaft, wie ich sie nur beim Lesen der Volksepen und der Dichtung Karacaoğlans empfand.

Mein literarisches Gepäck wog schwer, als ich 1946 meine erste Erzählung, meine ersten Romane zu schreiben begann. Am meisten liebte ich Tschechow, Nazim Hikmet und Karacaoğlan. Den jung verstorbenen Dichter Orhan Veli, den ich verehrte, kannte ich auswendig. Ich bewunderte die Sprache und den Stil des Novellisten Sait Faik. Arif Dino, von dem ich Ihnen erzählte, war ein Verehrer Rimbauds. Wir verbrachten ganze Tage damit, Rimbaud zu übersetzen und endlos über ihn zu diskutieren. Rimbaud öffnete eine ganz neue Welt für mich. Zu jener Zeit erschienen zahlreiche vorzügliche Übersetzungen von Baudelaire, Rimbaud und Verlaine.

Ich wollte mit einer ganz neuen Sprache zu einer neuen Erzählform gelangen. Die mündliche Literatur, die ich kannte, paßte schlecht zur Sprache der geschriebenen Literatur. Die westliche Erzählkunst war schon früh zur geschriebenen Literatur übergegangen.

Die mündliche Überlieferung, die sie vergessen hatte, erleben wir heute noch in ihrer ganzen Frische und Intensität. Hunderte von Barden und Dichtern wanderten in Anatolien von Dorf zu Dorf. Das Türkisch, obwohl die lebendige Sprache der Barden, war trotzdem als Institution eine tote, starre Sprache. In meinem Land herrschte, wie nirgends auf der Welt, uneingeschränkt eine tote Sprache. Ich glaubte, daß mit einer neuen Literatur auch neue Formen und eine neue Sprache entstehen mußten. Mein Glück war, sowohl die türkische Sprache wie auch die Möglichkeiten des Kurdischen nutzen zu können. Ich hatte Zugang zum Erbe beider Kulturen.

Schließlich muß ich noch die divân-Dichtung anfügen. Trotz ihres Formalismus war diese Poesie reich an Redewendungen von großer Sprachmeisterschaft. Meine Beziehung zu dieser Dichtung entstand, als wir ein Dorf in der Nähe von Adana bewohnten. Einer meiner Nachbarn war Professor für arabische und persische Literatur an der Universität von Istanbul. Zurück aus dem politischen Exil, lebte er sehr zurückgezogen. Unsere Freundschaft war unvermeidbar.

Während neun Jahren hatte ich zudem einen ehemaligen ehrenwerten Banditen als Nachbarn: ein kultivierter Mann aus besserer Familie, Absolvent der Universität Istanbul und Kenner der Geschichte.

Bald wurde mir klar: Die Großen der Poesie und der Prosa wurden, ganz gleich wie komplex ihr Denken und ihre Gefühle waren, von allen verstanden. Sie gebrauchten eine einfache Sprache ohne unlautere Kunstgriffe. Seit meinen ersten Gehversuchen als Schriftsteller war mir dies intuitiv bewußt.

Interpret der kurdischen Kultur in türkischer Sprache zu werden, war für mich ausgeschlossen. Wir waren die einzige kurdische Familie im Dorf. Der Van-See war weit entfernt. Seine Epen und Gesänge begleiteten mich dennoch. Ich hatte auch die Erinnerungen meiner Familie, die Traditionen, die sie bewahrte, die Sprache ... Das Kurdische ist vom Türkischen sehr verschieden.

Ich wuchs in beiden Sprachen auf. Als Kind liebte ich die kurdischen Epen, Märchen und Gesänge so sehr wie die türkischen. Doch verfügte ich nicht über genügend Kenntnis, um die kurdischen Gesänge vor Publikum vorzutragen. Zwangsläufig kannte ich Karacaoğlan und Dadaloğlu besser als den kurdischen Meister Abdal Zeyniki.

ALAIN BOSQUET: Gab es ein besonderes Ereignis, das Sie zum Schreiben brachte oder das in Ihnen die Absicht weckte, sich dem Schreiben zu widmen? Wie alt waren Sie damals? Aber vielleicht hatten Sie vorher andere Träume, andere Ambitionen?

YAŞAR KEMAL: Ich war sehr jung, ich erinnere mich nicht mehr an mein Alter. Eines Tages befand ich mich mitten in einem Fest mit den Mädchen des Dorfes, die im Chor sangen. Ich hörte diese Lieder zum ersten Mal. Ich sagte mir: »Auch ich kann singen wie sie«, und ich machte mich daran, Lieder zusammenzubasteln, die den ihren gleichen sollten. Doch ich wagte es nicht, sie öffentlich zu singen. Danach kam der unaufhörliche Strom der Barden und Dorferzähler; auch sie wollte ich imitieren. Was mich motivierte? Schwer zu sagen. Ich kletterte auf die Felsen, die das Dorf überragten. Ich sang Lieder von Blumen, für mich ganz allein. Dann erkühnte ich mich, vor den Bauern zu singen. Auch wenn ich zu erforschen versuche, was mich dazu brachte, so zu handeln: Ich weiß es nicht.

Ich war zu jung, scheint es mir, als daß ich Träume dieser Art hätte improvisieren können: »Wenn ich groß bin, will ich dies oder jenes sein und sonst gar nichts!« Mit sechzehn oder siebzehn Jahren fing ich an, meine Träume auszuarbeiten. Ich begann mündliche Überlieferungen zu sammeln. Mein erstes Buch war eine Sammlung von Klageliedern. Ich stellte auch Sammlungen von Volksepen, Legenden und Märchen zusammen. Ich entdeckte unveröffentlichte Gedichte von Karacaoğlan, Dadaloğlu und anderen Volksdichtern. Niemand vor mir hatte diese Klagelieder des Volkes, die *agit*, gesammelt und veröffentlicht. Sie werden von den Frauen zu Ehren der Toten gesungen. Eigentlich handelt es sich dabei eher um lange gesungene Erzählungen als um Gedichte. Jede turkmenische Frau muß ein Klagelied zu Ehren eines geliebten Menschen singen können. Wenn gewünscht, treten auch die hochgeachteten Klageweiber dazu. Ich kannte zwei von ihnen: die große Hasibe und die große Telli. Sie stammten aus einer bedeutenden turkmenischen Familie. Bei einem Todesfall in einem Haus, das sie besonders schätzten, ergänzten sie das Trauerritual mit ihren Klagegesängen. Diese Tradition war auch bei den Kurden gebräuchlich.

Mein Traum war, ein Mann der Wissenschaft zu werden, mich der Erforschung der Kulturen des Orients, der Folklore, der Ethnographie zu widmen. Daher hatte ich beschlossen, meine Studien am Gymnasium und an der Universität erfolgreich abzuschließen und eine westliche Sprache zu erlernen. Ich gab mir alle Mühe, was aber nicht verhindern konnte, daß ich schließlich in den Baumwollfeldern der Çukurova landete. Ich hatte nur die eine fixe Idee: von Mal zu Mal ein wenig besser zu schreiben. Ich übertreibe nicht – während dieser Zeit hatte ich nur die Erzählung, die Poesie und den Roman im Kopf. Sogar mein politisches Engagement war mit dieser Leidenschaft für die Literatur verbunden. Die Welt zu erfassen, die Erforschung der Welt zu vertiefen, das Reale und das Erzählen zu vereinen …

ALAIN BOSQUET: Nehmen wir an, daß Sie eines Tages beschlossen zu schreiben. Ich würde gerne wissen, welches Ihr Bildungs- und Wissensstand war in jenem Moment. Schreiben kann das Ergebnis einer Laune sein, einer gebieterischen physischen Notwendigkeit, einer unerklärlichen Leidenschaft; es kann jedoch auch aus einer logischen und willentlichen Entscheidung erwachsen. In welchem Jahr haben Sie diese Entscheidung getroffen?

YAŞAR KEMAL: Ich war sechzehn Jahre alt, als mein erstes Gedicht veröffentlicht wurde. Es war nicht gut, denn ich hatte die traditionelle Poesie aufgegeben, um die damals gerade beliebten Poeten zu imitieren. Mit dreiundzwanzig Jahren schrieb ich meine erste Novelle, *Eine schmutzige Geschichte*. Ich halte sie für einen meiner besten Texte. Zu jener Zeit verfügte ich über ein respektables Kapital an Wissen. Ich hatte bereits die Brüder Arif und Abidin Dino und dessen Frau Güzin kennengelernt. Ich bewegte mich in den Kreisen junger sozialistischer Literaten. In der großen Ramazanoğlu-Bibliothek von Adana hatte ich Arbeit gefunden. Es war mir erlaubt, die Nacht dort zu verbringen und bis in die Morgenstunden zu lesen. Auch tagsüber kamen keine Menschenmengen angelaufen; ich war eine Leseratte geworden, ich verschlang alles. Homer, die klassischen Griechen, die Klassiker des neunzehnten Jahrhunderts waren für mich das Paradies. Es hieß, die Ramazanoğlu-Bibliothek verfügte über mehr als dreißigtausend Bände. Wäre da nicht das Fallbeil des Militärdienstes gewesen, hätte ich einen großen Teil der Bibliothek gelesen. Alles, was ich nur konnte. Dank Arif und Güzin Dino wußte ich, was ich zu lesen hatte und was ich auf später aufschieben konnte. Die Regierung hatte im Ministerium für Ausbildung und Erziehung ein Komitee gebildet zur Übersetzung der Klassiker der Weltliteratur. Die großen Texte des Ostens und Westens wurden in einem infernalischen Tempo übersetzt. Zu schreiben habe ich begonnen, als ich meiner Ansicht nach die Kunst des Romans und der Novelle beherrschte. Zuvor hatte ich mir im Verlauf der endlosen Diskussionen mit Arif Dino über das eine wie das andere viele Gedanken gemacht. Das Schreiben war weder ein heftiger Drang noch Ausdruck einer verrückten Laune. Ich bereitete mich methodisch und gewissenhaft vor. Als ich mich bereit fühlte, machte ich mich ans Werk. 1946 schrieb ich *Eine schmutzige Geschichte.*

Damals war ich Soldat in einem Städtchen in Zentralanatolien und verfügte über viel Freizeit. Nach dem Militärdienst ging ich nach Istanbul, wo ich eine Stelle als Kontrolleur einer französischen Gasgesellschaft gefunden hatte. Mein neuer Beruf bot mir die Gelegenheit, Istanbul kennenzulernen, Haus um Haus, Küche um Küche – die Zähler befanden sich in der Küche ... Während dieses ganzen Jahres in Istanbul habe ich keine einzige Zeile geschrieben. Ich erklomm im Durchschnitt eintausendachthundert Stufen täglich und war abends zerschlagen vor Müdigkeit. 1948 kehrte ich nach Kadirli zurück und wurde Kontrolleur der Bewässerungskanäle in den Reisfeldern.

Im April des Jahres 1950 kam ich ins Gefängnis. In Adana wurde ein Junge aus Kadirli festgenommen, der kommunistische Propaganda betrieb. Damals arbeitete ich in Kadirli als Straßenschreiber. Ein Stand, eine kleine Holzhütte, das war mein Laden. Den Jungen haben sie dermaßen verprügelt, daß er in seiner Not alle Namen, die er kannte, vermischte und sich eine »Kommunistische Partei« in der Çukurova aus den Fingern sog. Unter den Gründungsmitgliedern sollte auch ich mich befinden. Eines Morgens kamen die Gendarmen mit großem Getöse, legten mir Handschellen an und führten mich ab. Zunächst brachten sie mich zum Staatsanwalt, dann zum Vernehmungsrichter, und von dort aus ging es schnurstracks ins Gefängnis. Fünfzehn Tage blieb ich im Gefängnis von Kadirli. In dieser Zeit überstürzten sich die Ereignisse. Ich kann nicht fortfahren, ohne wenigstens ein, zwei dieser Ereignisse zu schildern.

Zu der damaligen Zeit hatte der heutige Unternehmer Ahmed Aydin Bolak das Amt des Landrats von Kadirli inne. Er war ein ausgesprochen junger Mann mit langen Haaren. So habe ich ihn zumindest in Erinnerung. Ich hatte ihn lediglich ein einziges Mal gesehen, als er an meinem kleinen Stand vorbeiging, in dem ich als Gesucheschreiber arbeitete. Dann war da noch ein Direktor der Mittelschule namens Nurullah Hancilar. Ihn lernte ich folgendermaßen kennen: An der Mittelschule erteilte eine junge Lehrerin Türkischunterricht. In ihrem Unterricht zog sie jede Stunde über die Kommunisten her. »Und einer von ihnen lebt sogar hier«, soll sie stets gesagt haben, »er lebt hier auf diesem geheiligten Boden, arbeitet sogar als Gesucheschreiber und verdient sich damit seinen Lebensunterhalt. Und jeden Tag spricht er per Funkgerät mit Rußland. Er ißt das Brot seines Landes und ist auch noch ein Kommunist ...« Kaum vorzustellen, welchen Unsinn sie von sich gab! Mein Stand befand sich auf dem Marktplatz, alle Leute gingen daran vorbei. Eines Tages kam zufällig der Direktor der Mittelschule an meinem Stand vorbei. Ich hielt ihn auf, erzählte ihm von der tollen Leistung der Türkischlehrerin. Der Vater des Mädchens war angeblich Kommissar in Adana. Und all ihr Wissen erhielt sie wohl von ihm. Ich sprach auf den Direktor ein: »Verehrter Herr Direktor, wie ist denn so etwas möglich, kann denn eine Lehrerin Stunde für Stunde in der Klasse willkürlich aus der Luft gegriffene Dinge über eine Person erzählen. Die ganze Stadt weiß, daß sie so über mich herzieht, sagen Sie der Lehrerin, daß ich sie vor Gericht bringen werde.«

Der Direktor schien ein guter Mann zu sein. »Ich werde die Lehrerin verwarnen, so etwas darf an einer Schule nicht sein«, versprach er und ging davon. Was glauben Sie, was für Gerüchte sich innerhalb einer Woche ausbreiteten in der ganzen Stadt. Allmächtiger! Der Direktor der Mittelschule sei der Kopf der Kommunisten ... Und was für eine Untergrundorganisation er aufgebaut habe: es fehle nicht mehr viel, dann hätte diese konspirative Organisation die Türkei völlig in die Knie gezwungen! Was dem Direktor noch alles widerfuhr, werde ich später erzählen. Ich will zunächst mit den Ereignissen im Gefängnis von Kadirli fortfahren.

Außerhalb des Gefängnisgebäudes befand sich ein Raum, in den sie mich verfrachteten. Eine Woche später machte ein Gerücht die Runde: Am Freitag werde eine Versammlung erfolgen, deren Teilnehmer das Gefängnis stürmen und mich lynchen würden. Der Freitag ist sowohl der Tag des wöchentlichen Gottesdienstes als auch der Markttag in Kadirli. Daher kommen sehr viele Dörfler am Freitag in die Stadt, die Zahl der Menschen steigt auf das Doppelte. Nur meine Mutter und Nesibe, die Tochter von Idris Bey, besuchten mich im Gefängnis. Idris Bey war ein Freund von uns. Und Nesibe war für mich wie eine ältere Schwester, die mich seit meiner Kindheit kannte und mir näherstand als meine eigene Schwester. Idris Bey war ein Tscherkesse. Er war der Sohn des Nuri Çavuş, eines der Helden des Nationalen Befreiungskampfes. Und Nesibe war die Ehefrau des Çako Bey. Çako Bey war zu der Zeit Bürgermeister. Als mir zu Ohren kam, daß sie mich lynchen wollten, wandte ich mich an den Kommandanten der Gendarmerie und berichtete ihm, wie die Dinge standen. »Auch mir ist so etwas zu Ohren gekommen«, erzählte der Kommandant. Noch am selben Tag nahm er mich aus dem Arrestraum und führte mich in das zweite Stockwerk der Gendarmeriestation.

Die Versammlung begann am Mittag. Die Menschenmenge marschierte zum Gefängnis. Dort füllte sie den gesamten Hof aus. Die Leute waren dermaßen aufgebracht und schrien so laut, daß der ganze Ort vor Lärm bebte. Ich beobachtete von oben aus dem Fenster unser Volk, das sein Vaterland so abgöttisch liebte. Zwischendurch sah ich den Landrat in der Menge auftauchen. Ihn hatten sie an den Haaren gepackt. Später verlor ich ihn aus den Augen. Was haben sie wohl mit ihm angestellt, ob sie ihn wohl umgebracht haben? Was geschah damals mit ihm, irgendwie habe ich es in all den Jahren nicht geschafft, danach zu fragen. Überall herrschte ein wildes Durcheinander, die Menschenmenge marschierte auf den Raum zu, in dem ich zuvor eingesperrt gewesen war. Ich sah, wie sie in den Raum hineinströmten, und auch, wie sie wieder herausstürmten. Der Raum war völlig leer. Die Menschenmenge schimpfte und tobte. Sie griffen das Gendarmeriegebäude an, doch die Gendarmen verteidigten die Treppen. Der Kommandant hielt eine flammende Rede, sprach über Volk und Vaterland, über die ruhmreiche Schlacht von Sakarya und berichtete, daß ich in der letzten Nacht nach Kozan in das Gefängnis für Schwerverbrecher gebracht worden

sei. Auf diese Weise beschwichtigte er unsere Landsleute, die von patriotischem Eifer beseelt waren, und rettete die Seele eines russischen Spions aus ihren Fängen.
Eine Woche später sollte ich nach Kozan in das Gefängnis für Schwerverbrecher überführt werden. Ein neues Gerücht breitete sich aus: Auf dem Weg nach Kozan würden mich die Gendarmen erschießen. »Er versuchte zu fliehen, und wir erschossen ihn«, würden sie sagen. Jeder glaubte an dieses Gerücht. Denn der Räuber Yozgu war genau auf diese Weise umgebracht worden. Dreißig Räuber, deren Hände mit Stricken gefesselt waren, wurden in Sariçam nach dieser Methode getötet. Somit war auch diese Art der Hinrichtung von den Regierungen der Republik Türkei in den Kanon der gepflegten Traditionen aufgenommen. Warum sollten sie mich nicht auch umbringen? Viele meiner Verwandten, die mich im Gefängnis nicht besucht hatten, machten sich gemeinsam mit uns auf den Weg, allen voran meine Mutter. Sogar aus Adana waren Freunde gekommen. Einer von ihnen, ein Freund arabischer Abstammung, brachte eine große Tragetasche voll selbstgebranntem Anisschnaps mit. An einem regnerischen Tag, nachdem wir auf aufgeweichten Wegen durch den Schlamm gezogen waren, erreichten wir gegen Abend Kozan. Die Gendarmen von Kadirli übergaben mich der dortigen Gendarmerie.

Noch am selben Abend begann die Folter. Am nächsten Morgen waren meine Füße furchtbar zugerichtet und dick angeschwollen. Der Weg vom Gefängnis bis zum Gerichtsgebäude war ziemlich lang. Mit diesen angeschwollenen Füßen zog ich meine Schuhe an. Aber wie! Es bereitete mir Höllenqualen. Fast sehnte ich mich nach der Folter zurück, denn verglichen mit dem Anziehen der Schuhe war die Folterei von gestern nacht nicht mehr als ein Flohbiß. Hinkend und stöhnend, die Hände in Handschellen, ging ich die Treppen hinunter, doch was mußte ich sehen: Meine Mutter wartete gemeinsam mit den anderen Verwandten im Hof auf mich. »Jetzt bin ich verloren«, sagte ich zu mir. »Wenn meine Mutter mich so hinken sieht, dann begreift sie, was mit mir los ist, und wird verrückt vor lauter Sorge.« Also faßte ich mir ein Herz, biß die Zähne zusammen und lief krumm und schief, aber ohne zu hinken. So quälte ich mich bis zum Gerichtsgebäude ab, schwitzte Blut und Wasser und bereute längst, auf die Welt gekommen zu sein, so sehr schmerzten meine Füße.

Gegen Mittag führten sie mich vor den Richter. Der Vorsitzende des Gerichts war ein kahlköpfiger Mann mit einem weichen Gesicht. Er hatte einen reinen und kindlichen Blick. In seinen Augen war kein Mitleid. Er betrachtete uns mit einem Lächeln. Später muß er plötzlich bemerkt haben, in welchem Zustand ich mich befand, denn er ließ mich Platz nehmen. Sogar als ich meine Aussage machen mußte, ließ er mich nicht aufstehen. Er ordnete meine Festnahme an. Mit meiner Mutter ging ich wieder, ohne zu hinken, zurück ins Gefängnis. Dort angekommen, war ich völlig am Ende. Als ich die Gemeinschaftszelle betrat, empfing mich der Bandit Hilmi: »Deine Familie hat mir sehr geholfen, ja ich kann mit Recht sagen, daß sie mir sogar das Leben gerettet hat. Doch in diesem Gefängnis bin ich dein einziger Feind. Nimm dich in acht vor mir. Wenn du wegen Mord oder Totschlag, wegen Diebstahl oder Vergewaltigung eingebuchtet worden wärest, hättest du dir sogar einen Platz auf meinem Haupt verdient. Aber so, nun gut, wart's ab ...« Es ist eine lange Geschichte. Zum Schluß, einen Monat vor meiner Entlassung, stach dieser Bandit mir ein Messer in den Leib.

Ich werde nicht zuviel über das Gefängnis erzählen.

Solch ein Gefängnis gab es sicher nirgendwo sonst auf dieser Welt. Es war völlig verdreckt und heruntergekommen. Nachdem Hilmi mit dem Messer auf mich eingestochen hatte, verlegten sie mich in den Trakt für die Gefangenen mit leichteren Delikten. Dort kam ich in eine Gemeinschaftszelle mit siebzehn anderen Gefangenen. Eigentlich war die Zelle nur ein winzig kleiner Raum. Das Gefängnis war zwischen den Felsen von Kozan errichtet worden. Das Gebäude war von hohen Mauern umgeben, und es war erdrückend niedrig. Im Sommer betrug die Hitze vierzig bis fünfundvierzig Grad. Drinnen gab es keine Toilette. Jeder pinkelte oder verrichtete seine Notdurft in einen Blechkanister. Es herrschte solch ein unbeschreiblicher Gestank, daß man gar nicht schlafen konnte. Wenn ich morgens aufstand, war mein ganzer Körper übersät mit Läusen. Ich kaufte mir Wasser in einer Gasflasche, ließ es in der Sonne stehen. Nach fünfzehn Minuten wurde das Wasser warm, und ich wusch mich damit. Am nächsten Tag genauso.

Damals gaben sie im Gefängnis jeden Tag ein Brot aus. Jeder bereitete sich sein Essen selbst zu. Viele Gefangene hatten nicht einmal das Geld, um sich Essen zu machen. Es soll viele gegeben haben, die in den Gefängnissen einfach verhungert sind. Solange ich im Gefängnis saß, ist lediglich Öksüz gestorben. Aber das auch nicht vor Hunger. Ich besaß einen kleinen tragbaren Holzkohlenherd mit Rost und einen Kochtopf. Jeden Tag kochte ich mir *türlü*, ein Fleischgericht mit Mischgemüse. Ich verstand mich gut auf das Kochen. Mein Essen teilte ich mir mit zwei anderen Gefangenen, die kein Geld besaßen.

Schließlich wurde ich aus dem Gefängnis entlassen. Ich kam nach Kadirli und suchte meinen Stand auf, an dem ich als Gesucheschreiber gearbeitet hatte, doch es war nichts zu finden. Wo er gestanden hatte, wehten nur die Winde. Ich fand meinen Partner Ali Çavuş den Pilger und fragte ihn: »Was ist aus meinem Stand geworden, Çavuş?«

»Die Stadt hat ihn abgerissen«, berichtete er.

»Was soll ich nun machen, Çavuş?«

Er dachte lange nach, dann zeigte er auf den Akazienbaum, der sich mitten auf dem Marktplatz befand. »Geht dieser Platz hier nicht?« fragte er mich. Wir stellten den Tisch unter die Akazie und nahmen die Arbeit auf, doch es gab nichts zu tun.

Zu jeder Gerichtssitzung fuhr ich nach Kozan. Schließlich wurde ich freigesprochen. Was immer ein solcher Freispruch auch bedeuten mag. War ich denn überhaupt rechtens beschuldigt worden? Auf jeden Fall war ich jetzt entlastet und frei. Als ich den Bescheid erhielt und gerade das Gerichtsgebäude verließ, richtete mir der Wächter aus: »Der vorsitzende Richter möchte dich sprechen.« Ich ging wieder zurück, betrat das Zimmer des Richters. Er empfing mich stehend, mit einem Lachen auf seinem Gesicht. »Nehmen Sie Platz«, sagte er. Er bestellte mir einen Kaffee. »Ich verfolge ein wenig die Literatur und weiß, wo es langgeht«, begann er zu erzählen. »Es wurde sehr viel Druck auf mich ausgeübt, damit ich Sie verurteile. Bleiben Sie nicht in der Çukurova. Gehen Sie sofort nach Istanbul. Dort können Sie auch auf dem Platz hinter der Neuen Moschee als Gesucheschreiber arbeiten und sich Ihren Lebensunterhalt verdienen. Hier wird man Sie umbringen. Es wäre sehr schade um Sie, wenn man Sie tötet. Ihre Erzählung *Der Säugling* hat auch meine Frau gelesen. Sie versteht sehr viel von Literatur. Vor lauter Neugier kam sie sogar zum Gericht, um Sie zu sehen. Auch sie war von Ihrer Sprache, von Ihrer Meisterschaft gefangen. Geben Sie mir Ihr Wort, daß Sie nicht hier in der Region bleiben.«

Ich gab ihm zwar mein Wort, doch wie sollte ich nach Istanbul kommen! Das Geschäft lief nicht mehr so gut wie früher. Ein ganzer Haufen Leute stand auf dem Marktplatz und fing die Kundschaft ab: »Laßt keine Gesuche und Anträge bei diesem Kommunisten, bei diesem Spion schreiben.« Ali Çavuş der Pilger war sehr zornig darüber. Er war ein schneidiger Kerl und war kurz davor, ein Unheil anzurichten.

Der April zog ins Land. Es war der April des Jahres 1951. Die Regenzeit begann, aber was für ein Regen! Es goß in Strömen! Wir spannten Leinentücher und Decken aus grobem Haarstoff unter die Akazie, aber nichts hielt diesem langandauernden Regen stand.

Eines Tages begab ich mich zu meinem Onkel Reşit, dem Bruder meines Vaters. Am selben Tag kam auch einer unserer Verwandten aus Adana mit einem Lastwagen zu ihm. Er wollte nach Ankara weiterfahren. »Kann mich unser Verwandter bis nach Ankara mitnehmen?« fragte ich ihn.

Ich nahm meine Schriften und Aufzeichnungen, meine Schreibmaschine und die beiden Bilder mit, die ich so sehr liebte. Es waren die Bilder, die Arif Dino mir geschenkt hatte. Jedes von ihnen war ein Meisterwerk. Die Aufzeichnungen bestanden aus meinen Erzählungen und Geschichten, von denen ich später einige unter dem Titel *Gelbe Hitze* veröffentlichte. In Kadirli ging ein Teil dieser Erzählungen verloren. Damals stürmten die Gendarmen mehrmals im Jahr in einem prächtigen Aufzug unser Haus. Gemeinsam mit allem, was in Kadirli kreucht und fleucht, in einem dichten Gedränge, stürmten sie herein, brachten das ganze Haus durcheinander, durchwühlten alles, suchten sogar in den Mehlsäcken. Alles, was im Haus an Papier vorhanden war, egal ob bedruckt oder nicht, nahmen sie mit. Ein großer Teil meiner Sammlungen von Volksdichtung und Liedern aus den Dörfern ging auf diese Weise verloren. Auch ein anderes Werk von mir, welches ich noch früher geschrieben hatte, ein ziemlich langer Roman mit dem Titel *Der eiserne Bauernschuh*, nahmen sie mir fort. Ich hatte die großartige Lebensgeschichte eines Menschen namens Ahmet Doğan, der in den Bergen lebte, niedergeschrieben. Auch diese Arbeit ging verloren. Viele Werke, an die ich mich erinnern kann, aber auch solche, die mir entfallen sind, wurden zum Fraß für die Gendarmen. Hoch lebe der türkische Faschismus! Jetzt werden Sie sich sicher fragen, wie *Gelbe Hitze* und die anderen literarischen Arbeiten gerettet werden konnten. Nun, ich war doch ein Straßenschreiber, ich besaß ja eine Schreibmaschine, also begann ich die Geschichten abzutippen. Ich fertigte jeweils drei Abschriften an. Und jede Abschrift versteckte ich im Haus eines meiner Freunde. Als ich nach Istanbul aufbrach, sammelte ich sie wieder aus den verschiedenen Häusern ein. Auf diese Weise konnten die Erzählungen aus den Fängen der Gendarmen gerettet werden.

Ich packte mein ganzes Hab und Gut in einen großen Beutel aus Wachstuch und machte mich auf den Weg. Diesen Beutel, der etwas kleiner war als ein Sack, hatte meine Mutter mir genäht und mit echtem Bienenwachs überzogen. Zwei, drei Tage später stand ich bei Abidin Dino vor der Tür, der sich damals gerade in Ankara niedergelassen hatte. Abidin Bey öffnete mir die Tür und empfing mich mit Freude. Drinnen saß Oktay Rifat. Auch Güzin Hanim, die Frau Abidin Beys, gesellte sich zu uns. Sie war damals Dozentin für französische Literatur an der Philosophischen Fakultät der Universität Ankara geworden. Ich beglückwünschte sie hierzu. Wir sprachen ein wenig über Literatur. Ich erzählte ihnen in einem Atemzug, was ich bisher gemacht hatte und was ich noch alles zu tun beabsichtigte. Oktay Rifat war völlig verblüfft. Er war ein humorvoller Mensch. »Kemal, wirst du das alles in einem einzigen Leben schaffen?« fragte er mich. Diesmal war es an mir, verblüfft zu sein. »In einem einzigen Leben werde ich das alles machen«, antwortete ich. »Ich besitze doch keine zwei ...« Wann immer ich später Oktay begegnete, fragte er mich: »Und das alles in einem einzigen Leben?«

Abidin Dino ließ mich mit Oktay Rifat allein und zog sich mit Güzin Hanim in ein anderes Zimmer zurück. Ich für meinen Teil machte Oktay Rifat das Leben schwer. Ohne Atem zu holen, erzählte ich ihm in einem fort von den Themen und Inhalten meiner zukünftigen Romane. Seine Frau Sabiha erinnert sich bestimmt noch: Jahre später erzählte ich bei ihnen im Haus dem überdrüssigen Rifat die Geschichte des Romans *Der Mord in der Eisenschmiedgasse*. Und wieder hörte mir Oktay Rifat lang und geduldig zu. Schließlich fragte er mich mit seinem herzlichen Lachen: »Wirst du dieses Epos in einem einzigen Leben schreiben?«

Abidin Dino und Güzin Hanim kamen aus dem Zimmer und setzten sich wieder zu uns. Abidin Dino hielt einen Geldbeutel in der Hand, der einem osmanischen Futteral ähnelte.

»So, nun erzähl mal«, sagte Abidin Dino.

»Was soll ich erzählen?«

»Wo kommst du her, wo gehst du hin?« Er wußte in allen Einzelheiten, was mir bislang widerfahren war.

»Und nun«, erzählte ich, »bin ich auf dem Weg nach Istanbul. Ich habe mich mit Arif Bey unterhalten, bevor ich hierherkam. Er wird dafür sorgen, daß ich bei der Zeitung *Cumhuriyet* eine Anstellung bekomme.«

Arif Dino war ein alter Freund von Nadir Bey, dem Herausgeber der *Cumhuriyet*, und seiner Frau Berin Hanim.

Als sie nach Adana gekommen waren, hatten sie Arif Dino besucht. Und bei der Gelegenheit hatte Arif Dino der Berin Hanim eine der winzig kleinen Statuen geschenkt, die er so sehr liebte. Es war offensichtlich, daß sie sich gegenseitig sehr mochten.

»Wann wird Arif nach Istanbul kommen?«

»Das weiß ich nicht so genau, vielleicht im Mai. Ich werde warten.«

»Und wenn er nicht kommt?«

»Natürlich kommt er. Aber falls nicht, dann wird Orhan Kemal kommen, so haben wir es abgesprochen.«

Ich führte in allen Einzelheiten aus, was wir alles mit Orhan Kemal unternehmen würden. Orhan Kemals Vater war in jenen Tagen gerade verstorben und hatte ihm sechshundert Lira als Erbe hinterlassen. Orhan und ich hatten unsere Entscheidung schon getroffen. Orhan hatte zuvor als Gemüsehändler gearbeitet und steuerte allmählich der Pleite entgegen. Nun wollte er nach Istanbul kommen, einen Handwagen kaufen, ihn mit Gemüse beladen und durch die Straßen und Gassen ziehen, um es zu verkaufen. »Du bist kräftig«, hatte er mir gesagt, »du schiebst den Handwagen, und ich schreie unser Angebot laut heraus, so schlagen wir uns schon durch. Ich schreibe meine Romane und du deine Erzählungen. Wer weiß, vielleicht verdienen wir auch etwas Geld mit unserer Schreiberei.«

»Und was ist, wenn auch Orhan nicht kommt?«

Orhan mußte kommen, er hatte gar keine andere Wahl. Denn es hatte sich folgendes in Adana ereignet: Dr. Nevzat Arman, der Vorsitzende des Vereins zur Bekämpfung der Tuberkulose, war ein ehemaliger Schulfreund von Orhan. Er hatte Zivilcourage bewiesen, indem er Orhan als Schriftführer in den Verein aufnahm. Sein beherztes Vorgehen und seinen Mut hatten wir alle bewundert. Orhan verdiente zwar nur hundertfünf Lira, aber er hatte zumindest eine Arbeit. Im Jahre 1950 war die Situation fürchterlich, die Leute hatten einzig und allein den Kommunismus im Kopf. Sie gingen mit dem Kommunismus ins Bett und standen mit dem Kommunismus wieder auf. Unser Volk unternahm alles, was es vermochte, um den Kommunismus zu vernichten, der bereits damals die Zukunft voraussah. Eigentlich hätte die Menschheit uns dankbar sein sollen, aber woher sollten diese geistlosen Menschen wissen, daß unsere Nation dermaßen zu Opfern bereit war. Der arme Dr. Nevzat Arman konnte angesichts der Beherztheit und der Weitsicht unserer Nation, die wie ein Strom dahinfloß, nicht widerstehen. Unglücklich und mit zerrissenem Herzen hat er Orhan Kemal von seiner Arbeit entfernen müssen.

»Und was ist, wenn er nicht kommt, wenn er irgendwo anders hingeht oder aber eine andere Arbeit findet?«

»Er wird kommen. Und wenn er nicht kommt, werde ich auf dem Platz hinter der Neuen Moschee als Gesucheschreiber arbeiten.«

»Das ist in Ordnung«, befand Abidin Dino. Und auch Oktay Rifat pflichtete bei: »Einverstanden, als Gesucheschreiber zu arbeiten ist eine gute Sache.«

Abidin Dino: »Du bist auf dem Weg nach Istanbul, wieviel Geld hast du eigentlich in der Tasche?«

»Ich habe fünf Lira.«

»Mensch, wird dir dieses Geld überhaupt reichen?«

»Es reicht«, antwortete ich.

»Nein, so geht das nicht«, sagte Abidin Dino. »Hier, nimm das.« Er reichte mir einen Beutel. »Hier sind fünfzig Lira drin. Auch das ist noch zuwenig ...«

»Für mich langt es, ist sogar zuviel.« Ich nahm den Beutel an mich, er war voll mit Münzen. Nun verstand ich, warum er sich mit Güzin Hanim so lange in das Zimmer zurückgezogen hatte.

Nachdem ich das Geld genommen hatte, stand ich auf.

»Ich breche nach Istanbul auf«, sagte ich.

»Womit?« fragte Abidin Dino.

»Mit dem Bus oder mit einem Lastwagen.«

»Also los, gehen wir zum Bus.«

Abidin Dino, Oktay Rifat und ich verließen das Haus, später trennte sich Oktay Rifat auf der Straße von uns. Zu der Zeit befand sich der Terminal für die Busse direkt neben dem Bahnhof. Abidin Bey nahm zwei Lira und fünfzig Kuruş und ging los, um mir eine Fahrkarte nach Istanbul zu kaufen. Der Bus würde in einer halben Stunde abfahren. Er wurde noch für die Reise vorbereitet.

Wir schlenderten ein wenig umher und unterhielten uns. Die Abfahrtszeit des Busses kam, sie riefen uns Fahrgäste. Abidin Dino und ich verabschiedeten und küßten uns, doch anstatt zu gehen, blieb er stehen und rührte sich nicht von der Stelle. Ich wurde zum Bus gerufen. Abidin Dino wollte mir etwas mitteilen, aber er konnte es nicht aussprechen. Ich ging zu ihm zurück. »Abidin Bey, wollten Sie mir etwas sagen?« fragte ich ihn.

Er schämte sich in Grund und Boden. »Gib mir doch fünfundsiebzig Kuruş aus dem Beutel«, druckste er herum. Da wurde mir alles klar. Sie hatten alles gesammelt, was sich an Geld im Hause befand, und es mir gegeben. Mit überschwenglicher Freude gab ich ihm die fünfundsiebzig Kuruş und als er davonging, rief ich ihm noch hinterher: »Abidin Bey, diese fünfundsiebzig Kuruş sollen Ihnen so wohl bekommen wie die Milch Ihrer eigenen Mutter.«

Ich will mich kurz fassen: Ich kam nach Istanbul und ließ mich im Hotel Türk im Stadtteil Sirkeci nieder. Jeden Tag ging ich auf den Platz hinter der Neuen Moschee, um zu erfahren, wie es um die Arbeit als Gesucheschreiber stand. Dort hatten sich fünf, sechs alte Gesucheschreiber niedergelassen und mächtig ausgebreitet. Sie ließen sonst niemandem die Möglichkeit, in der Gegend um die Neue Moschee auch nur ein paar Kuruş zu verdienen. Würde ich meinen Stand dort aufbauen, würden sie mir die Augen ausstechen, noch bevor ich ein einziges Gesuch getippt hätte, oder aber, falls meine Kräfte ausreichten, würde ich mich mit ihnen heftig prügeln. Ich erkundete auch einige Tage lang die Gegend um das Gerichtsgebäude herum und kam zu dem Ergebnis, daß es auch dort nichts zu verdienen gab.

Noch bevor ich einen Platz finden konnte, wo ich als Gesucheschreiber hätte arbeiten können, ging mir das Geld aus. Als ich ohne Arbeit umherstreifte und mir Gedanken darüber machte, was ich tun würde, wenn mein Geld ausginge, entdeckte ich den Gülhane-Park. Und dort im Gülhane-Park fand ich einen Platz, einen wirklich guten Platz, sage ich, nicht zu beschreiben. Ein Platz, wie für Sultane geschaffen! Im Teil des Gülhane-Parks, der zum Meer blickt, befindet sich doch ein mächtiges Tor, das zum Topkapi-Palast führt. Vor diesem Tor steht eine unheimlich hohe Säule, so ähnlich wie die Konstantinssäule Çemberlitaş. Genau dieses Tor suchte ich mir als meine Unterkunft aus. Die Überdachung des Tores war zwar nicht großartig, aber wenn es regnete, blieb mein Schlaflager trocken. Dieses Lager bestand aus einer dicken Matratze aus Zeitungspapier. Als meine fünfzig Lira ausgingen und ich das Hotel Türk verlassen mußte, stand meine Unterkunft bereit. Ohne irgendwelche großen Schwierigkeiten siedelte ich dorthin um. Vor einigen Jahren, als französische Journalisten nach Istanbul kamen, um mit mir ein Interview zu führen, zeigte ich ihnen meine Unterkunft im Gülhane-

Park. Die Franzosen waren begeistert von der Lage und der Aussicht, von den schönen, uralten und prächtigen Bäumen, von den Blumen. Sie sagten, daß ich ein glücklicher Mann sei.

Mein Geld war nun restlos weg. Ein Dach über dem Kopf hatte ich zwar, aber kein Geld mehr, um zu essen und zu trinken. Tja, was nun, was sollte ich tun? Und Arif Dino tauchte und tauchte nicht auf, so wie das Pferd des berühmten Räubers Köroğlu, welches nur in der Phantasie existiert. Ich wartete und wartete auf ihn, so lange, daß ich sogar das Warten auf Godot übertraf. Nun, verhungern würde ich ja wohl nicht. Es gab schließlich noch andere Arbeiten auf dieser Welt als die des Gesucheschreibers. Unter der Galata-Brücke am Goldenen Horn holte ich tief Atem und kaufte mit meinem allerletzten Geld eine Angel mit drei Haken.

Ich vergaß nicht, dem Angelverkäufer zu sagen, daß ich an der Sarayburnu, an der Serailspitze oberhalb des Gülhane-Parks, Fische fangen wollte und daß er mir eine Angel geben sollte, die sich für diese Fische eignet. Ich nahm meine Angel, begab mich nach Sarayburnu, setzte mich auf einen Felsen und warf aus. Mein Gott! Welch ein Segen erlebte ich gleich am ersten Tag. Innerhalb von wenigen Stunden holte ich zwei, drei Kilo Fisch aus dem Wasser. Und was für riesige Fische. Ich weiß, heutzutage finde ich niemanden in Istanbul, nicht einmal mit einer Lampe, der das glaubt, was ich jetzt erzähle. Ich zog los und verkaufte die Fische, die noch lebendig im Wassereimer hin und her zappelten, unter der Galata-Brücke am Goldenen Horn. Mit dem Geld kaufte ich mir einen kleinen tragbaren Holzkohlenherd mit Rost und eine Tüte Holzkohle. Ich war in bester Stimmung. Jeden Tag ging ich zum Angeln an die Serailspitze, einen Teil der Fische nahm ich aus und verspeiste sie selbst, und die anderen Fische, die im Wassereimer herumzappelten, brachte ich zur Galata-Brücke und verkaufte sie dort.

Mittlerweile traf Orhan Kemal ein. Ich brachte ihn in mein Heim unter dem Tor, fing Fische für ihn und bot ihm frisch zubereiteten, knusprigen Fisch inmitten der Blumen in meinem Garten an. Mit den Parkwächtern verstand ich mich bestens. Sie kannten meine Unterkunft und meinen Angelplatz auf dem Felsen. An regnerischen Tagen, wenn ich mich nicht zu Hause befand, retteten sie meine Matratze aus Zeitungspapier vor Schnee und Regen. Alle paar Tage brachte ich ihnen allen jeweils ein Kilo Fisch.

Ich fragte Orhan: »Wann werden wir unseren Wagen kaufen? Hast du schon herausgefunden, wo wir ihn erhalten?«

»Wir werden keinen Wagen kaufen«, antwortete er.

»Warum nicht?«

»Weil kein Geld mehr übrig ist. Die Schulden, die Kosten der Reise, das Essen und Trinken ... Es ist kein Geld übriggeblieben.«

»Wo wohnt ihr?«

Zu der Zeit hatte Orhan zwei Kinder, Yildiz und Nazim.

»Auf dem Balkon des Hauses von Leutnant Izzetin, das im Stadtteil Kasimpaşa liegt.«

Meine Unterkunft im Gülhane-Park blieb unentdeckt, das Angeln setzte ich weiter fort, außer an windigen und stürmischen Tagen. Meinen Bauch bekam ich also satt. Neben seinen Beiträgen in der Zeitschrift *Varlik* erhielt Orhan auch von einigen anderen kleinen Zeitschriften einiges, aber es reichte hinten und vorne nicht aus.

Der Mai hielt Einzug. Eines Tages, als ich Agop Arad

besuchte, empfing er mich mit einem »Herzlichen Glückwunsch, mein Freund. Arif ist angekommen, er hat nach dir gefragt, und er hinterließ die Adresse, wo er zur Zeit wohnt.«

Mit fliegenden Fahnen lief ich hin und fand dort Arif Bey vor. Das war das Haus des Vaters des berühmten Torhüters Sabri Dino. Es stellte sich heraus, daß sie nahe Verwandte von Arif Bey waren.

Ich habe völlig vergessen zu erzählen, was mit dem großen Beutel aus Wachstuch geschah, den mir meine Mutter gegeben hatte. Ich trug diesen Beutel immerzu bei mir, so wie eine Katze ihr Kleines, ich gab ihn nicht eine einzige Sekunde aus der Hand. Und in den Nächten legte ich ihn anstelle eines Kissens unter meinen Kopf.

Arif Bey verabredete sich für den nächsten Tag mit mir. »Sei genau um zwölf Uhr in der Konditorei Lebon«, trug er mir auf. »Wir werden gemeinsam zu Nadir Nadi gehen. Ich habe ihm schon einen Brief geschrieben und darin von dir berichtet. Ich bringe dir einen Typen, habe ich ihm angekündigt, der ist wahrhaftig ein dickfelliger Koloß.« Bis heute weiß ich nicht, was es bedeutet, »ein dickfelliger Koloß« zu sein. Damals habe ich Arif Bey nicht mehr danach fragen können. Wahrscheinlich meint es etwas Gutes. Wenn es von Arif Bey kommt, muß es wohl so sein.

Es war elf Uhr dreißig, als ich mit meinem Beutel in der Hand vor der Konditorei Lebon stand. Um zwölf Uhr traf Arif Bey ein. »Komm, laß uns hier einen Kaffee trinken«, schlug er vor.

Wir gingen zwar hinein, aber ich hatte das Gefühl, daß mich alle Leute anstarrten. Mein Bart war arg lang, die pechschwarzen Haare wild durcheinander. Meine Füße steckten in Gummischuhen, völlig verdreckt und schwarz. Meine Zehen ragten heraus. Auch meine ursprünglich weiße Hose war dreckig und rabenschwarz, obwohl ich sie einmal in der Woche im Meer wusch. Ich selbst nahm jeden zweiten Tag mit reichlich Seife ein Bad im Meer. Mein blaues Hemd war völlig abgetragen, an manchen Stellen war die Farbe schon verblichen. Ich war nur mehr Haut und Knochen, wenn du pustest, falle ich gleich um.

Als wir da sitzen und unseren Kaffee trinken, kommt doch wahrhaftig kein Geringerer als Behçet Kemal Çağlar herein! Arif Bey und er begrüßten und umarmten sich herzlich. Sie kannten sich schon seit sehr langer Zeit. Behçet Kemal kannte auch mich recht gut. Er hatte lobende Artikel über mein Buch *Die Klagelieder* geschrieben. Auch meine Gedichte, die in den Zeitschriften veröffentlicht waren, hatte er gelesen, und sie gefielen ihm.

Arif Bey erzählte ihm, warum wir uns hier getroffen hatten.

Behçet Kemal war ganz aufgeregt: »Mensch, verdammt, seid ihr denn verrückt«, donnerte er los. »Die ganze Gegend kocht, heutzutage sind sogar Generalfeldmarschall Fevzi Pascha und Ismet Pascha zu Kommunisten abgestempelt geworden, jeder bezichtigt jeden, ein Kommunist zu sein. Arif, du warst ein Kommunist, bist gerade frisch aus der Verbannung zurück. Dieser Spitzbube ist auch ein Kommunist, er ist gerade aus dem Gefängnis. Mensch, gehört es sich denn, daß ihr den Mann so in Angst versetzt?«

Arif Dino verteidigte Nadir Nadi: »Er ist ein sehr demokratisch gesinnter Mensch.«

»Also gut«, sagte Behçet Kemal, »ich werde mit dir kommen. Ich werde ihm diesen jungen Burschen hier sehr gut präsentieren. Ich werde ihm erzählen, welch ein Gewinn es für ihn ist, wenn er ihn bei seiner Zeitung aufnimmt.« Er fragte mich, ob ich einiges von meinen literarischen Arbeiten und Aufzeichnungen bei mir hätte. Ich antwortete, daß ich die Erzählungen bei mir hätte. »Gib mir eine«, dröhnte er, »wir werden diese Sache schon schaukeln.« Er sprach voller Überzeugung.

»Hol die Erzählung *Der Säugling* hervor«, bat mich Arif Bey. »Ich mag diese Geschichte sehr.«

Ich kramte in meinem Beutel aus Wachstuch und holte mein Hauptwerk hervor. Ich mochte diese Erzählung so sehr, die *Cumhuriyet* würde sie nicht nur veröffentlichen, nein, sie würden mir daraufhin sogar eine Anstellung geben, so gut war sie.

Wir traten hinaus. Arif Bey schlug mir vor: »Wenn du willst, dann bleibe hier, laß uns allein gehen. Warte um fünf Uhr im Café Kristal auf mich.«

»In Ordnung«, antwortete ich und freute mich, daß ich nicht mit ihnen ging. Es war besser, daß meine Erzählung vor mir dort hinkam.

Ich wünschte mir die verabredete Zeit, fünf Uhr, sehnlichst herbei. Arif Bey tauchte um zehn nach fünf vor dem Café Kristal auf. Ich lief sofort zu ihm hin. »Die Sache ist erledigt«, sagte er. »Nadir wird dir einen Brief schreiben.« Bevor ich ihn noch fragen konnte, an welche Adresse er ihn denn schicken würde, fuhr Arif Bey ausgelassen fort: »Ich habe ihm die Adresse der Galerie Maya angegeben.« Natürlich wird er nicht die Adresse meines Schlaflagers im Gülhane-Park angegeben haben! Die Galerie Maya war vielleicht die allererste Gemäldegalerie, die in Istanbul eröffnet wurde. Damals war sie auch die einzige Gemäldegalerie Istanbuls. Ich begann, einmal, manchmal auch zweimal in der Woche dorthin zu gehen. In dieser Zeit machte ich mir viele Freunde dort. Kuzgun Acar, Sait Faik, Mengü Ertel und noch einige andere mehr. Sabahattin Eyuboğlu wohnte in der Etage über der Galerie. Wenn wir uns begegneten, plauderten wir lange miteinander. Mein Abenteurerdasein als Angler an der Sarayburnu gefiel ihm sehr.

Als ich den Brief von Nadir Bey in die Hände bekam, geriet ich vor Freude ganz aus dem Häuschen. Sofort öffnete ich den Umschlag. Nadir Bey lud mich zu einem Gespräch in die Redaktion ein. Am nächsten Tag lief ich um elf Uhr zur Zeitung. Am Eingang stand ein Hüne von Türsteher, zudem auch noch mit einem guten, gütigen, Gesicht. »Ich möchte zu Nadir Nadi Bey«, sagte ich und zeigte ihm den Brief. Onkel Tahsin, später erfuhr ich seinen Namen, blieb ganz gleichmütig und ruhig, als er mir sagte: »Ich bedauere, aber Nadir Bey ist nach Europa gereist.« Ich geriet in tödliche Verlegenheit über diese Hiobsbotschaft. Allmächtiger! Welchen Wunschvorstellungen hatte ich mich auf meinem Schlaflager im Gülhane-Park hingegeben, was hatte ich für Phantasieschlösser gebaut bis weit in die Nacht hinein: Die Erzählung würde in der *Cumhuriyet* veröffentlicht werden, die Leser würden meine Geschichte mit viel Zuneigung lesen, genauso, wie die Zuhörer im Gefängnis für Schwerverbrecher in Kozan lauschten, als ich die Geschichte vortrug … »Wann kehrt Nadir Nadi aus Europa wieder zurück?« Onkel Tahsin muß mit mir Mitleid empfunden haben, zumindest dachte ich es damals.

»In einer Woche ist er wieder zurück«, antwortete er. »Laß mich doch einen Blick auf diesen Brief werfen.« Er nahm den Brief in die Hand, betrachtete ihn von allen Seiten, drehte ihn hin und her, tat so, als ob er ihn lesen würde. Auf jeden Fall dachte ich, daß er den Brief lesen würde. Erst später habe ich erfahren, daß Onkel Tahsin gar nicht lesen und schreiben kann.

Eine Woche später stand ich wieder vor dem Tor. Wieder stand ich Angesicht zu Angesicht mit Onkel Tahsin.

»Nadir Bey ist dieses Mal nach Ankara gereist.« Onkel Tahsin konnte mir nicht einmal ins Gesicht sehen, als er sprach. Langsam schwante mir etwas, doch ich machte kein Aufhebens um die Sache. Warum sollte mir Onkel Tahsin Lügen auftischen?

»Wann kommt er wieder?« Onkel Tahsin schaute mich wieder so merkwürdig und schwer durchschaubar mit seinem Bauerngesicht an und antwortete: »In drei Tagen ist er wieder da.«

Drei Tage später hatte ich wieder eine Audienz bei Onkel Tahsin. Er sprach nicht ein Wort. Sein Gesicht war hart, er schaute zu Boden. Dann richtete er seinen Blick auf, betrachtete mich vom Scheitel bis zur Sohle. Er schlug die Augen nieder, begann wieder nachzudenken. Dann blickte er wieder auf und stieß in einem harten Ton heraus: »Der ist nicht da, Mann, Nadir Nadi Bey kommt überhaupt nicht wieder.« Da begriff ich alles.

Direkt gegenüber dem heutigen Sitz des Journalistenverbandes befindet sich eine Reihe von Geschäften. Damals standen an dieser Stelle Verkaufsbuden und Marktstände. In einer dieser Verkaufsbuden arbeitete Ahmet der Zigeuner. Er war ein angenehmer Zeitgenosse und besaß ein sehr zutrauliches und humanes Gesicht. Ich ging in das Geschäft hinein und klagte ihm mein Leid. »O Tahsin, o Tahsin«, entrüstete er sich. Er rief bei der *Cumhuriyet* an, im Nu hatte ich Nadir Nadi Bey am anderen Ende der Leitung. »Efendi«, begann ich, »nachdem ich Ihren Brief erhielt ...« Ich erzählte ihm der Reihe nach, was ich alles mit Onkel Tahsin erlebt hatte. Zum Schluß fügte ich noch hinzu, daß den Türsteher keine Schuld treffe. Ich beschrieb ihm, in welch erbärmlichen Zustand sich meine Kleidung befand, wie verwildert ich aussah. Nadir Bey bat mich: »Bitte kommen Sie sofort.«

Als ich das Gebäude betrat, konnte mich Onkel Tahsin nicht ansehen. An der Tür erwartete mich ein Mann, es muß wohl ein Redakteur gewesen sein, der mich zu Nadir Nadis Büro führte. Nadir Bey erwartete mich bereits an der Tür und lachte, als ich erschien. Er empfing mich sehr warmherzig, so als wären wir schon seit Jahren enge Freunde. Wir setzten uns in Sesseln einander gegenüber. Er bestellte einen Kaffee für mich. Später verband mich mit Nadir Bey eine herzliche Freundschaft, aber in jener Zeit begegnete mir selten jemand so warmherzig. Er war ein Mensch, der innerlich von brodelnder Unruhe erfüllt war, der aber gleichzeitig die Distanz wahrte. Wir unterhielten uns ausführlich über Arif Dino. Ich konnte es vor lauter Ungeduld kaum aushalten, wann würde er auf meine Erzählung zu sprechen kommen? Nachdem wir unseren Kaffee ausgetrunken hatten, kamen wir im Gespräch auch auf die Erzählung *Der Säugling*.

»Ich habe Ihre Erzählung gelesen«, sagte er. »Sie haben eine sehr schöne Sprache. Und wie reich sie ist.« Wir unterhielten uns länger als eine halbe Stunde über Sprache. »Ich habe Ihre Erzählung Cevat Fehmi Bey weitergereicht. Auch er fand großen Gefallen an ihr. Sie wird in Fortsetzungen in unserer Zeitung erscheinen.«

Ich weiß nicht warum, aber anstatt mich zu freuen, überkam mich eine große Angst, ich wurde traurig. Ich hatte nie daran geglaubt, daß eine Erzählung von mir jemals veröffentlicht werden würde. Ich habe wohl dermaßen sorgenvoll dreingeblickt, daß Nadir Bey verstand, was in mir vorging. »Sie soll veröffentlicht werden,« ermutigte er mich. »Die Leser werden sie gut aufnehmen.« Ich war wie gelähmt, konnte kein Wort herausbekommen. Lachend gab mir Nadir Bey den letzten Stoß. Er erhob sich, ging an seinen Schreibtisch, nahm einen Stift und schrieb etwas auf ein kleines Stück Papier. Dann blickte er mich an und fragte: »Ich schlage Ihnen vor, für die *Cumhuriyet* Reportagen zu schreiben, was sagen Sie dazu?« Ein wüstes Durcheinander herrschte in mir, meine Gedanken waren völlig wirr. »Sie müssen dieses Angebot annehmen«, fuhr Nadir Bey fort, »solche Leute wie Sie, die so gut Türkisch beherrschen, müssen für die Zeitung schreiben, damit die türkische Sprache reicher wird. Bitte nehmen Sie an. Mit Ihrem Türkisch werden Sie in unserem Land noch sehr viel bewegen. Und Ihre Erzählung wird in nächster Zeit veröffentlicht.«

Stotternd brachte ich nur hervor: »Ich bin sehr verwirrt. Ich habe damit nie gerechnet. Ich bin ohne Arbeit, mein Efendi«, erzählte ich ihm, »und meine Unterkunft ist im Gülhane-Park.«

Nadir Bey verhielt sich so, als hätte er »Gülhane-Park« gar nicht gehört, er reichte mir das Papier in seiner Hand. »Gehen Sie nach unten, und fragen Sie nach Ziya Bey. Geben Sie ihm das Papier, danach kommen Sie wieder zurück.«

Daß Ziya Bey ein guter Mensch, ein über alle Maßen guter Mensch ist, erkennt man gleich auf den ersten Blick. Er erhob sich, gratulierte mir und ging mit mir zur Kasse. Dort gaben sie mir ein Bündel Geld. Ich ging wieder hinauf in Nadir Beys Büro.

»Nehmen Sie Platz.« Ich setzte mich. »Sie werden jetzt sofort nach Diyarbakir reisen«, begann Nadir Bey. »In Diyarbakir habe ich einen alten Schulfreund, er ist aus der Gegend dort. Ich habe ihm von Ihnen und Ihrer Erzählung berichtet. Suchen Sie ihn auf. In Diyarbakir sollen sich zur Zeit wichtige Dinge ereignen. Er wird Ihnen bei der Arbeit helfen. Und nun gehen Sie zu Doğan.«

Er rief Doğan Nadi an. »Ich schicke dir den Autor, von

dem ich dir erzählte. Unterhalte dich mit ihm.« Auch Doğan Bey empfing mich herzlich. »Willkommen, junger Mann. Nadir hat mit sehr viel Lob von dir gesprochen! Es soll niemanden sonst in der Türkei geben, der so gut türkisch schreibt wie du, stimmt das?«

»Gott bewahre! Ich bitte Sie.«

»Na, komm schon, Nadir versteht etwas von Türkisch. Du wirst jetzt nach Diyarbakir reisen, um Reportagen zu schreiben. Nadir hat es mir soeben erzählt. Ich werde dir zwei Dinge mit auf den Weg geben, wenn du sie beachtest, wäre es gut. Erstens, schreib deine Serie von Reportagen nicht zu lang. Eine jede Reportage soll einem anderen Thema gewidmet und unabhängig von den anderen sein. So eine Reportage ähnelt nicht einem Roman, einer Erzählung oder einer Zeitungsmeldung. Es ist die schwierigste Arbeit, die Leser zur Lektüre einer Reportage zu verleiten. Zweitens, die Reportagen, die du uns aus Anatolien schickst, wirst du an meinen Namen senden. Der Redaktion werde ich sie dann weiterreichen. Jetzt hätte ich dich gerne noch zu Cevat Fehmi geschickt, aber er ist zur Zeit in Urlaub. Ihr werdet euch kennenlernen, wenn er wieder zurück ist. Also, dann auf Wiedersehen.«

Als ich Doğan Nadis Büro verließ, überkam mich eine böse Vorahnung. Ich ging erneut zu Nadir Nadi ins Zimmer.

»Was möchten Sie?« fragte er mich in einem harten Ton. In seiner Hand die lange, dünne Tabakspfeife, ging er im Zimmer auf und ab.

»Mein Efendi«, sagte ich, »sie haben mir tausendfünfhundert Lira gegeben. Was soll ich mit dermaßen viel Geld. Mir reichen dreihundert Lira. Wenn ich dieses Geld ausgebe und Sie aber meine Reportagen nicht abdrucken, wie soll ich jemals dieses Geld wieder zurückzahlen?«

Er brach wieder in schallendes Gelächter aus, das aus seinem Innern heraussprudelte, und sagte mir: »Schauen Sie, junger Mann, ich verstehe Sie. Wenn wir Ihre Reportagen veröffentlichen, gewinnen wir Sie für unsere Zeitung, wenn wir sie aber nicht veröffentlichen, so wird die Zeitung nicht viel mehr verlieren als dieses Geld. So, und nun auf Wiedersehen, und richten Sie Vekif Pirinççioğlu meine Grüße aus.«

An jenem Tag streifte ich kreuz und quer durch Istanbul, von einem Ende zum anderen. Ich verteilte meinen Freunden, die unter der Galata-Brücke am Goldenen Horn wohnten, jeweils zehn Lira. »Hau schnell ab von hier, gleich kommen die Bullen!« riefen sie hinter mir her. Sie dachten, ich hätte das Geld geraubt …

Von meiner Unterkunft im Gülhane-Park ging ich ungefähr alle zwei Tage hinauf nach Beyoğlu. Im kleinen Theater lief *Von Mäusen und Menschen*. Ich war Feuer und Flamme für dieses Stück, wollte es unbedingt sehen. Denn *Die Früchte des Zorns* und die anderen Werke von Steinbeck kannte ich so gut, daß ich sie fast auswendig aufsagen konnte. Aber ich hatte nie Geld, um mir die Aufführung anschauen zu können. Wer weiß, wie hoch der Eintritt für solch ein Theaterstück war! Ich traute mich nicht, irgendeine Menschenseele zu fragen, wieviel denn der Eintritt koste. Doch jetzt faßte ich Mut. Jetzt war ich ein Korrespondent für die *Cumhuriyet,* und in meiner Hosentasche befanden sich Millionen.

Ich ging an die Kasse. »Eine Karte«, bat ich und griff in meine Tasche. »Wieviel kostet sie?«

An der Kasse saß eine ausgemergelte Frau mit dunkler Haut. »Die Karten für zwei Lira fünfzig sind ausverkauft.«

»Dann komme ich morgen wieder«, sagte ich, »gib mir eine Karte für morgen.«

»Heute ist der letzte Tag«, sagte das hagere Mädchen, »wir setzen das Stück ab.«

»Hören Sie«, flehte ich das Mädchen an, »ich zahle zehn Lira, geben Sie mir eine Karte.«

»Nein.«

»Zwanzig Lira, fünfzig Lira ...«

»Nein.«

Daraufhin wurde ich zornig und stieg die Treppen hinauf. Tahir Aga stellte sich mir in den Weg. Wir beide wurden später gute Freunde. Wann immer er sich später an jenen Tag erinnerte, brach er in schallendes Gelächter aus. Und immerzu erinnerte er sich an mein damaliges Aussehen: meine dreckigen Klamotten, die wildzerzausten Haare und der lange Bart. Tahir Aga und ich rauften uns gewaltig. Wir zankten und stritten uns, brüllten uns an. Ich stieß Tahir Aga zur Seite, lief die Treppen hinauf und gelangte ins Foyer. Die ausgemergelte, schwarze Hexe an der Kasse kreischte schon längst wild durch die Gegend. Kurz darauf kam ein sehr gepflegt gekleideter Mann mit einem guten Gesichtsausdruck auf mich zu. »Hätten Sie einen Wunsch, mein Bruder?« fragte er mich. Ich erzählte ihm alles. Tagelang hatte ich auf diesen Tag gewartet. Heute bin ich bei der *Cumhuriyet* als Korrespondent angestellt worden, hatte bereits von der Zeitung Geld erhalten. Ich hatte noch keine Zeit gehabt, mir neue Kleidung zu kaufen. Und heute soll der letzte Tag sein. Komme, was da wolle! Auf jeden Fall wollte ich dieses Theaterstück sehen, koste es, was es wolle!

Dieser Mann, der später einer meiner besten Freunde werden sollte, war Galip San, der Direktor der kleinen Bühne. Er war zudem auch ein sehr guter Bekannter meines alten Freundes Ilhan Arakon. Er öffnete eine Schublade, reichte mir eine Eintrittskarte. »Bitte schön, das ist meine Karte, sie ist für Freunde reserviert.« Ich wollte ihm das Geld geben, er lehnte es ab.

»Wir wollen uns ein wenig unterhalten«, schlug er vor, »es dauert noch sehr lange, bis das Stück beginnt.«

Er kannte Arif Dino, Agop Arad und Abidin Dino. Es gab viele Leute, die sich als gemeinsame Freunde herausstellten.

Das Läuten kündigte den Beginn der Aufführung an. Zuvor hatte ich mich auf der Toilette bemüht, meine Haare ordentlich zu kämmen und mir ein einigermaßen anständiges Äußeres zu geben, doch vergeblich, immer noch sah ich völlig verwahrlost aus. Ich betrat das Theater, und mir war, als starre mich der ganze Saal an. Der Sitz, den mir Galip San gegeben hatte, war zudem noch in der vordersten Reihe. Zu jener Zeit trugen die Damen in Istanbul Hüte. An denen steckten bunte Federn, jeweils einen halben Meter lang. Ich kauerte mich in der ersten Reihe zwischen zwei langen Federn in den Sitz und rührte mich nicht. Ich weiß nicht mehr genau, ob ich ein Theaterstück verfolgte oder auf meinen Schultern Tonnen von Last trug. Als das Stück endete, holte ich beruhigt Atem.

Auch das wollen wir nicht vergessen: Als ich im Theater war, als ich mit Nadir Nadi sprach, überall trug ich den großen Beutel aus Wachstuch, den mir meine Mutter mitgegeben hatte, bei mir.

Nach dem Theater ging ich zu meinem Schlaflager im Gülhane-Park. Am Morgen fuhr der Zug nach Ankara ab. In jener Nacht konnte ich nicht einschlafen. Ich dachte über *Von Mäusen und Menschen* und über Diyarbakir nach. Frühmorgens schon fuhr ich mit der Fähre über den Bosporus in den Stadtteil Haydarpaşa. Dort trank ich am Schiffsanleger ein heißdampfendes *salep*, ein aus Knabenkraut hergestelltes, in gesüßter Milch gekochtes Getränk.

Dann kaufte ich meine Fahrkarte. In Ankara schaute ich bei Abidin Dino vorbei. Und von dort aus machte ich mich auf den Weg nach Diyarbakir.

Die dritte Klasse im Zug war ein Kapitel für sich. Ein hünenhafter Mystiker, ein Sufi, mit langem kupferfarbenen Bart und einer Schalmei, betrat das Abteil. Mit einem unbeschreiblichen Zauber spielte er die Schalmei, sang Volkslieder auf Kurdisch, trug Epengesänge und Legenden vor. Der Sufi war auf beiden Augen blind und hatte die Siebzig weit überschritten, doch seine Haltung war kerzengerade. Später, im Jahre 1953, bestiegen wir gemeinsam den Berg Anduk, der sich in dem Bezirk Kulp befindet. In meinem ganzen Leben habe ich weder solch eine schöne Stimme gehört noch einen Menschen getroffen, der dermaßen schön Epen und Legenden vortragen kann. Irgendwann später habe ich am Bahnhof von Kurtalan fünfzehn, zwanzig Schalmeispieler gesehen. Sie hatten sich in loser Reihe nebeneinander aufgestellt und spielten. Die Passanten warfen Geld in die Taschentücher, die vor den Spielern auslagen. Ich hörte diesen Schalmeispielern einige Stunden lang zu, und ich sah nicht einen einzigen Menschen, der an den Musikern vorbeiging, ohne ihnen etwas Geld in die ausgelegten Taschentücher zu werfen.

Als der Sufi und ich am Bahnhof in Diyarbakir aus dem Zug stiegen, brach der Tag gerade erst an. Wir nahmen eine Kutsche und fuhren in den Teil von Diyarbakir, der sich innerhalb der Festungsmauer befand. Ich fragte nach einem Hotel. Sie zeigten mir das Park-Hotel, angeblich das beste. Ich lud den Sufi ein, mit mir in das Hotel zu kommen. Er habe noch zu tun, lehnte er ab und trennte sich betrübt von mir.

Das Park-Hotel wurde auch Naibs Konak genannt. Als Sultan Murad nach Bagdad zog, hat er sich eine Weile hier aufgehalten. Der Bau war ein architektonisches Meisterwerk: sein riesiger Hof, die mit weißen und dunklen Steinen gemauerten Wände, seine große Halle, die Zimmer, die fein mit Holz ziselierten Decken. Ein so schönes Gebäude hatte ich noch nie gesehen. Viele Jahre später habe ich erfahren, daß sie Naibs Konak abgerissen haben.

Ich stieg in einem schönen Zimmer ab. Gegen Abend suchte ich Vekif Pirinççioğlu auf. Sie zeigten mir die Redaktion, in der er arbeitete.

Zwei Tage später, am Morgen, traf ich den Zeitungsverleger Tahsin Cahit Çubukçu. Er gab eine gute kleine Zeitung heraus. Er war ein angenehmer Mensch, ein kultivierter Mann. Er lächelte mich an. Gemeinsam streiften wir durch Diyarbakir, liefen an der Festungsmauer der Stadt entlang. Tahsin Bey kannte so gut wie jeden Menschen in der Stadt und stellte mich all seinen Bekannten vor. Diyarbakir war für mich eine zauberhafte Stadt, wie aus einem Märchen. Noch nie zuvor hatte ich solch ein Stadt gesehen. Die Höfe waren voller Rosen. Jedes einzelne Haus war ein Meisterwerk der Baukunst. Und die Einwohner der Stadt waren sehr gastfreundlich und großzügig. Auf den flachen Dächern der Häuser wuchs das Gras, blühte das Labkraut. Auf den Gehsteigen der Hauptstraße reihten sich Mädchen und Knaben, alte Frauen, bärtige Greise. Sie verkauften Veilchen, die sie in den Körben vor sich hatten. Nie mehr habe ich so viele Veilchen an einem Ort gesehen. Die ganze Stadt war von ihrem Geruch erfüllt.

Ich zog mich in das Park-Hotel zurück, holte meine Schreibmaschine hervor, die ich früher als Gesucheschreiber benutzt hatte, und begann zu schreiben. Diyarbakir, eine Stadt der Veilchen, eine Stadt der Rosen …

Nadir Bey hatte mir ja gesagt, daß mein Türkisch gut

sei ... Ich schrieb vier Tage lang an einer vierseitigen Reportage, veränderte, stellte um, korrigierte, verwarf ... und schickte den Beitrag nach Istanbul. Danach schrieb ich über die Festungsmauer, schrieb, daß sie nach der großen Chinesischen Mauer die zweitlängste Maueranlage sei, schrieb über die Menschen, die unterhalb der Mauer lebten ...

Ich weiß nicht mehr genau, wie viele Reportagen ich verfaßte. Schließlich ließ ich Schreibmaschine und Koffer im Hotelzimmer und machte mich zu Fuß auf den Weg in die Dörfer. Zu jener Zeit hielt der Traktor Einzug in das Land. Jeder Großgrundbesitzer hatte gleich mehrere Traktoren gekauft und die Pflüger aus der Arbeit entlassen. Die Ebene von Diyarbakir war angefüllt mit Familien, die ohne Land geblieben waren und zu Nomaden wurden. Sie wußten nicht, wohin sie ziehen sollten. Auch über sie schrieb ich eine Reportage. Nachdem ich barfuß viele Dörfer aufgesucht und über sie berichtet hatte, war meine Arbeit in Diyarbakir beendet. Ich ging in Tuğ auf das Schiff in Richtung Van.

Ich wußte nicht, ob die Reportagen veröffentlicht wurden oder nicht. An Deck des Schiffes saß ein Offizier, an seinem Kragen das Emblem einer Schlange. Er war also ein Arzt. Neben ihm lag ein ganzer Stapel *Cumhuriyet*, vielleicht zwanzig Ausgaben. Er hatte eine Zeitung aufgeschlagen und las gerade darin, als ich meinen Namen erblickte. Nun versuchen Sie sich mal vorzustellen, welche Freude mich überkam. Sofort lief ich zu dem Arzt und fragte voller Aufregung: »Darf ich einen Blick in Ihre Zeitung werfen, mein Hauptmann?«

Der Hauptmann war verwundert über meine Aufregung. Ich erzählte ihm, worum es ging. »Sie sind Yaşar Kemal, nicht wahr?« fragte er.

»Ja«, entgegnete ich ihm und stürzte mich auf die Zeitungen. Alle Reportagen, die ich zugeschickt hatte, waren unter dem Titel *Anatolische Notizen* veröffentlicht worden. Ich las sie alle. Der Hauptmann war ein gelehrter Mann, ein kultivierter Mensch. Er wunderte sich über meine Aufregung. Ich kam nicht umhin, ihm den Grund für meine Aufregung zu erzählen. Wenn die Zeitung meine Reportagen nicht veröffentlicht hätte, wäre ich zu meinen Verwandten nach Erciş gereist, hätte dort als Gesucheschreiber gearbeitet und auf diese Weise meine Schulden bei der *Cumhuriyet* abbezahlt. Ich hatte somit meinen ersten Schritt als Journalist gesetzt und nahm an, daß ich diese Arbeit ab jetzt gut beherrschen würde.

»Was für ein Glück«, sagte der Hauptmann, »wie gut, daß ich Ihnen begegnet bin. Hier, auf der Insel Akdamar, gibt es eine Kirche, die von den Armeniern hinterlassen wurde. Sie ist ein architektonisches Meisterwerk. In den nächsten Tagen soll sie abgerissen werden. Morgen werde ich Sie dorthin führen. Diese Kirche ist ein Kunstwerk dieser Region, egal, ob sie von den Armeniern gebaut wurde oder nicht. Es ist ein Besitz der Menschheit, egal, wer es errichtet hat. Können Sie mir und unserem Land behilflich sein?«

»Als Journalist bin ich ein blutjunger Anfänger, was vermag ich schon auszurichten ...« Zudem war ich zögerlich. Wenn ich mich in solche Angelegenheiten einmischte, könnte meine Vergangenheit bekanntwerden, und dann würde ich meine Arbeit verlieren, noch ehe ich sie richtig begonnen hatte, so dachte ich zumindest.

Am frühen Nachmittag gingen wir am Anlegeplatz in Van vom Schiff. Der Hauptmann brachte mich in das einzige Hotel von Van und kam am nächsten Tag in aller Frühe, um mich abzuholen. Wir wollten zur Insel Akdamar aufbrechen. Unser damaliger Korrespondent in Van war ein erfahrener Mann, um die sechzig Jahre alt und ein gutmütiger Mensch. Er berichtete uns, er habe alles getan, was in seinen Kräften stand, um den Abriß zu verhindern, doch es war vergeblich gewesen. Zwar war der Gouverneur ein guter Mann, einer, der der Dichtkunst zugeneigt war, aber er hatte seine Befehle erhalten und konnte nichts dagegen ausrichten.

»Rufen wir Nadir Bey an, er wird unsere Sorgen verstehen«, schlug Ilyas Bey vor. »Wenn es einen Menschen gibt, der das Geschehen stoppen kann, so ist es bestimmt Nadir Bey. Wir wollen ihm das ganze Problem hier schildern.«

Wir machten uns gemeinsam mit dem Doktor auf den Weg zur Insel Akdamar. Das Wasser des Van-Sees war zauberhaft. Von einem Augenblick zum anderen veränderte es seine Farbe. Mit einem kleinen Ruderboot setzten wir auf die Insel über. Die Kirche war zwar noch nicht an der Reihe, aber die kleine Kapelle in ihrer Nähe hatten sie fast dem Erdboden gleichgemacht.

Der Hauptmann befahl den Arbeitern: »Ihr werdet dieser Kirche nicht einmal einen Hackenstoß versetzen, bis ich wieder zurück bin. Ich begebe mich jetzt direkt zum Gouverneur.« Die Arbeiter nahmen Haltung an. Der Vorarbeiter grüßte: »Zu Befehl, mein Kommandant.« Wir kehrten nach Van zurück und riefen in der Redaktion der *Cumhuriyet* an. Dann warteten wir den ganzen Tag bis zum Abend, doch es kam kein Telefonat. Am nächsten Tag riefen wir frühmorgens wieder bei der Zeitung an. Einige Stunden später hatten wir Nadir Bey am anderen Ende der Leitung. Ich berichtete ihm alles über die Sache, soviel wie ich selbst vom Hauptmann erfahren hatte.

»Machen Sie sich keine Sorgen«, beruhigte mich Nadir

Bey. »Avni Bey erledigt diese Angelegenheit. Ich kenne ihn sehr gut, er ist ein sehr kultivierter Mensch.« Avni Başman war in jenem Jahr Kultusminister.

Zwei Tage später kamen die beiden Freunde voller Freude in mein Hotel. Der Kultusminister hatte dem Gouverneur ein Telegramm geschickt und darin angeordnet, den Abriß zu stoppen. Der Tag der Rettung für die Kirche von Akdamar war der 25. Juli 1951. Viele Jahre später erschien ein großes Werk über »Die Geschichte der Weltarchitektur«, ich glaube in Amerika, es kann aber auch in England gewesen sein. Und den Umschlag dieses Buches zierte ein Foto der Kirche von Akdamar. Ich zeigte das Buch Nadir Bey. »Hier, dieses Meisterwerk haben Sie der Menschheit geschenkt.«

Nadir Bey betrachtete das Buch, tat so, als sei er verwundert. »Allmächtiger! Wie soll ich es bloß angestellt haben, diese Kirche, die ich in meinem Leben nicht gesehen habe, der Menschheit zum Geschenk zu machen, kannst du mir das einmal erklären?«

Er war wohl zu bescheiden, um solch eine verdienstvolle Tat für sich in Anspruch zu nehmen. Ich weiß genau, daß Nadir Bey kein Mensch ist, der so leicht irgendwelche Dinge vergißt.

Von Van aus machte ich mich auf den Weg in die Dörfer. Ich wanderte zum Dorf Ernis, aus dem meine Eltern stammten, und besuchte dort meine Verwandten. Schließlich schrieb ich eine Reportage über die unterirdischen Dörfer und kehrte zurück nach Istanbul. Dort mußte ich erfahren, daß meine Reportagen ziemlich viel Resonanz hervorgerufen hatten, eine ganze Menge Leute kannte mich. In der Redaktion ging ich geradewegs zu Doğan Nadi und gab ihm die neuen Reportagen. »Sei willkommen«, begrüßte er mich. »Bring sie zu Nazim hinüber.«

Cevat Fehmi Bey war wieder nicht anwesend, seine Aufgaben hatte sein Stellvertreter Nazim Ulusay übernommen. Ich betrat den großen Raum und fragte nach Nazim Bey. Sie zeigten auf den großen Tisch in der Ecke.

»Was wünschen Sie?«

»Efendi, ich habe die Reportagen gebracht«, sagte ich.

Vor lauter Hektik hatte ich wohl vergessen, meinen Namen zu nennen, oder Nazim Bey hatte ihn nicht richtig gehört.

»Wir veröffentlichen keine Reportagen, junger Mann«, antwortete er, beugte sich über die Papiere auf seinem Schreibtisch und fuhr mit seiner Arbeit fort.

»Efendi, ich glaube, daß Sie meine Reportagen veröffentlichen werden«, sagte ich.

Er blickte auf, musterte mich eine Weile. »Du bist doch nicht etwa Yaşar Kemal?«

»Der bin ich«, erwiderte ich.

Er erhob sich, schüttelte aufgeregt meine Hand. Er war der erste gewesen, der meine Reportagen gelesen, der sie in die Zeitung gesetzt hatte. Er überschüttete mich mit Lob. Auch Atif Sakar und Ömer Sami Coşar waren im Raum anwesend. Sie alle kamen und gratulierten mir. An jenem Tag führte mich Ömer Sami in sein Zimmer. Er ließ neben seinem Schreibtisch einen anderen hinstellen, und wir begannen, Seite an Seite zu arbeiten.

Er war auch derjenige, der mich mit Thilda bekannt machte. Er arbeitete mit ihr in der Redaktion einer ausländischen Zeitung zusammen. Eines Tages lud er mich zum Essen nach Tarabya ein, bei dem seine Frau Sara und auch Thilda dabei waren. An jenem Tag machte ich Thildas Bekanntschaft. Wir wurden Freunde und heirateten später.

Auch das darf ich nicht auslassen: Mit der Kleidung, in

der ich nach Istanbul gekommen war, fuhr ich auch los, um meine Reportagen zu schreiben. Danach bin ich in demselben Aufzug wieder nach Istanbul zurückgekehrt. Mir war gar nicht in den Sinn gekommen, neue Kleider zu kaufen.

Einige Tage nach der Rückkehr nach Istanbul rief mich Nadir Bey zu sich und gratulierte mir. »Nimm Platz«, sagte er. In dem Augenblick kam gerade auch Cevat Fehmi Bey in das Büro. Nadir Bey fragte ihn: »Wie fandest du den jungen Burschen, Cevat?« Cevat Bey antwortete: »Erstaunlich gut. Er ist zwar ein meisterhafter Verfasser von Reportagen, aber er muß noch ein wenig reifen. Seine Erzählung *Der Säugling* hat mir besser gefallen.« Tatsächlich mußte ich noch mehr Erfahrung, mehr Routine gewinnen. In den zwölf Jahren, die ich mit Cevat Bey zusammenarbeitete, lernte ich sehr viel von ihm. Denn er war ein großer Autor von Theaterstücken, dessen Fähigkeit und Erzählkraft niemals bekannt, niemals ausreichend gewürdigt wurden.

Als Cevat Bey den Raum verließ, fragte mich Nadir Bey: »Hast du das gesamte Geld verbraucht?«

»Ich habe nur dreihundert Lira ausgegeben, tausendzweihundert Lira sind noch übrig. Ich wollte Sie sowieso fragen, wo ich es abgeben soll.«

»Du gibst es bei niemandem ab. Geh und kauf dir neue Kleider.«

Ich ging zu Sadi Bey. »Mein Bruder«, sagte ich, »ich gehe los, um mir neue Kleider zu kaufen. Gibt es ein Geschäft, das du kennst?«

»Ja«, antwortete er. »Gehen wir gemeinsam. Und wenn du nicht genug Geld hast, besorge ich dir einen Vorschuß von der Zeitung.«

»Danke, mein Bruder«, entgegnete ich. »Geld habe ich reichlich.«

Wir begaben uns nach Sirkeci, zumindest glaube ich, daß es dieser Stadtteil gewesen ist, und gingen in das Geschäft von Atalar. Ich suchte mir eine braune Hose und ein gelbes Hemd aus, die mir gefielen. Auch Unterhosen und Hemden kaufte ich. Und Strümpfe, Schuhe ... Schließlich dachte ich auch daran, mich ordentlich rasieren zu lassen.

Ungefähr vierzehn Tage später schickten sie mich nach Gaziantep, damit ich eine Reportage über einen Schmugglerring schreibe. Später habe ich noch viele andere Reportagen verfaßt. Meine Bekanntheit als Journalist wuchs von Tag zu Tag. Die anderen Zeitungen machten mir Angebote und wollten mir das Vielfache dessen zahlen, was ich bei der *Cumhuriyet* verdiente, aber ich lehnte sie alle ab.

Das Jahr 1953 brach an. In diesem Jahr fand ein ehemaliger Schulfreund, mit dem ich die Mittelschule besucht hatte und der inzwischen Polizist geworden war, heraus, daß ich Kemal Sadik Gökçeli bin. Mitten in der Nacht nahm er mich fest und brachte mich auf die Polizeistation in Sansaryana. Bis morgens um vier Uhr hielten sie mich dort fest. Als sie erfuhren, daß ich Yaşar Kemal bin, entschuldigten sie sich und ließen mich gehen.

Nun kommen wir zu der Entstehungsgeschichte von *Memed mein Falke*: In den Jahren 1946 und 1947 hatte ich mit ersten Vorbereitungen und Entwürfen für Romane angefangen. Darunter war auch *Memed mein Falke*. Außerdem hatte ich mit meinem Roman *Der Wind aus der Ebene* begonnen, aber ihn nach der Hälfte beiseite gelegt. Als ich 1951 nach Istanbul kam, hatte ich nicht eine einzige Seite von *Memed mein Falke* in der Hand. Aber das Thema befand sich komplett in meinem Kopf, und ich wollte die Geschichte unbedingt schreiben.

Ich brauchte Geld. Ein Produzent, dessen Filme ich kannte, wollte ein Drehbuch von mir. Ich hatte bereits ein wenig über Drehbücher gelernt, hatte einiges in diesem Bereich gelernt. Gemeinsam mit Abidin Dino hatte ich an zwei Drehbüchern gearbeitet. Ich erzählte dem Filmproduzenten von der Geschichte, die mir für *Memed mein Falke* vorschwebte. »Schreib das Drehbuch«, schlug er mir vor. »Ich zahle dir dreitausend Lira für diese Geschichte.« Daraufhin machte ich mich an die Arbeit, schrieb innerhalb eines Monats das Drehbuch und brachte es ihm. Glücklich der, der danach diesen Mann zu Gesicht bekommen konnte! Wann immer ich zu ihm ging, war er nicht anzutreffen. Wann immer ich ihn anrief, war er gerade nicht in seinem Büro. Nach ein paar Tagen gab ich es auf, hinter ihm herzurennen. Ich war noch nie solch einem Menschen begegnet. Wenn es ihm nicht gefallen hatte, dann sollte er es doch offen sagen. Statt dessen macht er sich unsichtbar. Einige Jahre später, nachdem *Memed mein Falke* berühmt geworden war, sah mich der Mann bei einer Konferenz. Wie eine Maus suchte er sich schnell ein Loch, um sich zu verkriechen.

Nachdem ich die Hoffnung auf diesen Filmproduzenten aufgegeben hatte, wandte ich mich an Cevat Bey und erläuterte ihm die Situation. Cevat Bey war sehr betroffen. Wir litten finanzielle Not, hatten kein Geld. Thilda war wegen mir aus der Arbeit entlassen worden. Wir mußten mit den hundertachtzig Lira von der *Cumhuriyet* auskommen.

Eines Tages sagte ich zu Cevat Bey: »Ich habe diesen Stoff sowieso als Roman konzipiert und sogar schon einige Kapitel geschrieben. Ich möchte den Roman dieses Jahr fertigstellen. Aber ich benötige Geld zum Leben. Wenn Sie mir tausend Lira als Vorschuß geben würden ...«

Cevat Bey nahm ein Blatt Papier, schrieb etwas darauf und reichte es mir: »Geh und hole dir das Geld von Ziya

Bey.« Ich besorgte mir das Geld und war wie benommen vor lauter Glück und Freude. Wir mieteten uns eine Wohnung in Serencebey im Stadtteil Beşiktaş, die gerade neu gebaut und noch nicht völlig fertiggestellt worden war. Ich stürzte mich auf das Schreiben. Jahr für Jahr hatte ich mir Gedanken über diesen Roman gemacht, ich kannte ihn schon auswendig.

Warum mußte nun der gewaltige Winter des Jahres 1953 einbrechen? Ein Winter mit nie zuvor gesehener Kälte. Wir besaßen nichts außer einem kleinen Kachelofen, den wir mit Holz schürten. Das Abzugsrohr der Öfen in den Wohnungen unter uns lief mitten durch unsere Wand. Thilda verkroch sich ins Bett, lehnte sich mit dem Rücken an die Wand, durch die das Abzugsrohr lief, und las Bücher. Und ich versuchte, mit den dicken Handschuhen, die ich in Erzurum gekauft hatte, *Memed mein Falke* zu schreiben. Wenn wir ab und an ein paar Scheite Holz für den Ofen fanden, herrschte Festtagsstimmung.

Es muß im Februar gewesen sein, als sich die Wetterverhältnisse noch verschlimmerten. Die Eisschollen, die von der Donau kamen, trieben auf dem Bosporus. Von der Erde bis zum Himmel erfror alles und wurde zu Eis. Viele Istanbuler stiegen auf die Eisschollen auf dem Bosporus und ließen sich auf ihnen fotografieren. In dieser Hölle aus Schnee und Eis, in unserer frostig-kalten Wohnung schrieb ich innerhalb von drei Monaten *Memed mein Falke* und brachte den Roman anschließend zu Cevat Fehmi Başkut. Wenn mein Werk ihm gefiele, würde ich noch weitere tausendundachthundert Lira erhalten. Aber wenn der Roman ihn nicht überzeugte, war ich bei der Zeitung verschuldet.

Vierzehn Tage später fragte ich Cevat Bey: »Haben Sie den Roman gelesen?«

»Ich habe ihn bis zur Hälfte durchgelesen«, antwortete er.

Ich schreckte auf. »Es stimmt nicht, was Sie da sagen, Cevat Bey, Sie haben noch nichts gelesen«, protestierte ich.

»Warum soll es nicht stimmen?« fragte er spöttisch.

»Wenn Sie diesen Roman zu lesen begonnen hätten, Efendi, hätten Sie ihn nicht aus der Hand legen können, ohne ihn zu beenden.«

Cevat Bey fuhr mich hart an und ließ Schimpftiraden auf mich regnen. »Du frecher Kerl! Wer glaubst du denn, wer du bist«, zeterte er, »das ist doch schließlich nur dein erster Roman.«

Ich schwieg und verließ den Raum. Ich fragte ihn nicht wieder nach dem Roman.

Einen Monat später rief er mich in sein Büro. Er wies mir einen Platz zu. »Du hattest recht«, sagte er, »vorletzte Nacht habe ich mit deinem Roman angefangen, und erst heute morgen habe ich ihn fertiggelesen. Ich konnte ihn nicht aus der Hand legen.«

Plötzlich pochte mir das Herz gewaltig. Cevat Bey war gestern nicht zur Arbeit erschienen! »Aber, Cevat Bey, ich werde meinen Namen nicht unter diesen Roman setzen.«

»Weshalb nicht?«

»Weil ich ihn nur des Geldes wegen geschrieben habe. Zudem auch noch in der kurzen Zeit von nur drei Monaten. Meine guten Romane werden erst ab jetzt geschrieben.«

»Wenn du die Beschreibung der Çukurova in der Einleitung nicht herausstreichst, werde ich deinen Roman ohnehin nicht in die Zeitung setzen.«

»Dann kann ich Ihnen meinen Roman nicht überlassen, Efendi. Dann gebe ich ihn einer anderen Zeitung und zahle bei Ihnen meine Schulden ab.«

»Wenn das so ist, dann gehst auch du zu einer anderen Zeitung.«

»Dann gehe ich eben, Cevat Bey.«

»Du denkst jetzt bestimmt, daß du bei einer anderen Zeitung arbeiten kannst, nicht wahr?«

»Ja, das meine ich.«

»Einen Journalisten, der bei der *Cumhuriyet* entlassen wurde, nimmt keine andere Zeitung auf, weißt du das nicht?«

»Nein, ich weiß es nicht.«

»Nun weißt du es aber.«

»Na gut, dann arbeite ich eben als Gesucheschreiber auf dem Platz hinter der Neuen Moschee.«

»Du tust gut daran.«

»Und wenn ich vor Hunger sterbe, ich setze meinen Namen nicht unter diesen Roman und nehme auch nicht die Einleitungspassage mit der Beschreibung der Çukurova heraus.«

Cevat Fehmi Bey hatte offensichtlich recht mit seiner Prophezeiung, daß ein Journalist, der bei der *Cumhuriyet* rausgeflogen war, von niemandem eingestellt wurde. Als ich 1963 entlassen wurde und bei den Zeitungen und Zeitschriften vorsprach, die mir während meiner Zeit bei der *Cumhuriyet*, als ich vierhundert Lira im Monat verdiente, fünftausend Lira angeboten hatten, schauten die mich nicht einmal an. Als ob es nicht sie gewesen wären, die mir zuvor fünftausend Lira angeboten hatten. Die Briefe der Freunde, die mich damals abgewiesen haben, sind noch in meiner Mappe aufbewahrt.

Nadir Nadi rief mich am nächsten Tag zu sich: »Cevat erzählte mir heute morgen, daß du die *Cumhuriyet* verlassen würdest.«

»Ich verlasse die Zeitung nicht, Nadir Bey.«

»Wenn das nicht der Fall ist, was hat dann das zu bedeuten, was Cevat Bey erzählte?«

Daraufhin erläuterte ich ihm ausführlich die Situation.

»Wirst du die Einleitungspassage nicht aus dem Roman nehmen?«

»Ich kann sie nicht herausnehmen.«

»Wirst du deinen Namen nicht unter den Roman setzen?«

»Ich kann meinen Namen nicht daruntersetzen.«

»Heißt das also, daß du die Zeitung verlassen willst?«

»Wenn das Ihre Bedingungen sind, so werde ich gehen.«

»Und was wirst du dann machen?«

»Die anderen Zeitungen nehmen mich wohl nicht, ich werde dann also auf dem Platz hinter der Neuen Moschee als Gesucheschreiber arbeiten. Das ist schließlich mein Beruf. Auf diese Weise werde ich wieder Geld verdienen, und in meiner freien Zeit werde ich Romane schreiben.«

»Wenn das so ist, dann geh.«

Ich verließ sein Büro, ging schnurstracks zu Cevat Bey und verlangte meinen Roman. Er lag noch auf seinem Schreibtisch. »Hier hast du ihn«, er reichte ihn mir.

Als ich gerade aus dem Büro treten wollte, rief er mich von hinten: »Warte.« Ich wandte mich an der Tür um und ging zurück. Er stand auf, kam auf mich zu. Er umarmte mich, küßte mich auf die Wangen. »Leb wohl, mein Freund«, sagte er. Uns beiden traten Tränen in die Augen.

Bedii Faik, der Verleger der Zeitung *Dünya*, war mein Freund. Auch wenn wir uns so gut wie nie sehen, so dauert unsere Freundschaft und Zuneigung bis heute an. Damals begegnete ich ihm zufällig in einem Lokal. »Was ist passiert?« fragte er mich. »Ich habe gehört, daß du die *Cumhuriyet* verlassen hast. Was wirst du jetzt tun?«

»Ich werde hinter der Neuen Moschee als Gesucheschreiber arbeiten. Du weißt ja, das war früher meine Arbeit.«

»Bring mir doch mal diesen Roman. Vielleicht drucke ich ihn ab.«

Ich brachte ihm mein Werk.

Zehn Tage später rief er mich zu sich. Er konnte nicht aufhören, den Roman zu loben. »Mensch, bist du denn verrückt, deinen Namen nicht unter solch einen Roman zu setzen? Du wirst es später bitter bereuen.«

Auch mit Thilda hatte ich darüber viel diskutiert, wir hatten uns sogar heftig gestritten. Vehement vertrat sie den Standpunkt, daß man seinen Namen unter solch einen Roman setzen müßte. Von dieser Haltung wich sie keinen Deut ab. »Ich werde es machen. Meinen Namen setze ich zwar darunter, doch ich streiche nicht eine einzige Zeile heraus.«

Einige Tage später rief mich Bedii wieder an: »Hör zu, Yaşar, ich würde dich gerne in meiner Zeitung aufnehmen, doch sie lieben dich sehr. Ich habe mich gestern mit Nadir unterhalten. Yaşar soll seinen Roman bringen, was er sich wünscht, wird erfüllt werden, hat er mir versichert.«

Ich brachte meinen Roman nicht zu Nadir, sondern zu Cevat Fehmi.

»Nun, du Gauner, wirst du diesem Roman deinen Namen geben?« fragte er mich.

»Ja, ich mache es, mein Efendi«, antwortete ich.

»Du wirst es nicht bereuen.«

»So Gott will ...«

»Die Einleitungspassage des Romans bleibt drin.«

»Nein, Efendi, ich nehme die Passage raus.«

»Schau, wir machen es so: Nimm diese Passage aus dem Auftakt des Romans heraus und plaziere sie irgendwo in der Mitte.«

»Übernehmen Sie es, Efendi.«

Als ich damals gekommen war, um meinen Roman abzuholen, hatte Cevat Bey mich so väterlich umarmt und mich auf die Wangen geküßt ... Diese innige Freundschaft werde ich bis an mein Lebensende nicht vergessen.

Jahre später, als wir in Nadir Beys Büro saßen, fragte Cevat Bey: »Nadir, weißt du, warum ich diesen Gauner so sehr mag? Nur weil ich ihm ein paar Zeilen aus seinem Roman streichen wollte, nahm der Junge es sogar in Kauf, seine Arbeit zu verlieren und um sein Brot gebracht zu werden.« Meine tiefgehende Freundschaft mit Cevat Bey hatte sowieso nach diesem Ereignis erst richtig begonnen.

Als *Memed mein Falke* in Fortsetzungen erschien, kam der gefürchtete Staatsanwalt jener Jahre, Hicabi Dinç, in die Redaktion und befahl: »Cevat Bey, wir haben Befehl aus Ankara erhalten. Ihr müßt diesen Roman abbrechen.« Bedri Rahmi soll sich im Raum aufgehalten haben und auch noch viele andere Redakteure. Cevat Bey soll wutentbrannt aufgestanden sein und zornig geschrien haben: »Hicabi! Diejenigen, die dich aus Ankara anrufen, die sollen mich anrufen. Verstehst du etwas von einem Roman oder ich? Verstehen die etwas davon oder ich? Na los doch, falls eure Macht ausreicht, dann stoppt diesen Roman in der Zeitung, los!«

Daraufhin habe ich mit Cevat Bey und dem damaligen Anwalt der *Cumhuriyet* den Text von vorn bis hinten gründlich durchgekämmt. Wir konnten nur eine kurze Passage finden, die als Straftat Bestand gehabt hätte. Diese bedenkliche Passage habe ich wieder eingefügt, als das Buch erschien.

Memed mein Falke, der in den Jahren 1953 und 1954 als Fortsetzung veröffentlicht wurde, erhielt 1956 den ersten Romanpreis, den die Zeitschrift *Varlik* ausgeschrieben hatte.

Das Preisgeld betrug tausend Lira. Als der Literaturpreis vergeben wurde, brach ein großes Durcheinander aus. Von allen Seiten gab es solch einen Druck, daß der Verleger der Zeitschrift, Yaşar Nabi, diesen Literaturpreis sofort wieder absetzte. Der Romanpreis der *Varlik* wurde seit jenem Tag nie wieder vergeben. Dabei traf Yaşar Nabi gar keine Schuld. Das Auswahlgremium war mit den hervorragendsten Schriftstellern der Türkei besetzt. Von den neun Juroren hatten sieben ihre Stimme für *Memed mein Falke* gegeben. Im selben Jahr wurde, wiederum in *Varlik*, eine Umfrage gestartet. Die Leser sollten den besten Romanautor der Türkei auswählen. Und es stimmte doch wahrhaftig ein Großteil der Leser für den Autor von *Memed mein Falke*! Ich glaube, daß der Verleger Yaşar Nabi sich in jenem Jahr nur mit Mühe aus den Fängen mancher Schriftsteller hat retten können. Bis zu seinem Tod hat er nicht noch einmal solch eine Leserumfrage durchgeführt.

Was hat mir dieser Roman, unter den ich nicht einmal meinen Namen setzen wollte, so alles eingebrockt! Anstatt mich zu freuen, nahm mein Zorn auf *Memed* immer mehr zu. Nach diesem Werk schrieb ich im Jahre 1954 den Roman *Anatolischer Reis*. Danach konnte ich bis 1959 nichts mehr schreiben. Ich verfiel in eine Phase der Benommenheit, kämpfte um das nackte Leben. Dr. Ibrahim Kiray war ein guter Freund von mir, der mich auch behandelte. Ständig ermunterte er mich: »Schreib, fang einen neuen Roman an, und du wirst bestimmt nicht mehr leiden.« Eines Tages gelangte ein Entwurf für den Roman *Der Wind aus der Ebene*, den ich in Kadirli mit einem Kopierstift auf große Blätter geschrieben hatte, in meine Hände. Ich las ihm ein wenig daraus vor. Ibrahim gefiel sehr, was er zu hören bekam. »Daraus läßt sich ein guter Roman machen«, schlug er vor.

Das, was ich daraufhin schrieb, war ein Auszug aus dem Roman, der später als *Unsterblichkeitskraut* veröffentlicht wurde. Meryemce, die auf beiden Augen blinde Frau, lebte alleine im Dorf. Als ich den Roman *Der Wind aus der Ebene* zu schreiben begann, ließ ich Meryemces Augen heilen, so daß sie wieder sehen konnte. Um diese Romanfigur Meryemce wuchs ein umfangreiches, riesiges Buch, das aus drei Teilen bestand.

Um *Der Wind aus der Ebene* fertigzustellen, nahm ich ein Jahr Urlaub von der *Cumhuriyet*. Damals verdiente ich einiges durch Drehbücher, und auch Thilda hatte eine neue Arbeit gefunden. Ich schrieb diesen Roman mit viel Mühe und Sorgfalt und war sehr glücklich. Kaum war der Roman fertig, fielen die Benommenheit und alle anderen Plagen von mir ab.

Memed mein Falke wurde 1957 in der Sowjetunion und in Bulgarien veröffentlicht. Nazim Hikmet hatte dafür gesorgt, daß das Buch in diesen Ländern erschien. Außerdem hatte mir ein Freund einen Brief von Nazim Hikmet mit Gedanken über *Memed* vorgelesen. Da ein Mann wie Nazim in solch einer Weise über dieses Buch sprach, begann mir der Roman von da an zu gefallen. Nunmehr mußte ich auch noch die anderen Teile schreiben.

Als *Memed mein Falke* 1961 in England erschien, blieb das Buch lange Zeit an der Spitze der Bestsellerlisten. Das erste richtige Geld erhielt ich auch in dieser Zeit. Ich kaufte uns einen Kühlschrank, einen Gasherd, Stühle, einen Tisch, Töpfe, Geschirr und noch einiges mehr für die Wohnung.

Danach ging es erst richtig los. *Memed* wurde in Skandinavien sehr bekannt, später auch in Frankreich und Amerika. Ich weiß nicht, in wie viele Sprachen das Buch bislang übersetzt wurde. Wahrscheinlich in weit über dreißig ...

Später begann man, auch die anderen Bücher eines nach dem anderen in die Weltsprachen zu übersetzen.

Wenn ich meine Erzählung über die schwierigen Abschnitte meines Lebens beende, komme ich nicht umhin, von zwei Ereignissen zu berichten, die mich am meisten verwundet haben. Das eine ist das Schicksal des Nurullah Hancilar, des Direktors der Mittelschule in Kadirli. Gott gebe, daß ich den Namen dieses aufrichtig guten Menschen nicht falsch schreibe. Es sind seither mehr als vierzig Jahre vergangen. Sein korrekter Name könnte mir auch entfallen sein …

Nachdem ich den Direktor auf dem Marktplatz abgefangen und ihm erzählt hatte, daß die Türkischlehrerin an der Mittelschule so schlecht über mich sprach und daß ich sie vor Gericht bringen würde, ging er zu der Lehrerin, die die Tochter eines Kommissars war, und berichtete ihr von meiner Beschwerde. Wie kannst Du es wagen, solche Geschichten zu erzählen! Der Schulleiter wurde innerhalb von wenigen Tagen zum russischen Spion in Kadirli und zum Vaterlandsverräter. Während ich im Gefängnis saß, und auch in der Zeit danach, wurde die Situation zusehends kritischer. Der widerliche Druck auf den Direktor, die Gerüchte und Verleumdungen nehmen zu. Und eines Tages, während einer Versammlung nach dem Freitagsgottesdienst stürmt die aufgeheizte und finstere Menge die Schule, um den Direktor zu lynchen. Die aufgebrachten Menschen lassen nichts unversehrt im Schulgebäude. Nurullah Hancilar schleppen sie in das Gefängnis von Kozan. Monatelang liegt er im Krankenhaus. Anschließend wird er vor Gericht gestellt und muß für ein oder zwei Jahre ins Gefängnis. Als ich das später erfuhr, war es um mich geschehen, es quälte mich sehr. Wäre ich ihm doch an jenem Tag nicht auf dem Marktplatz begegnet! Wenn ich an diesen guten Menschen denke, ist es mir auch heute noch so, als stoße man mir ohne Erbarmen einen zweischneidigen Dolch tief in mein Herz. Nur weil er ein einziges Mal mit mir gesprochen hat, haben ihn die Barbaren zu einem Kommunisten, zu einem russischen Spion abgestempelt. Sie haben ihn gefoltert, ihn in die Enge getrieben und wollten ihn lynchen. Schließlich warfen sie ihn für Jahre ins Gefängnis. Ich hätte noch vor *Memed mein Falke* den Roman über Nurullah Hancilars Schicksal schreiben müssen.

Das zweite Ereignis betraf einen Fremden aus Foça. Als ich außerhalb der Stadt am Ufer des Savrun-Flusses spazierenging, begegnete ich einem jungen Mann. Wir grüßten uns und kamen ins Gespräch. Heute weiß ich es nicht mehr so genau, auf jeden Fall war er damals wegen irgendwelcher Dinge in die Çukurova gekommen, reiste umher und hielt Ausschau nach einer Arbeit, um Geld zu verdienen. Damals schrieb ich gerade an der Erzählung *Der Ladenbesitzer*. Ich schlug ihm vor, zu mir zu gehen, dann würde ich ihm die Erzählung vorlesen. Es war um die Zeit des Nachmittagsgebets. Ich hatte dem jungen Mann kaum die Geschichte vorgetragen, als die Gendarmen das Haus stürmten. Auf dem Heimweg waren wir Uzun Ahmet aus Darende und Ismail dem Bäcker begegnet. Die beiden hatten alles stehen- und liegen lassen und waren schnurstracks zur Gendarmeriestation gelaufen. Dort erzählten sie, daß ein gefährlicher Kommunist zu mir ins Haus gekommen sei und daß dieser Kommunist zudem noch ein Russe sei. Die türkischen Gendarmen schluckten die Geschichte natürlich und zogen sogleich los, um unser Haus zu umzingeln. Sie warfen mich in einen Jeep, den jungen Mann in einen anderen und fuhren los. Kaum hatte unser ruhmreiches Volk in Kadirli von diesem Vorfall erfahren, strömte es auf die Straße, besorgt um das Gemeinwohl des Landes, beseelt von patriotischem Eifer und Vaterlandsliebe. Und was für eine! Zu Hunderten strömten sie auf die Straßen, entrissen den jungen Mann aus den Händen der Gendarmen. Beinahe hätten sie ihn getötet. Mit Dreck und Schmutz, mit Steinen, Schalen von Wassermelonen, mit allem, was sie nur finden konnten, bewarfen sie den armen Fremden. Was mich betraf: Sie hatten sich daran gewöhnt, daß ich ein Kommunist war, mir fügten sie kein Leid zu. In jener Nacht ließen sie mich gehen, der Junge aber blieb in Untersuchungshaft. Ich wartete bis zum Morgen am Tor der Gendarmeriestation. Gegen zehn Uhr entließen sie den Jungen aus Foça. Als er an mir vorbeiging, sah er mich nicht einmal an. Ich konnte ihn nicht einmal um Entschuldigung bitten. Mir steckte ein Kloß im Hals, meine Kehle war wie zugeschnürt. Ich konnte nicht weinen.

Jahre später, als ich die Jury für die Vergabe des »Yunus-Nadi-Literaturpreises« leitete, wurde ein sehr guter Text aus Foça eingereicht. Er stammte von dem jungen Mann. Ich veröffentlichte seinen Beitrag. Ich hatte die Adresse des Jungen und wollte ihm einen Brief schreiben, um mich zu entschuldigen, doch irgendwie brachte ich es vor lauter Scham nicht übers Herz. Auch über diese Barbarei hätte ich noch vor *Memed mein Falke* schreiben sollen.

Auch mich haben sie jahrelang wie einen Hund in der Çukurova herumgescheucht. Ich fand eine Arbeit, verwischte meine Spur. Doch schon eine Woche oder zehn Tage später kam die Polizei, die Gendarmerie oder was für eine Bande auch immer und ließ mich aus der Arbeit werfen. Einmal schuftete ich als Bauarbeiter in Batos. Jeden Tag fünfzehn Stunden unter glühender Hitze von vierzig, fünfundvierzig Grad. Nicht einmal dort ließen sie mich in Frieden. Ich wog nur noch siebenundfünfzig Kilo. Innerhalb weniger Jahre habe ich über dreißig verschiedene Berufe ausgeübt und bin immer wieder rausgeschmissen worden. Schließlich entdeckte ich die Arbeit als Gesucheschreiber und konnte mir ein paar Bissen Brot verdienen. Auch während ich als Traktorfahrer arbeitete, verloren sie meine Spur. Jene Zeit gehört zu meinen glücklichen Jahren.

Im Grunde genommen hätte vor *Memed mein Falke* ein Roman über all diese Geschehnisse geschrieben werden müssen. Aber ich bin sehr faul. Außerdem habe ich Angst, nicht die genaue Wirklichkeit des Lebens beschreiben zu können. So wie der Mensch viele Ereignisse glättet und beschönigt, so befürchte ich auch, daß ich mich selbst glätten könnte. Diesen Abschnitt meiner Lebensgeschichte will ich mit der Geschichte über den »Glockenbehangenen Wolf« beenden.

In Ostanatolien greifen die hungrigen Wölfe im Winter die Schafherden an. Sie dringen in die Ställe und fallen über die Schafe her. Sie reißen nicht ein Schaf und laufen davon, sondern beißen alle Tiere in der Herde, verletzen sie, reißen sie in Stücke und ergreifen danach die Flucht. Für die Schafe, die von den Fängen des Wolfes verletzt werden, gibt es keine Rettung, sie sterben über kurz oder lang. An solch einem Morgen, nachdem die Wölfe in das Dorf eingefallen sind, schwingen sich die Dorfbewohner auf ihre Pferde und nehmen die Verfolgung auf. Wenn sie die Wölfe fangen, schnippen sie nicht einmal mit den Fingern. Mit einer festen Kette und einer starken Sehne binden sie den Wölfen eine Glocke um den Hals und lassen sie laufen. Die Wölfe können sich keinem Tier, keinem Lebewesen mehr unbemerkt nähern; weder Schaf noch Ziege, weder Esel noch Rind, kein Lebewesen können sie anfallen. Schließlich sterben sie vor Hunger.

Und genau diese Wolfsmethode haben die Behörden der

Türkischen Republik von den Dörflern gelernt. Jedem Menschen, der ihnen nicht gefiel, banden sie eine Glocke um den Hals und setzten ihn in der Steppe aus. Ich weiß nicht, wie es Ihnen erging, aber mir hing in meiner Jugend stets eine Glocke um den Hals. Auch meinen Freunden erging es so. Das ist eigentlich der Roman, der geschrieben werden müßte. Entweder war ich zu feige oder hatte Angst vor diesem Thema, fühlte mich dieser Aufgabe nicht gewachsen. Die Angst, ein »Glockenbehangener Wolf« zu sein, ist die schlimmste unter den Ängsten.

Ich irrte in der Çukurova umher, von einer ungewissen Arbeit zur nächsten, von einem Dorf zum anderen. Die Gleichheit der Menschen, der Widerstand gegen Unterdrückung und Erniedrigung waren mir heilig. Aus diesem Grund ließ ich mich weder von der Unterdrückung noch vom Tod groß beeindrucken. Und doch erschöpften sie mich in dieser Ebene dermaßen, daß meine Nerven nicht mehr standhielten; fünf Jahre lang war ich von einer schleichenden Depression befallen. Trotzdem habe ich widerstanden. Noch Jahre danach konnte ich nicht einmal meinen nahen Verwandten erzählen, welchen Foltern mich 1950 die Polizisten aussetzten. Als menschliches Wesen empfand ich Scham für mich und für die Folterknechte. Scham im Namen der Menschheit. Es war, als wäre ich der erste, der Folter und Demütigung erlebt hätte.

1957 begegnete ich Reşat Fuat Baraner, einem der sozialistischen Führer der Türkei. Ich empfand großen Respekt und Bewunderung für diesen Mann. Seine Frau war Schriftstellerin. Er hatte einen großen Teil seines Lebens, vielleicht zwanzig Jahre, in Gefängnissen verbracht. Eines Tages erzählte er mir von den Foltern, die man ihm zugefügt hatte. Daneben erschienen mir meine eigenen Erfahrungen wie Zärtlichkeiten. Das war für mich der Auslöser: In den folgenden Tagen erzählte ich Resat Fuat, was ich erlitten hatte, in großer Aufregung, aber auch mit Scham. Danach sprach ich mit allen darüber, die mir begegneten.

Ich konnte bis 1963 bei der *Cumhuriyet* arbeiten. In jenem Jahr löste der Druck der Regierung auf die Zeitung und deren Besitzer, die sich nicht widersetzen konnten, eine massive politische Säuberung aus: Ich wurde mit achtzehn weiteren Mitarbeitern, einschließlich des Herausgebers und des Chefredakteurs, Nadir Nadi und Cevat Fehmi Başkut, entlassen. Als ich erfuhr, daß ich vor die Tür gesetzt worden war, befand ich mich in Cambridge. Nadir Nadi sandte mir einen Brief und drückte mir seine große Traurigkeit aus.

Nach meiner Rückkehr aus England war ich wieder arbeitslos. Alle Zeitungen schlugen mir die Tür vor der Nase zu. Sie getrauten sich nicht mehr, mir in die Augen zu sehen. Wenn die Einkünfte aus den Romanen nicht reichten, arbeitete meine Frau Thilda, und wir lebten recht und schlecht. Wir mußten ja auch unser Kind ernähren. Ich hatte vier Romane geschrieben während meiner zwölf Jahre bei *Cumhuriyet*. Danach habe ich in zehn Jahren mehr als zehn Romane geschrieben. Ich verfolgte meinen Weg, ohne mich durch die Hindernisse ablenken zu lassen. Die Armut war entsetzlich; ich hatte sie lange Zeit ertragen. Ich sagte mir, daß ich sie besiegen konnte, wenn ich wollte, daß ich viel Geld verdienen und reich werden konnte. Das Reich des Wortes war heilig für mich: Ich glaubte an seine Macht. Ich mußte für Werte, die mir heilig waren, an zwei Fronten kämpfen. Einerseits gegen die Armut, eine grundsätzliche Verletzung der Menschenwürde: Wer sich nicht gegen sie erhob, wer die Ausbeutung akzeptierte, konnte kein Mensch sein, der diese Bezeichnung verdiente. Und andererseits das Wort. Werte, die so wichtig sind wie das Leben. Ich hätte alles dafür gegeben, diese zwei heiligen Konzepte respektiert zu wissen: Die Macht des Wortes und die Verweigerung der Armut. Das tägliche Brot, ein Zimmer, wo ich mich zurückziehen konnte, und schreiben … Nur das! Thilda war immer an meiner Seite, hat mich immer unterstützt und die Armut mit Tapferkeit ertragen. Ihr Leben hat ganz anders begonnen als meines; es hätte gut sein können, daß wir uns nie begegnet wären. Sie sprach ausgezeichnet Französisch, Englisch und Spanisch. Ihr Vater war Bankdirektor, ihr Großvater Oberarzt am osmanischen Hof, ein Pascha, der sich in der Geschichte der türkischen Medizin einen Namen gemacht hatte. Wie sie meine Ideale teilte, teilte sie auch mein Leben, ohne sich um die Drohungen zu kümmern.

Es trifft zu, daß der Zufall mir sehr geholfen hat, aber ich bin nie von der Linie abgewichen, die ich vorgezeichnet hatte. Hatte ich das Gefühl, eine gebieterische Aufgabe erfüllen zu müssen? Ich hatte eine gewisse Bekanntheit als Journalist; es wird behauptet, daß ich in dieses Genre neuen Wind brachte: die Reportage. Ich hätte damals ein reiches und gefeiertes Leben als Journalist leben können. Doch sogar in den schwierigsten Tagen haben weder Thilda noch ich je ins Auge gefaßt, uns für die Verheißung einer wohlhabenden Existenz zu verleugnen. Seit meiner Kindheit betrachtete ich mich als meinen einzigen Herrn. Wie hoch auch der Preis dafür war, ich habe alle Hindernisse überwunden. Die Widerspenstigkeit und die Freiheit: das war mein innerster Kern.

ALAIN BOSQUET: Erzählen Sie mir von Ihren ersten Schwärmereien und von Ihrem politischen Erwachen. Hatten Sie damals eine klare Idee über die Zukunft der Türkei? Atatürk ist noch am Leben, Hitler an der Macht oder kurz davor, Stalin herrscht uneingeschränkt, und die weitentfernten demokratischen Länder inspirieren Sie nicht besonders als jungen Mann. Es fällt schwer, sich vorzustellen, daß das Frankreich Edouard Herriots oder Edouard Daladiers Sie interessieren könnte. Ihre Einstellung zu Baldwins oder Chamberlains Großbritannien ist wohl ähnlich gelagert.

YAŞAR KEMAL: Ich weiß nicht, welches Zusammentreffen von Umständen mich in den Kreis der Sozialisten von Adana katapultierte. Ich war in der zweiten Klasse der Mittelschule. Ich suchte mich, ich suchte alles. Ich hatte das Bedürfnis, mich unter Beweis zu stellen. Ich wollte handeln. Zu jener Zeit gab es in Adana sozialistische Arbeiterführer, von denen die meisten im Gefängnis gewesen waren. Damals gingen die türkischen Arbeiter nach Deutschland, um Arbeit zu finden, und sie verkehrten mit den Nacheiferern der Spartakisten. Ich glaube, viele von ihnen waren aktive Mitglieder spartakistischer Gruppierungen. 1943 wurde ich aufs Polizeikommissariat geführt: Ich verbrachte sechs Tage im Kommissariat beim Baumwollmarkt in Adana. Es war ein Alptraum. Davon habe ich nur das Finstere im Gedächtnis behalten. Zur gleichen Zeit kam der Romanschriftsteller Orhan Kemal nach Adana, nach fünf Jahren im Gefängnis. Er hatte dreieinhalb Jahre seiner Haftstrafe in der Gesellschaft Nazim Hikmets verbracht. Seine Novellen veröffentlichte er unter dem Pseudonym Orhan Kemal in Zeitschriften; sein richtiger Name war Raşit Kemali. Die militanten Arbeiter, Orhan Kemal, die sozialistischen Schriftsteller und Dichter, die Brüder Dino, andere sehr interessante Personen, progressive Kämpfer des Unabhängigkeitskrieges: alle waren vereint. Wir wußten, was in der Welt vorging. Hitler, die Engländer, die Franzosen, Stalin. Täglich verfolgten wir die Geschehnisse des Bürgerkrieges in China. Wir debattierten leidenschaftlich über die Art des Widerstandskampfes, den wir führen wollten, wenn die Deutschen Anatolien besetzen würden, wie wir die Kontakte zum Volk organisieren würden, während wir uns im Kampf engagierten. Wir verfolgten die Berichte des französischen Widerstands, die Hinrichtungen ... Jene Genossen, die die Sprachen konnten, verfolgten die Nachrichten der ausländischen Radios. In dem bescheidenen Maß, wie es uns möglich war, hatten wir alle unsere Antennen in die Welt ausgestreckt. Um es mit den schönen Worten Nazim Hikmets auszudrücken: Wir hörten das Rascheln des kleinsten Blattes in einer Entfernung von vierzig Tagesmärschen. Wir lasen, allein oder in Gruppen, alle klassischen Texte des Sozialismus, die zur Zeit Atatürks veröffentlicht oder seither abgetippt worden waren. Sie zirkulierten von Hand zu Hand, praktisch alle waren verboten. Nazim Hikmets Gedichte, im Gefängnis geschrieben, erreichten uns sehr rasch. Meine damalige Arbeit in der großen Ramazanoğlu-Bibliothek war von einigem Nutzen: die Tageszeitungen und Zeitschriften kamen regelmäßig in die Bibliothek. In diesem sozialistischen Kampf begegnete ich respektablen Männern, würdigen Funktionären. Der junge Arzt Kemal Satir, der mir die Stelle in der Bibliothek verschafft hatte, leitete die

»Kulturhäuser«. Er ließ sich durch die Drohungen der Polizei nicht einschüchtern. Er wurde später Minister in mehreren Kabinetten der Ära Inönü und schließlich Stellvertretender Ministerpräsident. Trotz dieser Unterstützung konnte ich meine Stelle in der Bibliothek nicht lange behalten. Ein Freund meines Vaters vermittelte mir darauf eine Stelle als Wächter der Bewässerungsanlagen in den Reisfeldern. Auch dieser Mann hat mich trotz der Drohungen der Polizei nie im Stich gelassen. Ich machte meine Arbeit immer gewissenhaft. Einige Beamte erkannten dies und verteidigten mich. Sie wie ich konnten den unzähligen Scherereien nicht entkommen.

ALAIN BOSQUET: Die Türkei Ihrer Jugend befindet sich in einem Umwandlungsprozeß: Knapp zehn Jahre zuvor wurde das Osmanische Reich mit enormen Verlusten zergliedert. Die Frauen tragen den Schleier nicht mehr, es existiert ein Parlament, und das Alphabet wird geändert. Ich stelle mir vor, wie Sie sich in den Jahren kurz nach dieser Nationalen Metamorphose fragten: »Was wird meine Türkei sein?«

YAŞAR KEMAL: Die Türkei wechselte 1928 von der arabischen zur lateinischen Schrift. In der Grundschule lernte ich die neue Schrift. Als ich zu lesen und schreiben begann, wußte ich nicht einmal, daß es eine arabische Schrift gab. Für uns beschränkte sie sich auf den Koran. Damals konnten kaum zehn Prozent der Menschen lesen und schreiben. Vielleicht sogar nur fünf Prozent: es gibt keine verläßlichen Statistiken. Nur eine kleine Schicht Privilegierter teilte sich das Monopol des Lesens und Schreibens. Sogar der Imam unseres Dorfes war Analphabet. Mein Freund Mehmet Sahin und ich waren die ersten im Dorf, die lesen und schreiben konnten.

Mehmet und ich überquerten auf unserem Weg in die Schule in Burhanli, das eine Stunde zu Fuß von uns entfernt war, jeden Morgen den Fluß auf einem Floß. Auf demselben Weg mußten wir abends wieder zurück. Wir mußten die Strecke lebendig gestalten: wir beide träumten viel. In der Schule hatten wir ein Gedicht über den Ruhm Anatoliens auswendig gelernt. Es hieß: »Wie schön du Anatolien finden wirst / Wenn du es entdeckst / Du wirst alle Sorgen vergessen / Wenn du Anatolien durchquerst …«.

Dieser magische Ort, den man Anatolien nannte, war das Reich unserer Träume geworden. Sobald wir groß wären, würden wir das Unmögliche tun, um prächtige Pferde zu finden und nach Anatolien zu ziehen. Wir würden dort leben, in den grünen Wäldern, an den kristallklaren Quellen. Die Çukurova war zu heiß. Niemand entkam der Malaria. Die Mücken stürzten wie eine Wolke nieder und ließen die Menschen und Tiere blutend zurück. In unseren Hütten aus getrockneten Gräsern lebten wir, Menschen und Tiere, eng zusammengedrängt. Oft war der Ceyhan braungefärbt. Wir tranken dieses Wasser, nachdem wir es einige Stunden in Tonkrügen hatten stehenlassen. Wir standen bis zu den Knien in der Armut. Die Nahrung bestand aus geschrotetem Korn, Milch und Joghurt. Fleisch gab es nur einmal im Jahr, am großen Opferfest.

Für uns war das, was man Anatolien nannte, ein Paradies jenseits des Taurus. Täglich lebten wir diese Sehnsucht nach diesem Paradies. Für uns hatten die Märchen eine Heimat: Anatolien.

Eines Tages mußten wir begreifen, daß Anatolien hier unten war, bei uns. Wir wollten es nicht glauben. Mehmet und ich stürzten uns in Nachforschungen, wir fragten zuerst den Schullehrer, ob hier bei uns Anatolien wäre. Er sagte uns, daß wir einen Teil Anatoliens bewohnten und sogar einen der schönsten und fruchtbarsten Teile. Aber was war hinter diesen violetten Bergen? Das war auch Anatolien. Dort jedoch war der Boden sehr arm, und die Menschen lebten im Elend. Sie waren so arm, daß sie im Winter wie im Sommer in unserer Ebene arbeiteten und mit der Malaria als Lohn zurückkehrten. Es gab sogar manche, die an der Hitze und den Mücken starben. Weder

der Lehrer noch die anderen, die wir befragten, konnten uns überzeugen. Wenn sie recht hatten, wie hätte der Dichter dann all dies schreiben können? Viele Leute aus anderen Dörfern kamen mit dem Floß in unser Dorf. An den freien Tagen gingen Mehmet und ich zur Anlegestelle und hielten nach Passanten Ausschau, die uns Vertrauen einflößten, besonders solche, die Krawatten trugen, und wir fragten sie, wie man unser Land nannte. Einstimmig antworteten sie, daß wir in der Çukurova seien. Und Anatolien? Das war auch hier. Wir mußten schließlich unsere Niederlage zugeben, aber weder Mehmet noch ich haben je wieder dieses Lügengedicht rezitiert und von Anatolien geträumt. Wir beschlossen, ein anderes Phantasieland zu erfinden, und überzeugten die anderen Dorfkinder von seiner Existenz.

Unsere neue Welt war das Paradies vom Van-See, das mein Onkel in seinen Gesängen feierte. Mädchen und Jungen, alle Kinder des Dorfes beschlossen wegzulaufen ... Wir wollten alle der Hölle entfliehen. Mein Onkel schmückte den Van-See aus, wie er nur konnte. Wir hatten uns jedoch schon einmal die Finger verbrannt. Wir glaubten ihm nicht.

All unsere Träume konzentrierten sich auf den See, alle Märchen geschahen dort. Schließlich machten wir uns auf den Weg zum See: alle Kinder des Dorfes. Wir haben ihn nicht erreicht. Die meisten kehrten nach einigen Tagesmärschen zurück. Aber der Traum vom Van-See ist uns geblieben, in all seiner Frische.

Ich habe in unserem Dorf nie eine Frau mit Schleier gekannt. Die Männer und Frauen lebten zusammen. Es gab nur eine Trennung: Während der zeremoniellen Feiern aßen die Männer und Frauen getrennt. Bei den Kurden stellten sich die Männer und die Frauen während der traditionellen Tänze in einer Reihe auf: ein Mann, eine Frau, Arm in Arm.

Wir wußten nichts über Istanbul oder die Türkei. Es gab einzig ein Bild von Mustafa Kemal, stehend in seiner Feldmarschalluniform, das den Raum schmückte, der als Büro des Bürgermeisters diente. Der Mustafa Kemal Pascha auf dem Bild war blond mit blauen Augen, und er stand neben seinem Pferd. Im Hintergrund sah man einen See.

Das war der erste See meiner Kindheit. Die Großen erklärten uns, was ein See ist. Man hat uns auch erklärt, daß Mustafa Kemal Pascha die Griechen bekämpft, sie besiegt und ins Meer geworfen hatte. So sprachen die ehemaligen Kämpfer des »griechischen Krieges«. Der See auf dem Portrait war sehr schön: Auch wenn er teilweise verdeckt war, konnte es sich nur um den Van-See handeln. Ein Mann von der Größe eines Mustafa Kemal Pascha würde doch sicher an keinem anderen See posieren!

Als wir in der Schule erfuhren, daß Mustafa Kemal in Ankara lebte und daß es in diesem Land weder Bäume noch Gras gab, war es eine Katastrophe ... Mehmet und ich haben dieses Geheimnis den anderen Kindern nie verraten: Wir haben es in uns vergraben. Überhaupt waren sie alle Lügner, auch die Bücher, die sie uns zu lesen gaben ... Die Bücher waren sowieso nichts als Lügen, da nichts, was wir darin lasen, unserer Welt ähnlich war.

Die Frage: »Was wird aus meiner Türkei?« war unangebracht, sogar in unseren Träumen. »Was wird aus uns?« – so formulierten wir unsere Zweifel nicht. Eine einzige Idee beherrschte uns: fliehen. In das Land fliehen, das mein Onkel mit seiner schönen Stimme besang:

Graue Kraniche, o graue Kraniche,
Graue Kraniche, die ihr so hoch im Feuerhimmel wogt,

Tragt meinen Gruß zum See von Van,
Meinen Gruß zu diesen blauen Wassern,
Zu seinen eiskalten Quellen,
Zu seinen Hirschkühen, die die Berge durchstreifen.
Tragt meinen Gruß zu seinen Ebenen,
Wo Flüsse aus Milch und Honig fließen …

ALAIN BOSQUET: Welches sind Ihre politischen und literarischen Ansichten zu Beginn des Zweiten Weltkriegs? Die Türkei bleibt neutral, mit einer beeindruckenden Zahl an Spionen beider Seiten. Hilft Ihnen diese privilegierte Situation, Stellung zu nehmen? Wie ist Ihre Einstellung zur kurdischen Problematik um 1940 oder 1945? Bei uns verfügen nur die professionellen Historiker über einige, wenn auch nur annähernde Kenntnisse in dieser Sache. Existiert sie wirklich in Ihrem Bewußtsein? Zudem möchte ich wissen, was Sie in jener Zeit hauptsächlich lasen?

YAŞAR KEMAL: Wie ich schon sagte, wuchs ich in einem turkmenischen Dorf auf. Was ich über die Kurden wußte, beschränkte sich auf das, was ich bei uns zu Hause darüber hörte. Die Menschen in unserem Dorf machten keinen Unterschied zwischen ihnen und uns, sie haben unsere Andersartigkeit nie stigmatisiert. Da mein Vater viel Gutes getan hatte, behandelten mich die Menschen mit großer Achtung. Ich war ein unerträglicher Schlingel, und nur das Wohlwollen der Dorfbewohner ermöglichte einer Pest wie mir, nach freiem Belieben zu leben.

Von den kurdischen Revolten hörte ich zum ersten Mal durch die traditionellen Gesänge und Heldengeschichten. Noch zu Lebzeiten meines Vaters wurde sein Onkel Gülihan, der kurdische Bey des Luvan-Stammes, mit seiner ganzen Familie hierher ins Exil verbannt. Ich erfuhr bald die Gründe: Scheich Said, ein kurdischer Geistlicher, hatte die Revolte der Kurden angeführt; er hatte gegen die türkische Armee gekämpft und war besiegt worden. Wie alle anderen kurdischen Stammesführer hatte der Onkel meines Vaters den Weg ins Exil gewählt. Er war ein eleganter Mann, von großer Statur, mit weißem Bart. Er sprach sowohl Kurdisch wie auch Türkisch sehr gut, mit einer gewissen Würde. Mit ihm kam der Dichter des Stammes. Bis in die frühen Morgenstunden trug er die Epen über die Niederlagen, die Kämpfe der Vergangenheit vor; die Helden dieser Gesänge waren die Führer, die gegen die Iraner und Iraker gekämpft hatten. Er rezitierte lange Epen über die erhabenen Taten meines Onkels, des ehrenwerten Banditen, des Bruders meiner Mutter, der im Kampf gefallen war. Der Barde hatte eine sehr schöne Stimme, und der Bey war stolz darauf, ihn in seinen Diensten zu haben. »Er hat nicht seinesgleichen auf dieser Welt«, verkündete er allen, die es hören wollten. War er nicht dem großen Abdal Zeyniki ebenbürtig? Ich habe seinen Namen vergessen. Ich glaube, man nannte ihn nur nach seinem Titel: *dengbej*, auf Kurdisch »der Barde«.

Die kurdische Frage stand im Zentrum meiner Überlegungen. Acht Jahre lang war ich zusammen mit den Führern der türkischen Arbeiterpartei politisch aktiv. Ich war im Vorstand des Zentralkomitees und Präsident der Propagandakommission. In der Partei hatte ich viele Genossen kurdischer Herkunft. Ich habe die kurdische Frage immer in den Rahmen des Sozialismus gestellt. Sie war eingebettet in meinen Kampf für den Sozialismus. Viele kurdische Politiker teilten diese Einstellung. Doch konnte sich trotz unseres Kampfes keine wirkliche Demokratie in der Türkei durchsetzen. Ungeachtet unseres vierzig Jahre langen Kampfes für die Demokratie, konnte sich das Land nie vom kontinuierlichen Einfluß des getarnten Faschismus befreien, auch wenn manchmal der Schein einer demokratischen Führung zu sehen war. Die kurdische Frage führte zum Verbot der türkischen Arbeiterpartei in den siebziger Jahren.

Um 1947 machte ich meinen Militärdienst und wurde einem Krankenhaus zugewiesen. Der Oberarzt war Oberst Yusuf Balkan, im ganzen Land bekannt für seine Tapferkeit im Unabhängigkeitskrieg. Als 1919 Mustafa Kemal Pascha heimlich nach Samsun kam, um im Innern des Landes Versammlungen zu organisieren, die über den Ausgang des Unabhängigkeitskriegs entscheiden sollten, befürwortete eine Mehrheit der Intellektuellen Istanbuls eine Regierung unter amerikanischem Protektorat; diese Tendenz verstärkte sich von Tag zu Tag. Im Verlauf des zweiten Kongresses, den Mustafa Kemal Pascha einberufen hatte, besuchten zwei Medizinstudenten, die aus der Hauptstadt geflohen waren, Mustafa Kemal, um ihn anzuflehen, den Gedanken an ein amerikanisches Mandat abzulehnen, da das türkische Volk dies nie akzeptieren könnte. Später, in seiner großen programmatischen Rede mit der er die neuen Institutionen der jungen türkischen Republik einführte, erinnerte Mustafa Kemal, nun Atatürk genannt, mit warmen Worten an diese zwei jungen Ärzte. Der eine war Yusuf Balkan, mein militärischer Arzt-Chef, der andere war Hikmet Boran.

Nach Kriegsende wurde Yusuf Balkan ein großer Spezialist der Atemwege, Hikmet Boran wurde Chirurg. Yusuf Balkan blieb in der Armee, wurde zum Oberst des Krankenhauses in Kayseri befördert, wo ich meinen Militärdienst machte. In dieser Stadt befand sich eine weitere bedeutende Persönlichkeit, Mehmet Ali Aybar, der ein Führer des demokratischen Kampfes in der Türkei wurde. Er war Marxist und wurde Generalsekretär der Arbeiterpartei. Aybar hatte an der Sorbonne studiert und an der Universität von Istanbul gelehrt. Er war ein Freund von Oberst Balkan und hatte ihm empfohlen, meine Gedichte zu lesen.

Er äußerte den Wunsch, mich kennenzulernen; er konnte die meisten von Nazim Hikmets Gedichten auswendig vortragen. Er besaß das ganze Werk, während ich nur einen Teil kannte. Der Oberst und Oberarzt wies mich in ein anderes Krankenhaus des Bezirks im Nachbarort Talas. Das von den Amerikanern vor dem Ersten Weltkrieg erbaute Krankenhaus stand leer. Wir hatten nichts anderes zu tun, als es zu bewachen. Da ich nur die Grundschule absolviert hatte, war ich einfacher Soldat im untersten Dienstgrad.

In Talas machte ich die Bekanntschaft von zwei jungen Progressiven, den Brüdern Faruk und Sait Molu. Sie waren die Söhne einer großen Familie aus Kayseri und besaßen eine schöne Sommerresidenz in Talas, inmitten einer großen Apfelplantage. Das Haus verfügte über eine große Bibliothek. Ich war krank, doch dort fand ich mein Paradies. Nach und nach kam ich aus meiner Depression heraus. Die Bibliothek enthielt den Großteil der ins Türkische übersetzten Klassiker. Ich hatte die Schlüssel zum Haus. In diesen zwei Jahren las ich die Werke von Dostojewski, Tschechow, Tolstoi, die türkischen Klassiker, Tausendundeine Nacht, die Klassiker des Orients. Ich hatte bereits Homer, Cervantes, Shakespeare und Molière gelesen. Zudem kannte ich Charlie Chaplin. Sie alle waren meine Idole: Ich bewunderte sie über alle Maßen. Mein literarisches Bewußtsein nahm allmählich Form an. Mir wurde bewußt, was ich schreiben mußte. Ich war fasziniert von der Bedeutung der Kunst bei Tschechow und von seiner Weltsicht. Ich stellte Charlie Chaplin auf dasselbe Piedestal wie ihn. Zola und Balzac waren schon weitgehend auf Türkisch übersetzt. Ich erinnere mich nicht mehr, wie oft ich in jenen Jahren *Germinal* gelesen habe. Ich konnte viele Passagen auswendig, und doch fühlte ich mich von diesem Schriftsteller nicht angezogen. So sehr ich Stendhal bewunderte, so sehr

ließ Zola mich kalt. Er blieb trotzdem ein Held: Ich trennte das Werk vom Mann, ich bewunderte ihn als Person. Damals las ich auch Dumas, Gorki und Gogol. Ich verbrachte mehrere Monate mit den *Elenden. Die toten Seelen* von Gogol war eines der Bücher, die mich erschütterten. Ich fand darin die *Ilias* wieder, die Erzählweise, die Art, die Figuren zu skizzieren ... Unnötig zu wiederholen, daß *Don Quichotte* immer noch mein Lieblingsbuch war. Ich kam immer wieder auf ihn zurück, und ich plante, ein Essay über ihn zu schreiben. Ich erinnerte mich an die Kommentare zu *Don Quichotte*, die ich bei Arif Dino und Nazim Hikmet gefunden hatte. Scholochow war damals auch einer meiner Lieblingsautoren, wie auch die amerikanischen Romanschriftsteller, die man zu übersetzen begann. Doch ich hatte nur einen Meister: Tschechow. Viele Theorien hatte ich über die Bücher und Schriftsteller erarbeitet: Tag und Nacht befand ich mich wie in einem Taumel.

Nach *Eine schmutzige Geschichte*, meiner ersten Novelle, schrieb ich *Die Masern*. Das war eine lange Novelle von etwa hundert Seiten. Darauf redigierte ich den Anfang des Romans *Der eiserne Bauernschuh*. Dieser Roman und der folgende Text verschwanden in den Polizeiakten; ich habe sie nie zurückerhalten. Ich begann einen weiteren Roman: Als ich mir als Gesucheschreiber mein Leben verdiente, kam ein Mann zu mir und erzählte mir seine Lebensgeschichte. Meinem Beruf entsprechend, habe ich seinen Auftrag ausgeführt. Ich brauchte einen Monat, um den Stoff in Romanform zu bearbeiten; auch er wurde von der Polizei beschlagnahmt. Ich liebte diesen Roman so sehr, daß ich das Gefühl hatte, nie wieder so etwas Gelungenes schreiben zu können. Es machte mich krank, zu sehen, wie er im finsteren Schlund der Polizei verschwand. Ich habe alles versucht, ihn zu retten, ohne Erfolg.

ALAIN BOSQUET: Wenn ein Schriftsteller sich entschließt, sich mit Körper und Seele dem schöpferischen Schaffen zu widmen, kann er je nach Temperament verschiedene Einstellungen dazu haben. Die einen wollen sich so viele Bücher wie möglich einverleiben, um auf Ideen zu kommen, allerdings mit dem Risiko der Nachahmung. Die anderen ziehen es vor, fast nichts zu lesen, um sich ihre Frische und Originalität zu bewahren. Welches war Ihre Einstellung? Oder ist die Frage falsch gestellt? Manchmal schreibt man zuerst, riecht an den ersten Düften des Ruhms, und erst später bildet man sich eine Meinung.

YAŞAR KEMAL: Mein erster Wunsch war, mich zu bereichern, so sehr ich konnte, im Kontakt mit der Natur, den Büchern und den Menschen. Ich kann nicht sagen, ob es sich um eine bewußte Verhaltensweise oder um einen Instinkt handelte. Freunden, die mir sagten: »Schreib!«, antwortete ich, daß ich noch nicht den Punkt erreicht hätte, Novellen und Romane zu schreiben. Als meine Entscheidung gefallen war, wußte ich im wesentlichen, was ich wollte. Mit einem enormen Heißhunger stürzte ich mich in die Lektüre der Meister. Was ist der Mensch? Die Natur? Meine Neugier war ohne Grenzen. Ein Flecken Gras, das Wasser, das aus einer Quelle sprudelt, ein Schmetterling, der während Stunden bewegungslos auf einem Blatt verharrt – das waren wahre Wunder für mich. Eine neue Vogelart zu erkennen, Zeuge einer unerwarteten menschlichen Verhaltensweise zu sein, erfüllte mich mit Freude und Licht.

Die Zeit, die ich als Wächter in den Reisfeldern verbrachte, hatte mich viel über die Natur gelehrt. Ein- oder zweimal pro Woche marschierte ich von der Quelle des Savrun im Taurus bis zu seiner Mündung in den Ceyhan in der Ebene und wieder zurück. Ich mußte darauf achten, daß die Bauern das Wasser des Flusses nicht stahlen. Die Besitzer der winzigen Reisfelder bauten heimlich an. Damit sie ihre kleinen Reisfelder nicht trockenzulegen brauchten, brachte ich ihnen bei, wie sie Wasser stehlen konnten. Ich hatte eine eigene Technik entwickelt. Ich riet ihnen, das Wasser nachts zu stehlen. Es war mir gelungen, mit diesen Bauern eine brüderliche Freundschaft aufzubauen, meine Ratschläge befolgten sie aufs genaueste. Mit der Zeit empfand ich eine große Zuneigung für den Savrun. Natürlich gab es sehr viele Wasserläufe, die vom Taurus in die Ebene flossen wie der Savrun, und ich kannte sie alle, aus simpler Neugier. Die Quellen der Wasserläufe zu finden war eine Manie; diese große Leidenschaft ist mir geblieben. Später, als ich Journalist wurde, wanderte ich zum Berg Ida auf der Suche nach den Quellen, von denen die *Ilias* spricht. Diese zwei Quellen, die eine mit Wasser, so süß wie Honig, die andere mit bitterem Wasser, habe ich gefunden. Als ich drei Adler über den Quellen kreisen sah, war ich außer mir vor Freude. An jenem Tag war ich kurz davor, den Stab des Erzählers an mein Herz zu drücken und wie Homer das Heldengedicht zu deklamieren. Ich war mit meiner Freundin Azra Erhat, die die *Ilias* und die *Odyssee* ins Türkische übersetzt hatte, auf den Berg Ida gewandert. Sie war so bewegt durch meine Freude, daß sie bei ihrer Rückkehr einen Artikel mit dem Titel »Yaşar, der Sohn Homers« veröffentlichte.

Bevor ich den Savrun kannte, erschienen mir alle Flüsse gleich. Nun wurde ich mir ihrer Einzigartigkeit bewußt.

Ich lebte in einer Symbiose mit dem Savrun, seinen Fischen, seinen Pflanzen, seinen Blumen und seinen Bäumen. All diese Bienen, Insekten, Frösche, Schlangen, Schildkröten und Chamäleons! Jedes dieser Wesen lebte auf einzigartige Weise. Da gibt es kaum einen Unterschied zum Menschen. Seinen einzigartigen Platz in der Natur zu finden – das ist die Grundbedingung des Lebens. Jedes Insekt, jedes Blatt, jede Blume, jeder Schmetterling, in Größe und Farbe scheinbar identisch, bewahrten sich ihre Einzigartigkeit. Tagelang beobachtete ich einen Marienkäfer – meine Romane sind voll davon –, um herauszufinden, was ihn von anderen Marienkäfern unterschied. Schließlich entdeckte ich es.

Jede Blume, jedes Lebewesen war einzigartig. Diese Erkenntnis wollte ich in meiner Arbeit bewahren. In der Natur lebt jedes Wesen sein persönliches Abenteuer. Ich stellte mir viele Fragen zu diesem Thema. Wir wissen so wenig von der Natur und den Tierarten ... Zudem entfernen wir uns immer weiter von ihr, entfernen uns allmählich von uns selbst. Natürlich kommt es dann zur Entfremdung, wenn man es so sieht.

Diese Entfremdung, die wir erleben, wird sich sicherlich noch fortsetzen. Wie man bei uns sagt: »Es braucht keinen Führer zum Dorf, das man vor Augen hat.« Werden wir fremde Wesen, indem wir uns von der Natur und den Werten, die wir in der Beziehung zu ihr aufbauen konnten, abschneiden? Ich bin beunruhigt, ich zweifle: Die anderen Lebewesen entwickeln sich vielleicht wie die Menschen hin zum Individualismus. Unmöglich? Verhält sich die Biene in ihrem Volk seit Jahrhunderten gleich? Gibt es nicht Gruppen von Bienen, die Mutanten geworden sind? Wenn ich etwas darüber wüßte, würde ich einen Roman über die Beziehungen zwischen den Menschen und der Natur schreiben. Doch das Wissen fehlt mir. 1951 lernte ich als Neuling im Journalismus einen gewissen Aliye Menco in der Nähe von Van kennen. Er war beinahe hundert Jahre alt und bearbeitete das Feld meines Vaters. Er war Teil der Natur – er war auch Meister der Natur. Er kannte ihre Geheimnisse wie die Innenfläche seiner Hand.

ALAIN BOSQUET: Mehrmals schon versuchte ich, Sie zur Lyrik zu befragen. Sie haben sich nur zu Ihren jugendlichen Versuchen bekannt. Wie verhielt es sich anfangs damit? Und heute?

YAŞAR KEMAL: Mein erstes veröffentlichtes Gedicht war schlecht. Ich gab es einer Zeitschrift in Adana; ich war sechzehn Jahre alt. Danach veröffentlichte ich verschiedene Gedichte in türkischen Literaturzeitschriften. Ich hatte einen gewissen Namen in diesem Bereich, und bis 1963 schrieb ich weiter Gedichte. Ich tue es auch heute noch ab und zu. Ich habe immer noch Lust dazu; eines Tages werde ich vielleicht meine alten und neuen Gedichte in einem Band vereinigen.

Meine Einstellung zur Lyrik machte eine ähnliche Entwicklung durch wie die zur Prosa. Wer weiß, ob daraus noch neue Konzeptionen entstehen. In diesen Tagen zum Beispiel erfüllt mich die Lyrik. Die Dichter meiner Jugend suchen mich immer noch heim. Doch die Poesie macht mir angst: Die Poesie ist auch mein Anteil am Mysterium, das ich in mir bewahren will, das ich nicht teilen will. Sie stellt ein Geheimnis dar, das mich glücklich macht: ein Traumbereich, der nur mir gehört und den ich mir bewahren möchte. Wenn es möglich gewesen wäre, hätte ich es mit meinen Novellen und meinen Romanen auch so gehalten: sie in mir leben lassen, ohne sie zu schreiben. In meinem Kopf habe ich viele Romane, mit denen ich seit Jahren lebe, ohne sie zu schreiben. Einige sind seit vierzig, zwanzig oder fünfzehn Jahren da. Meistens entscheide ich mich erst, sie zu schreiben, nachdem ich sie fünfzehn oder zwanzig Jahre in mir aufbewahrt habe. Für die vier Bände von *Memed mein Falke* benötigte ich neununddreißig Jahre. Fünfzehn Jahre liegen zwischen dem ersten und dem zweiten Buch! Dasselbe zwischen dem zweiten und dritten Band. Nur die kurze Pause zwischen dem dritten und vierten Band ist mit zwei Jahren eine Ausnahme. Vermutlich habe ich Angst bekommen vor dem Alter, das sich ankündigt.

Meine Gedichte erlebe ich wie einen Traum, mehr eine Atmosphäre als ein Thema oder eine persönliche Erfahrung. Das macht mich glücklich. Ähnlich verhält es sich mit den Romanen, die ich noch nicht geschrieben habe oder die ich nicht schreiben werde. Mit ihnen schwanger zu gehen versetzt mich in einen trunkenen Zustand, der dem Traum nahe ist. Offen gestanden, ich weiß nicht, wie diesen Zustand beschreiben.

ALAIN BOSQUET: Atatürk stirbt plötzlich und verfrüht. Inönü ist kein Linker. Die Regierungen lösen sich ab, in der Regel und mit einigen Unterbrechungen stehen sie rechts. Sie waren ein engagierter Schriftsteller und Staatsbürger, was Ihnen das Gefängnis und körperliche Mißhandlungen einbrachte, von denen sichtliche Spuren zurückgeblieben sind. Ich bin der Ansicht, daß sich die Ebene Ihrer Vorstellungskraft und Ihrer Epik über den Streitigkeiten dieses Jahrhunderts befindet. Doch ist dies auch Ihre Meinung? Sie singen, wie es niemand sonst in Ihrer Sprache vermocht hat, eine Art von Heldengesang auf das Volk, der die genauen Bezüge sublimiert. Ist Ihr Engagement sozialen – und politischen – Überlegungen näher als rein literarischen oder ästhetischen? Und wenn es eine Sache zu verteidigen galt, ist es vorgekommen, daß Sie es mit Ihren Romanen und Erzählungen taten, um unmittelbar von Nutzen zu sein? Sie sehen, ich begebe mich da auf ein Minenfeld. Willentlich, wohlverstanden. Hat man Ihnen je vorgeworfen, daß Sie als Schriftsteller Partei ergreifen, daß Sie ein engagierter Schriftsteller sind?

YAŞAR KEMAL: Ich glaube nicht, daß Sie mich auf ein Minenfeld führen. Dies ist vielleicht die Frage, die mir am häufigsten gestellt wird. Ich glaube nicht an den Schriftsteller im Elfenbeinturm. Ich glaube auch nicht an den »Spiegel, den man überall auf seinem Weg mit sich führt«. Beim Lesen von *Rot und Schwarz* und der *Kartause von Parma* hatte ich nicht verstanden, was Stendhal mit diesem »Spiegel« sagen wollte. Anläßlich einer Konferenz in New York sagte man mir: »Warum beschreiben Sie immer die Çukurova?« Ich antwortete: »Glauben Sie, ich sei der einzige, der ausschließlich über die Çukurova geschrieben hat? Ich nenne Ihnen andere Schriftsteller der Welt, die ebenfalls über ihre Çukurova geschrieben haben: Kafka, Joyce, Tolstoi, Dostojewski, Tschechow, Balzac, Stendhal ... Jeder hat über seine Çukurova geschrieben.« Ich bin nicht vom Himmel gefallen, sondern in einem Dorf der Çukurova geboren. Ich teilte das Leben einer Dorfgemeinschaft und die natürliche Umgebung eines Fleckens Erde. Ich lebte das Mittelmeer und den Taurus. Hätte Kafka nicht in einem Milieu von Bürokraten gelebt, hätte er den *Prozeß* oder *Das Schloß* schreiben können? Wäre er nicht Jude gewesen, hätte er, selbst mit der Pistole auf der Brust, dieses Land der undurchdringlichen Finsternis erschaffen können? Hätte Dostojewski weder St. Petersburg noch Sibirien gekannt, hätte er nicht mit diesen Menschen gelebt, wäre es ihm je möglich gewesen, uns die menschliche Psyche in ihrer Komplexität und Tiefe vermitteln zu können? Und das Abenteuer von Cervantes, seine Gefangenschaft, seine Zerrüttung, das Ende aller Hoffnung? Hätte Cervantes diese Welt nicht in ihrer ganzen Intensität gelebt, wäre er dann der erste gewesen, der durch diese Tür gehen konnte, die in eine neue Welt führte? Wie hätte Tolstoi diese Perfektion im Schreiben erreichen und diesen gerissenen Kutusow entstehen lassen können, der in seinem Kampf gegen Napoleon jeden noch so geringen Schritt berechnet, und diese Bauern im Krieg, wenn er nicht selbst Bauer und Grundbesitzer gewesen wäre? Und wenn er nicht selbst wie Natascha gelebt hätte? So wie Tolstoi der Erschaffer dieser Figuren ist, so sehr mußte er von den Bauern und Aristokraten entlehnen, um seine Welt der Träume entstehen zu lassen und um ihnen die Intensität zu geben, die wir kennen. Meiner Meinung nach ist das Aufzwingen von strengen Regeln in der Kunst und besonders im Roman eine Katastrophe. Der Schriftsteller fällt nicht vom Himmel: Er ist der Mensch eines Fleckens Erde, einer Zeit. Auch heute, trotz allen Kommunikationsmitteln, fallen wir nicht vom Himmel.

Ich bin ein militanter Sozialist, geschult im Marxismus. Ich meine das im weitesten Sinn. Ich will damit sagen, daß ich mich nie in dieser oder jenen engen Gußform einschließen ließ. Für mich ließ sich das Leben eines Aktivisten nicht von der Freiheit des Menschen trennen, in seiner Ganzheit. Ich glaube nicht, daß dies den marxistischen Prinzipien widerspricht. Ich will nicht glauben, daß der Marxismus eine Falle ist für die Freiheit des Menschen, die Freiheit des Individuums und des Denkens. In diesen Prinzipien erkennt man die Hoffnung auf die Freiheit des Individuums. Für mich ist das *Manifest* von 1844 genauso wichtig wie *Das Kapital.* Im Widerspruch zur gängigen Meinung hat das Individuum bei Marx die höchste Bedeutung. An dem Tag, an dem das Individuum als Wert verschwindet, könnte nichts es ersetzen, auf keine Weise. Für mich, in meiner Art, mich der Welt zu öffnen, war Marx die leuchtendste Tür. Während meines ganzen Lebens konnte ich daran Maß nehmen. Marx hat nie die Prinzipien der Kunst und der Literatur definiert: So glaube ich jedenfalls, ohne Marx-Spezialist zu sein. Hingegen haben mich die literarischen Theorien nach Marx nie besonders interessiert. Als es nötig wurde, bot ich ihnen die Stirn. Ich habe immer gegen die im Namen von Marx erbauten Dogmen gekämpft, die er ja selbst ablehnte. Meine politische Tätigkeit, meine Arbeit für die Partei geschahen in vollem Licht. Ich war nie der Ansicht, daß die sozialistische Praxis von einer einzigen Methode abhängig ist. Ich bin immer bei meiner Meinung geblieben, daß sich die Länder mit ihren besonderen Bedingungen die dem Sozialismus zur Verfügung stehenden Methoden schaffen. China wählt seinen eigenen Weg wie auch die Sowjets. Die anderen Länder werden sie wählen gemäß ihrer Geographie, Geschichte, Wirtschaft, Soziologie und Kultur. Nichts darf die Bemühungen der Menschen behindern, wenn sie daran arbeiten, ihre eigenen Werte zu entwickeln und neue zu schaffen. Ist der größte Wert des Menschen nicht sein Schaffenswille? Kein Hindernis sollte ihm Fesseln anlegen. Wenn sich die Schaffenskraft der Menschheit erschöpft, wäre es das Zeichen ihres Endes. Die vollständige Unabhängigkeit des Menschen, die individuelle Freiheit, die kulturelle Freiheit, die Freiheit der Länder: dies waren die wesentlichen Bedingungen meiner Vision der Welt. Die Kulturen sollten sich nicht gegenseitig zerstören: Sie sollten sich gegenseitig nähren. Kein einziger Mensch dürfte das kreative Potential seines Nächsten behindern. Zu viel Utopie? Auch wenn es sich um Utopien handelte, kennen wir einen anderen Weg, um zu überleben? Heute ist die Zerstörung der Natur Teil dessen, was ich soeben erläutert habe. Und ist die Armut nicht ein Schandmal auf dem Gesicht der Menschheit in unserer reichen Welt? Wenn ein Mensch einen anderen Menschen demütigt, wenn ein Land oder eine Gesellschaft demütigt, kommt es nicht einer Demütigung der ganzen Menschheit gleich? Darin liegt vielleicht das Engagement meiner Literatur. Aus diesen Gründen bin ich ein engagierter Mensch. Als Marxist setze ich alles daran, frei zu denken. Als ich die Debatte mit mir selbst aufgenommen habe, um herauszufinden, ob die Sonne, die jeden Tag geboren wird, eine ganz neue Sonne ist, führte ich diese Debatte täglich.

Aufgrund meiner Gedanken und meines Verhaltens habe

ich alle Schwierigkeiten erlebt, die ein menschliches Wesen erleiden kann. Ich kenne die Folter und den Hunger; ich war arbeitslos. Mitglieder meiner Familie sind im Elend gestorben. Wenn ich einen anderen Weg gewählt hätte, hätte ich vielleicht ihr Leben verbessern können. Ich bin ihnen nie zur Last gefallen, aber ich habe ihnen auch nicht geholfen. Mein großer Schmerz ist, daß ich meine Nächsten belogen habe: Ich habe mich versteckt, indem ich meinen Namen geändert habe. Nur wenig lastet so schwer in meinem Leben. Einzig Abidin Dino, Arif Dino und mein Freund, der Romanschriftsteller Orhan Kemal, wußten, daß ich Kemal Sadik Gökçeli hieß.

Eines Tages traf ich meinen ehemaligen Lehrer für türkische Literatur vom Gymnasium in Adana. Er sprach mich an: »Sag mal, Kemal, es gibt einen talentierten Schriftsteller bei *Cumhuriyet.* Was weißt du über ihn?« Er hielt eine Lobrede auf Yaşar Kemal ... Sogar ihm konnte ich mein Geheimnis nicht anvertrauen. Der Professor hieß Enver Mücen; er ließ sich später in Istanbul nieder. Ich schämte mich so, daß ich ihm bei jeder zufälligen Begegnung aus dem Weg ging. Nie mehr konnte ich ihm in die Augen sehen. Doch ich hatte meinen Weg gewählt, und was mir geschah, quälte mich nicht allzusehr.

Bei meinem Eintritt in die Zeitung *Cumhuriyet* bestand ich darauf, den Herausgeber Nadir Nadi zu sehen: »Ich möchte Sie in einer wichtigen Angelegenheit sprechen, ich möchte, daß Sie mir zuhören.« Ganz ruhig antwortete er mir: »Sag mir, was du zu sagen hast.« Er mochte mich als Schriftsteller, aber auch als Mensch. Er nannte mich »den Banditen«. Noch heute verwenden einige diesen Übernamen. Ich dachte, daß er mich nie in der Zeitung akzeptieren würde, wenn er die Wahrheit wüßte. »Ich komme soeben aus dem Gefängnis. Wenn Sie mich in der

Zeitung aufnehmen, tun Sie es in Kenntnis der Tatsachen.« Er rief Cevat Fehmi Başkut, den Chefredakteur: »Sie nehmen den Banditen in die Mannschaft auf«, sagte er ihm. Als Başkut hinausgegangen war, fragte er mich: »Hast du auch ihm gesagt, was du mir gesagt hast?«

»Ich habe nichts gesagt.«

»Sag es auch ihm. Man weiß nie. Du könntest denunziert werden, und die Polizei würde sich einmischen. Wenn ich dann nicht in Istanbul bin, kann er dich verteidigen.«

Kommt mein Engagement von der Politik oder von literarischen oder ästhetischen Überlegungen? Wenn das Leben eines Schriftstellers engagiert ist, wie könnten seine Werke nicht engagiert sein? Es liegt an Ihnen, darüber zu urteilen, nach allem, was ich Ihnen soeben gesagt habe. Nun bin ich es, der Sie ein wenig auf das Minenfeld treibt.

Kehren wir zurück zur Çukurova, das heißt zum antiken Kilikien. Sogar der Trojanische Krieg erwähnt die Bewohner Kilikiens. Ich bin stolz auf meine Erde, und ich erzähle Ihnen von Kilikien, um mich ein wenig zu rühmen. Die Kilikier kamen mit ihren schönen Pferden Troja zu Hilfe. Über die ganze Geschichte hinweg war mein Land bekannt für die Schönheit der Pferde, die man dort züchtete. Als die Assyrer Kilikien besetzten, also während unserer Gefangenschaft, bezahlten wir jedes Jahr einen Tribut von dreihundertsechzig Rassepferden. Verstehen Sie, woher ich komme? Der Taurus umgibt mein Land wie der Neumond. Vor uns das Mittelmeer. Ich bin ein Mann der Berge, der Ebene und des Meeres. Die Çukurova ist mein Land und ist das Land, das ich für meine Romane erschaffen habe. Wie ich die Menschen, die Pflanzen, die Insekten, die Blumen, die Pferde und die Vögel erschaffen habe, so habe ich die Sprache der Çukurova für das Schreiben der Romane geformt. Ebenso habe ich meine eigene Çukurova erfunden. Die reale Çukurova interessiert mich, doch die imaginäre Çukurova, die ich erschaffen habe, interessiert mich mehr.

Sie sind einer meiner besten Freunde, und wie Sie wissen, war mein bester französischer Freund Roger Caillois. Er liebte meine Romane so sehr, wie er mich liebte. Weil Sie mich gut verstehen, wird es Ihnen gar nicht schwerfallen, sich aus dem Minenfeld zu retten, auf das ich Sie als Reaktion auf Ihre Frage nach dem »engagierten Schriftsteller« treibe.

Ich schrieb Drehbücher unter einem Decknamen. Sobald die Identität hinter dem Pseudonym an den Tag kam, wurde bei den Filmgesellschaften Zensur ausgeübt. Ein erstickender, lastender Druck. Und das in einer Türkei, die zur Demokratie überging! Unter dem Etikett der »Demokratie« lebten wir alle in einem Regime der hochgradigen Unterdrückung. Wir hatten von der Einheitspartei zum Vielparteiensystem gewechselt. Im Streit zwischen den Parteien warf die Republikanische Volkspartei der neuen Demokratischen Partei kommunistische Machenschaften vor. Die Demokraten wiederum machten den Republikanern denselben Vorwurf. Inönü, der Präsident der Republik, war unter Atatürk Premierminister gewesen: er war demnach Kommunist! Einer der Führer, oder eher ein Beschützer der Demokratischen Partei, war der Feldmarschall Fevzi Cakmak, ein enger Waffengefährte Atatürks: Auch er war zum Kommunisten geworden. Man fragte sich, ob er aus der Türkei nicht eine Parzelle des sowjetischen Reichs machen würde. Ein weiterer Führer der Demokratischen Partei, Celal Bayar, war der letzte Ministerpräsident Atatürks gewesen. Alle Kader der Demokratischen Partei kamen aus der Administration der Einheitspartei und ihrer Bürokratie. Von einem Tag zum anderen waren alle Demokraten geworden, um sich gegenseitig die Beleidigung an den Kopf zu werfen: »Kommunist!« Als 1950 die Demokratische Partei durch Wahlen an die Macht kam, stellten sich alle vor, daß die Demokratie vom Himmel fallen würde. Bis zum Staatsstreich von 1960 verschlimmerte sich die Situation so weit, daß es schien, der schlimmste Faschismus sei der damaligen Regierung vorzuziehen. Nach dem Coup von 1960 hatten die Militärs die Macht in der Hand. Gewiß gab es Wahlen, weitere Militärcoups, vordergründige Regierungswechsel, doch der Einfluß der Militärs nahm stetig zu. Wir hatten angeblich eine Demokratie in der Türkei. Und die Türkei war ein treues, überzeugt demokratisches Mitglied des demokratischen Europarates. Während diese Zugehörigkeit prunkvoll inszeniert wurde, verkamen die Schriftsteller und Maler in den Gefängnissen. Niemandem wurde das Recht auf Atem anerkannt. 1951 begriff Nazim Hikmet, kaum war er aus dem Gefängnis entlassen, daß man ihn töten würde; er floh in die UdSSR. In diesem Klima der Unterdrückung überlebte ich bis 1964.

In jenem Jahr kaufte die Filmgesellschaft Fox die Rechte an *Memed mein Falke*. 1965 erarbeitete Stanley Mann das Szenario; Joseph Losey sollte Regie führen. Die Zensur untersagte die Dreharbeiten in der Türkei. Darauf wohnte man einem endlosen Ballett von neuen Szenarioversionen bei; Regisseure kamen in die Türkei, um mit leeren Händen wieder abzureisen. Die Behörden haben nichts autorisiert. 1978 beschloß Peter Ustinov, den Film in der Türkei zu drehen. Bülent Ecevit befand sich an der Macht. Nun, man konnte hoffen. Auch er hat die Dreharbeiten nicht bewilligt! Ich war sehr erstaunt: Ecevit, ein Liberaler! Wie war das möglich? Ich erfuhr die Einzelheiten später. Der Kultusminister, Ahmet Kişlai, erzählte sie mir. Tatsächlich hatte Ecevits Zensurkommission grünes Licht gegeben. Endlich konnte man die Dreharbeiten beginnen. Ich war zu jener Zeit in Schweden. Freunde sandten mir Glückwunschtelegramme. Meine Freude dauerte nur eine Woche. Was war geschehen? Der Vizepräsident des Armeegeneralstabs hatte die Sache in die Hand genommen. Er hatte der Regierung den Befehl erteilt, die Dreharbeiten in der Türkei zu verhindern. Peter Ustinov drehte den Film in Jugoslawien, in den Gebieten mit muslimischer Bevölkerung. 1983, glaube ich. Der Film wurde in mehreren Ländern gezeigt; Videokopien kamen schwarz in die Türkei. Nun war die Regierung Özal an der Reihe, den Film in der Türkei zu verbieten.

Dies ist nur ein kleines Beispiel ... Zu beschreiben, was mit meinen Romanen passierte, ergäbe ein großes Buch. Der heutige Kampf für die Demokratie in der Türkei ist sehr hart.

ALAIN BOSQUET: Um den Punkt zu klären, möchte ich nochmals auf die vorherige Frage zurückkommen. Sie wissen, wie sehr sich ein Mann wie Victor Hugo, mit Ausnahme seiner polemischen Schriften gegen Napoleon III., mit der Sache des Volkes, wenn auch eher vage und allgemein, identifizierte. In seinen Hauptwerken – und trotz der *Züchtigungen* – achtete er stets darauf, nie seine Überzeugungen vordergründig mit seinen Werken zu vermischen. Nehmen wir das Beispiel der *Elenden*: Er verteidigt darin die kleinen Leute, aber auf eine indirekte oder allegorische Weise, ohne je auf die Ebene der Propaganda zu sinken. Und es hindert ihn auch nicht daran, Gott in seinen Roman einzubringen.

YAŞAR KEMAL: Bitte verzeihen Sie, wenn ich diese Frage nicht recht verstehe. Ich glaube, ich habe Victor Hugo aufmerksam gelesen, und ich betrachte mich als einen Leser, der zu verstehen versucht. Es stimmt, daß ich die Einzelheiten der Beziehung zwischen Engagement und Werk bei ihm weniger gut kenne. Und doch, wie kann sich ein Mensch nicht in seinem Werk spiegeln? Ich gebe zu, daß man zwischen der eigentlichen Arbeit des Schriftstellers und dem Alltagsleben des Aktivisten zum Beispiel unterscheiden kann. Und doch glaube ich nicht, daß es wirklich so ist ... Wir haben die Fälle eines Cervantes oder eines Dostojewski vor uns. Täusche ich mich vielleicht? Wir kennen Dostojewski besser: Ist sein Werk nicht die Widerspiegelung seiner Existenz, seiner Gedanken, seiner Persönlichkeit? Drücken die Interpreten den uralten Heldengesängen und im gleichen Zug der heutigen Gesellschaft nicht auch ihren persönlichen Stempel auf? Die Volkskundler, die Ethnologen beweisen es uns doch laufend. Ich spreche von den mündlich überlieferten Heldengesängen. Ich denke an das große Epos der Kirgisen, das *Manas*, dessen Lebensbahn bis in unsere Tage führt. Die Kirgisen, die vor den Bolschewiki aus Zentralasien flohen und auf die Hochebenen von Tibet flüchteten, haben ihm die Elemente ihres eigenen Abenteuers beigefügt. Beispiele dieser Art sind zahlreich.

Unter Kunst kann ich mir schlecht etwas anderes vorstellen. Ich verstehe die Kunst nicht, die sich in einem Elfenbeinturm entfaltet. Vielleicht werden diejenigen, die sich in den Elfenbeintürmen einschließen, Propagandisten für Elfenbeintürme. Ich glaube nicht, daß die Kunst ihre eigene Propaganda machen soll. Ist die Art, ein Blatt, einen Vogel, eine Biene zu erzählen, nicht eine Spiegelung der Persönlichkeit des Erzählers? Ich entferne mich vielleicht von Ihrer Frage. Aber ich kann nicht sagen, daß meine Überzeugungen vor der Tür meiner Werke bleiben.

Ich habe alles versucht, um frei zu denken; ich wollte auch nicht der Gefangene meiner Überzeugungen werden. Jeden Tag fügen das Leben, die Welt, die Bücher unserem Erbe etwas hinzu. Dies sind meine Beobachtungen. Sie stoßen mich mit dieser Frage auf schlüpfrigen Boden. Es ist wie die Klinge des Schwerts: schwierig, darauf zu gehen! Wie könnte ich meine Überzeugungen draußen lassen in einem solch umfassenden Prozeß, wo ich mir eine imaginäre Welt schaffe, wo ich erschaffe, wo ich aus meiner Erde das Land meiner Träume mache?

Ich versuche, Ihrer Frage auf den Grund zu gehen. Vielleicht teilen wir dieselben Überzeugungen. Vielleicht ist der Grund unserer Freundschaft diese Gemeinsamkeit. Ich kann auch nicht sagen, daß dies alles erklärt: Ich habe Freunde, deren Überzeugungen ich überhaupt nicht teile. Kurz und gut, ich habe keine Bücher geschrieben, die meine Überzeugungen nicht widerspiegeln. Ich glaube, Sie sprechen von Schriftstellern einer anderen Art. Mit denen hatte ich nie Ähnlichkeiten, aber ich habe immer versucht, sie zu verstehen. Ich versuche immer noch, sie zu verstehen.

ALAIN BOSQUET: Für uns, auf jeden Fall für mich, sind Sie der epische (ich möchte, daß dieses Wort einen magischen und fast übernatürlichen Aspekt miteinschließt) Romanschriftsteller eines Landes, das der Westen zu lange vernachlässigt hat und das plötzlich dank Ihnen eine philosophische, lyrische, psychische Dimension einnimmt; auf Distanz kann man sogar sagen, eine psychoanalytische Dimension.

Wenn Sie mir erlauben, die verschiedenen Aspekte der Türkei durch Ihr Werk hindurch maßlos zu vereinfachen, würde ich meinen, daß man drei Aspekte unterscheiden kann, die sich auf die eine oder andere Weise in jedem Ihrer Bücher wiederfinden. Die erste Charakteristik ist die Beständigkeit eines mittelalterlichen oder in jedem Fall sehr alten Lebens und Denkens, mit Traditionen, die sich in grauester Vorzeit verlieren und noch in unseren Tagen kaum gedämpft fortbestehen. Die landwirtschaftliche Lebensform, die satten Weiden, das Nomadentum und das Überleben des Aberglaubens sind einige dieser Elemente. Offensichtlich lassen sich darin Stärken sehen, doch kann man bedauern, daß diese Elemente Hindernisse sind für die Modernisierung des Landes. Neben dieser Identität besteht eine Tradition, von der ich sagen würde, daß sie sowohl dem Islam wie der Erinnerung an das antike Griechenland – sei sie auch beinahe unbewußt – viel verdankt, was dazu führt, daß die Türkei kein Land des Orients ist wie die anderen und daß sie auch nicht die bedingungslose Erbin griechischer oder lateinischer Werte ist. Der dritte Aspekt, vielleicht der dynamischste und sogar dramatischste, liegt in den Schwierigkeiten der Türkei, eine moderne Nation zu werden, die sich an den anderen messen könnte. Es ist kein leichtes, von der Herde zum Traktor zu wechseln.

YAŞAR KEMAL: Ich weiß nicht, ob man Anatolien als Land der Ablagerungen bezeichnen kann. Die sumerische Zivilisation entfaltete sich entlang der zwei großen aus Anatolien abfließenden Ströme. Ebenso die Assyrer. Die Urartäer, die Hurriter, die Meder, die Phrygier: große und kleine, bekannte und weniger bekannte, ich weiß nicht, wie viele Zivilisationen! Zur Zeit der Hethiter grenzte Anatolien an Ägypten, was dazu führte, daß es ihm den Krieg erklären mußte. Anatolien ist eine Brücke, ob man es will oder nicht; die Zivilisationen haben sie zu allen Zeiten überquert. Kürzliche Forschungsarbeiten zeigen auf, daß über unsere historischen Kenntnisse hinaus eine intensive, noch kaum untersuchte Kommunikation diese Zivilisationen verband. Die in Indien entstandenen Märchen finden wir heute in Anatolien. Man kann nur Hypothesen aufstellen über die Einflüsse, die zahlreiche bekannte Epen erfahren haben. Ich sprach zuvor von meinen Anfängen als Spezialist der Volksdichtung; eine große Zahl der bis heute gesammelten Erzählungen enthalten Elemente und sogar Themen aus der *Ilias*. Die Verehrung des Stiers, des Rebhuhns, des Mondes existiert hier weiterhin … Kann man die tausendjährigen Ablagerungen unter dieser Brücke ignorieren, die solche Zivilisationen vorbeiziehen sah? Die Hethiter bezeichneten den Sesam mit demselben Wort wie wir heute. Desgleichen die Olive: das Wort *zeytin* habe ich genau so in einem hethitischen Wörterbuch gefunden. Diese kulturelle Wahrnehmung in Form von Ablagerungen erscheint mir durchaus zutreffend. Und zudem kamen die

Türken Anatoliens bereits vor 1071! Es wird gesagt, sie waren Schamanen; als sie Zentralasien durchquerten, hinterließen sie vielerorts ihre Spuren. Haben sie also nichts aus Indien, aus China, aus dem Iran in sich? Bei uns haben wir eine muslimische Glaubensgemeinschaft, die Aleviten. Man schätzt ihre Zahl in Anatolien auf siebzehn Millionen. Die Gläubigen vollziehen ihre Rituale mit Gesängen, die sie *deme* nennen. Dieses Ritual trägt den Namen *cem*, es ist das Ritual der Vereinigung. Es handelt sich um sehr schöne, sehr reiche Gesänge, die, so sagt man, den zoroastrischen ähnlich sind. Diese Musik haben die Türken auf ihrer Wanderung aus Zentralasien entlehnt. Wir leben daher auf den kulturellen Sedimenten, die im Verlauf der Geschichte abgelagert wurden. Kann man sich vorstellen, daß sie in unseren heutigen Kulturen keine Spuren hinterlassen haben? Wenn meine Romane das sind, was sie sagen, und sie eine gewisse Zahl an literarischen Qualitäten integrieren, wenn ich eine imaginäre Welt erschaffe, bin ich selbstverständlich durch diesen ganzen Reichtum beeinflußt. Ich würde sogar sagen: Es ist dieser Reichtum, der das Erschaffen der imaginären Welt ermöglicht hat. Man sollte sich sogar fragen, warum denn diese natürlichen, menschlichen und kulturellen Reichtümer so beschränkte, schwächliche Menschen wie mich hervorbringen konnten.

Es ist unbestreitbar, daß der Islam einen großen Einfluß auf die Bewohner meines Landes hat. Doch dürfen wir diese Einflüsse nicht verwechseln mit dem Einfluß des Islam in anderen Ländern. Wenn ich diese Besonderheit in meinen Romanen nicht herausarbeiten konnte, liegt der Fehler bei mir. Das Osmanische Reich gründete eines der größten Reiche der Geschichte. Diese Dimension macht die Besonderheit der Türkei aus im Vergleich zu den anderen Ländern des Orients.

Warum schafft es die Türkei nicht, vollen Zugang zur zeitgenössischen Modernität zu finden? Ein großes Problem, das viele Recherchen und Arbeiten erfordert. Ich glaube nicht, daß man die Gründe dafür in einigen isolierten Faktoren suchen kann. Um nur zwei zu nennen: die Erfindung des Buchdrucks, der zwei Jahrhunderte brauchte, um das Osmanische Reich zu erreichen, und der religiöse Dogmatismus. Nur schon diese zwei Ursachen sollten Ihre Frage klären können.

Ganz offensichtlich und grundsätzlich empfindet die Bevölkerung keine großen Schwierigkeiten, von der Herde zum Pflug zu wechseln, dann vom Pflug zum Traktor. Auch der Übergang vom Handwerk zur Manufaktur in der Fabrik ist nicht schwierig. Ich habe von diesen Übergängen in meiner Trilogie *Die Herren von Açasaz* erzählt. Die demokratische Bewegung in meinem Land begann um die Jahrhundertwende; wir sind noch nicht zu einer wirklichen Demokratie gelangt. Das Volk lebt seit achtzig Jahren unter härtesten Zwangsbedingungen. Die Gründe dafür zu bestimmen würde sehr viele Nachforschungen erfordern.

Seit ich *Die Herren von Açasaz* beendet habe, und jedesmal, wenn man mich über meine Romane befragt, die von der türkischen Gesellschaft handeln, antworte ich, daß ich der Romanschriftsteller der Veränderung bin. Der Wandlungen, die die Türkei durchmacht.

ALAIN BOSQUET: Über Ihr eigentliches Werk werde ich Sie erst später befragen. Beenden wir zuerst die Beschreibung Ihrer Umgebung. Was umgibt Sie, was erregt Ihre Aufmerksamkeit, was bedrängt Sie, wenn Sie nicht an Ihrem Arbeitstisch sind: dieses Bewußtsein eines leidenschaftlichen Mannes und hellsichtigen Bürgers, den ich kenne und der Ihren Lesern nicht unbekannt sein kann. Was bedeutet Ihnen die heutige Türkei? Können Sie, der Sie verweigerte Freiheit und das Exil kennen, dort leben?

YAŞAR KEMAL: Die Situation der Türkei ist heute gar nicht gut. Ein repressives Regime arbeitet weiterhin mit aller Gewalt unter dem Deckmantel der Demokratie. Die Folterungen … Tausende von Menschen darben wegen ihrer Überzeugungen im Gefängnis. Für sie gleichen die türkischen Gefängnisse Konzentrationslagern. Dieses mein Land, von dem ein Teil in Europa liegt, ist die Bühne unglaublicher Machenschaften. Unsere Kultur, dieses Erbe, auf das ich so stolz bin, erodiert nach und nach. Die Kreativität unserer Bewohner droht sich zu erschöpfen. Wir hätten aus unserem Kulturschatz schöpfen und unseren Beitrag an das gemeinsame Kulturgut der Menschheit leisten können. Ich frage mich manchmal, ob wir heute noch in der Lage sind, einen Dichter wie Nazim Hikmet hervorzubringen, bei dem die Bereicherung durch das Volk so sichtbar wurde. Ich bin diesbezüglich sehr pessimistisch.

Die servile Imitation des Westens ist eine richtige Obsession geworden. Es ist eines, die westliche Kultur zu assimilieren, und etwas anderes, sie nachzuäffen. Wir imitieren den Westen seit zwei Jahrhunderten. Das ist der Grund, warum es uns nicht gelingt, schöpferisch zu schaffen. Zur Zeit Mustafa Kemals kehrten wir zu uns selbst zurück, zu unserer eigenen Kultur. Wir wurden uns unserer Reichtümer bewußt: Wir haben unsere eigenen Werte wiedergefunden. Der große Nazim Hikmet wie auch die neue Generation von Schriftstellern konnten hervortreten wie junge Triebe, die aus dem Boden sprießen. In diesem Land ohne bildliche Tradition konnten Meister sich durchsetzen: Abidin und Arif Dino, Fikret Mualla, Avni Arbaş. Gegenwärtig wenden wir uns von unseren kulturellen Fundamenten ab. Wir laufen Gefahr, alle unsere Schaffensquellen zu verunreinigen. Was mich betrifft, bin ich sehr faul: Ich beharre darauf, den Traum zu erschaffen. Es fällt mir sehr schwer zu schreiben. Es kommt vor, daß ich einen meiner Texte aufschlage: Was habe ich damals nur geschrieben! Oft quält mich die Frage: Ist dies wirklich die Welt, die ich mir vorgestellt hatte?

Ich bin nicht mehr in einer politischen Partei aktiv. Vor langer Zeit wurde meiner Partei jegliche Aktivität verboten. Und ich habe keine Lust, professionell Politik zu machen. Seit 1971 wurde ich nicht mehr ins Gefängnis gesteckt. In jenem Jahr nahm man auch meine Frau und die Frau meines Sohnes gefangen. Im Moment nehmen die Dinge ihren normalen Lauf. Ich weiß, daß es nicht immer so sein wird. Ich muß mich den antidemokratischen Machenschaften in meinem Land entgegenstellen, gegen die Folter, gegen die Bestimmungen, die die Gefängnisse schlimmer machen als Konzentrationslager. Unser Volk befindet sich in einem sehr schlechten Fahrwasser. Das Recht, ein »Mensch« zu sein, ganz einfach ein arbeitender Mensch zu sein, wird nicht respektiert. Die Armut ist erschreckend. Jemand, der sich nicht gegen diesen Zustand auflehnt, nicht nur als Schriftsteller, sondern als menschliches Wesen, verdient meiner Meinung nach die Bezeichnung »Mensch« nicht. Ich habe mich nie für einen Helden, für einen aufopfernden Menschen gehalten, der sich von anderen unterscheidet. Ich bin von friedfertiger Natur. Ich weiß, daß ich kein mutiger Mann bin. Aber es ist mir unmöglich, mich nicht aufzulehnen. Ein türkisches Sprichwort sagt: »Was vom Nächsten kommt, ist Hochzeit und Fest wert.« Ich sage: »Was immer mir geschieht, ich werde trotzdem feiern.« Ich erwarte nichts anderes. Wenn man etwas Selbstrespekt hat, ist es unmöglich, sich nicht gegen das Böse aufzulehnen. Wir leben in einer Parodie des Kapitalismus. Sie wissen es so gut wie ich. Man hat das Losungswort ausgegeben: »liberale Ökonomie«. Die Auslandsverschuldung der Türkei beträgt fünfzig Milliarden Dollar. Diese Schuld nimmt täglich zu. Die Holdinggesellschaften blähen sich auf; das Volk wird jeden Tag etwas ärmer. Die Unterdrückung des Volkes nimmt zu. Die Gefängnisse überborden mit politischen Gefangenen. Die Hunderten zum Tode Verurteilten warten auf den Tag, an dem man ihnen die Schlinge um den Hals legt … Eure westliche Demokratie, die Sie selbst verunglimpfen, die auch ich von einem intellektuellen Standpunkt aus gesehen ungenügend finde … nun, an dem Punkt, wo wir uns hier befinden, würde uns sogar der Schatten dieser Demokratie genügen. Ich denke, daß diese Bemerkungen meine Haltung etwas klarer machen. Eine Karikatur des Kapitalismus, »Liberalismus« getauft, einerseits und eine unglaubliche Unterdrückung andererseits! Es gelingt mir nicht, den Liberalismus aufzuspüren. Vielleicht verstehen das die Mitglieder des Europarates oder unsere Freunde, die verantwortlichen europäischen Politiker besser. Es kann auch sein, daß eine Türkei mit fünfundfünfzig Millionen Einwohnern, die sich in eine Konsumgesellschaft verwandelt, für sie ein Paradies der Demokratie ist. Es gab eine Zeit, da Francos Spanien für die großen Demokratien ein sehr akzeptables Paradies war.

»Mehr Licht, mehr Licht«, sagte ein großer Dichter an der Schwelle zum Tod. Wir sagen: »Etwas mehr Demokratie, etwas mehr Demokratie«. In dieser Beziehung müssen wir unseren Kampf verstärken.

Was der Platz der Türkei in der Zukunft betrifft, glaube ich nicht, daß man in der Lage ist, aus unserer unglaublichen Konfusion seriöse Schlüsse zu ziehen. Sie kennen mich gut. Ich bin eigentlich ein optimistischer Mensch. Die Tatsache, daß ich all diese Prüfungen überlebt habe, ist der Beweis dafür. Die nahe Zukunft der Türkei aber erscheint mir nicht sehr strahlend.

ALAIN BOSQUET: Bewirkt der Ruhm bei Ihnen persönlich, daß das Schicksal Ihres Landes Sie mehr oder weniger interessiert als in der Vergangenheit? Ich stelle Ihnen diese Frage, weil meiner Meinung nach zwei Auffassungen für einen Schriftsteller mit sehr großer Leserschaft möglich sind. Entweder stürzt er sich mit dem ganzen Gewicht seiner Autorität in das politische Geschehen, was ihn unvermeidlich dazu zwingt, Risiken einzugehen und seinen Ruf als lauteren Künstler zu kompromittieren; oder er spricht sich nicht aus und bleibt über den Leidenschaften des Moments. Für mich ziehe ich die zweite Lösung vor, wie zum Beispiel Thomas Mann, Saint-John Perse oder Henri Michaux, die lautersten unter den lauteren. Selbstverständlich kann man das Verhalten eines Jean-Paul Sartre oder Albert Camus vorziehen, die immer hinter irgendwelchen gerechten Sachen her waren, die es zu verteidigen galt. Das bedeutet, viele Seiten, viele Bücher zu schreiben, für nichts: Sobald die gerechten Ziele erreicht sind, vergißt man sie.

YAŞAR KEMAL: Ein bekannter Schriftsteller zu sein zwingt dazu, größere Verantwortung zu übernehmen. Jedes Land hat seine besonderen Schwierigkeiten, die Schriftsteller stoßen auf die damit verbundenen Probleme.

Nach der Gründung der türkischen Arbeiterpartei und während der folgenden acht Jahre war ich einer ihrer Führer. Der Partei gelang es, fünfzehn Abgeordnete ins Parlament wählen zu lassen, bevor sie als rechtlos erklärt wurde. Ich schuldete es mir, für die Partei zu arbeiten, die sich in der legalen politischen Szene behaupten konnte, weil sie die Stimmen einer Million Wähler auf sich vereinigte. Es war notwendig, bei der Geburt der Partei dabeizusein, meinen Beitrag zu leisten. Ich mußte meinem Volk helfen, den Faschismus zu zerbrechen.

Die neue Sozialistische Partei, die vor kurzem gegründet wurde, hat sich ebenfalls an mich gewandt. Einige haben mir den Posten des Generalsekretärs vorgeschlagen. Voller Bedauern mußte ich absagen. Ich habe, anders als in meiner Jugend, nur noch wenig Zeit vor mir, meine Romane zu schreiben. Auch war ich nicht mehr in der Lage, gleichzeitig den Beruf des Schriftstellers und des Parteimannes auszuüben. Ich hatte meinen Romanen gegenüber eine Verpflichtung. Um diese Entscheidung zu erläutern, sich in das politische Geschehen zu stürzen oder über den Leidenschaften zu bleiben, möchte ich konkrete Beispiele anfügen.

Derzeit bin ich zum Beispiel in einer klar definierten, politischen Aktion engagiert: Die türkischen Gefängnisse sind eine Schande für das Menschengeschlecht. Mehr als zehntausend politische Gefangene, mehr als vierzigtausend strafrechtliche Gefangene; alle Verurteilten befinden sich in einer unhaltbaren Situation, die seit langen Jahren andauert ... Diese Gefängnisse sind verwandt mit den Kerkern des Mittelalters oder den Konzentrationslagern der Nazis. Aneinandergekettet werden die Verurteilten vor die Gerichte geführt. Im allgemeinen haben sie keinen Zugang zu Zeitungen oder Büchern. Tonbandgeräte, Radios, Fernsehen sind verboten. Die Kranken werden nicht gebührend gepflegt. Weder Geld noch Nahrungsmittel von außen dringen bis zu den Gefangenen vor. Nachts holt man sie aus ihren Zellen und mißhandelt und foltert sie. Mehr als zweitausend Gefangene machen einen Hungerstreik, um gegen diese Mißstände zu kämpfen. In gewissen Gefängnissen dauert der Hungerstreik seit mehr als einem Monat. Einige streiken in diesem Moment, da ich Ihnen schreibe, seit dreiundvierzig Tagen, und viele unter ihnen riskieren den Tod. Weder in der Türkei noch anderswo lehnt man sich mit genügend Härte gegen diese erschreckende Situation auf. Sogar der Oppositionsführer Inönü, ich kenne ihn seit langem als einen Mann mit Gewissen, erklärte: »Der Hungerstreik ist eine Gewalttat!« Wäre diesen Menschen ein Schimmer Hoffnung geblieben, hätten sie nie auf den Hungerstreik zurückgegriffen.

Für sie ist der Preis der menschlichen Würde der Preis des Lebens, und sie sind mit dem Tod konfrontiert. Es gab bereits zwölf Tote als Folge der Hungerstreiks in den türkischen Gefängnissen; diese offiziellen Zahlen befinden sich jenseits der Realität. Gemäß Informationen, die wir erhalten haben, sind es mehr als vierzig Menschen, die mit Gewalt in die Gefängniskrankenhäuser transportiert wurden und die in Erwartung des Todes ärztliche Behandlung verweigerten. Ich konnte nicht jenen den Rücken zukehren, die in der Einsamkeit der Gefängnisse leiden, und mich in den Elfenbeinturm meines Gewissens zurückziehen, was so viel bedeuten würde wie Gewissenlosigkeit. Die Arbeitslosigkeit und die Armut in meinem Land sind ein Sumpf, der bis zu den Knien reicht. Die Reichen dieses Landes leben in einem Konsumtaumel, der das Niveau des internationalen Jet-set bei weitem übersteigt. Zu meiner Rechten das Paradies, zu meiner Linken die Hölle; ich bin mit denen, die in der Hölle leben. Mein eigenes Leben kann von einem Moment zum anderen in die Hölle kippen. In Wirklichkeit habe ich diese Hölle nicht oft verlassen ... Ich bin mir bewußt, daß ich diesen Männern und Frauen, die leiden, nicht genügend helfen kann, und das schmerzt mich zutiefst. Manchmal erscheint es mir wie verlorene Liebesmüh, all dies zu schreiben. Derzeitig gebe ich Pressekonferenzen, ich richte mich an die Zeitungen, ich ergreife das Wort an Versammlungen. Die jetzige Situation der Gefangenen im Hungerstreik wird dadurch nicht verändert. Sie sind bereit zu sterben. Was kann ich tun? Und doch muß man handeln. Es drängt mich, alle engagierten Schriftsteller aufzurufen; jene, die nicht daran teilhaben, Talent hin oder her, wird das menschliche Bewußtsein zurückweisen.

Um auf Thomas Mann und Saint-John Perse zurückzukommen, die Sie in Ihrer Argumentation als Beispiele zitieren: ich billige ihre Entscheidung nicht. So groß sie auch sein mögen, was sie auch getan haben mögen, um den Geist und die Kunst zu bereichern, ich kann sie nicht billigen.

Bei Sartre und Camus ist es anders. Wenn sie morgen noch aktuell sind, wird es wegen ihres Engagements sein. Als Schriftsteller eines unterentwickelten Landes, dessen Volk unter der Unterdrückung leidet und das das Gesicht der Demokratie nie gekannt hat, bin ich Sartre dankbar, für den ich eine große Zuneigung und einen großen Respekt empfinde.

Ein großer Schriftsteller ist in allen Umständen groß. »Hinter einer gerechten Sache her sein, für die es zu kämpfen gilt«, um ihre Formulierung zu übernehmen, scheint mir eine ungerechte Anklage zu sein, und ich kann mir keinen Schriftsteller, der diesen Namen verdient, in dieser Haltung vorstellen. Die Schriftsteller, die wirklichen, die auf die Barrikaden steigen, um eine gerechte Sache zu verteidigen, bleiben ungeachtet der Sache und ihres Ausgangs wirkliche Schriftsteller. Wenn sie »rein« sind, wird sich alles, was sie mit ihrer Feder berühren, in Gold verwandeln. Indem sie der Menschheit helfen, hinterlassen sie ein Meisterwerk, auch wenn die Sache nicht mehr an der Tagesordnung ist. Bei Sartre und Camus muß man die Gründe für ihre Grenzen als Schriftsteller nicht in den von ihnen gewählten Engagements suchen, für die sie kämpften. Wenn man sie als kurzatmige Schriftsteller bezeichnen will, muß man sich zuerst fragen, ob sie überhaupt gute Schriftsteller sind.

Kennen Sie heute Krieger, die sich schlagen wie zu Zeiten Homers? Unsere Welt ist nicht mehr die Welt Homers, aber Homer lebt. Wenn der Krieg eines Tages aus unserer Welt verschwindet, wird Homer weiterhin mit uns leben. Ich denke an Faulkner. In seinen Romanen verteidigte er die Schwarzen, auch wenn einige das Gegenteil behaupten. Wenn wir annehmen, daß die letzteren recht haben, würde das Faulkners Romanen nicht etwas entreißen? Es ist nicht leicht, Faulkner wirklich zu verstehen. Eines Tages werden wir das Ende des Problems der Schwarzen erleben, doch Faulkners Romane werden bleiben. Nicht weil die Bedingungen einer Epoche sich ändern, verschwindet das Werk eines Meisters, der so menschlich den Schwarzen entgegengehen konnte.

Nehmen wir Zola. Ihn bewunderte ich in meiner Jugend vielleicht am meisten. Er ist auch einer der Autoren, die ich am häufigsten gelesen habe. Als ich jung war, kannte ich *Germinal* auswendig, während Zola heute kein großer Schriftsteller mehr für mich ist. Nicht die Affäre Dreyfus noch die großen Anliegen, für die Zola gekämpft hat, haben seine großen Qualitäten als Schriftsteller gemindert. Man kann sogar das Gegenteil behaupten: Es sind vielleicht die großen Anliegen, die sein mittelmäßiges Talent als Schriftsteller aufgewertet haben. Die Hypothese über Zola könnte sein: Sein Talent als Schriftsteller hat nicht unter den gerechten Anliegen gelitten, die er verteidigte, sondern unter dem Naturalismus, dessen Bauherr er ist – eine irrige Auffassung des Menschlichen. Er hat dafür gebüßt, daß er im Gegensatz zu Stendhal den Roman nicht verstanden hat. Wahrscheinlich teilen Sie meine Meinung über Zola nicht, weil Sie ihn für einen der großen französischen Schriftsteller halten. Es fällt mir nicht schwer, auf diese etwas negativen Einschätzungen Zolas zu verzichten und Sie in der Bewunderung des Meisters zu begleiten.

Ich bin nicht sicher, ob ich Ihre Frage beantwortet habe. Das Hauptproblem liegt genau da, glaube ich: Die Kunst und den Roman sogar für eine gerechte Sache nicht zu verfälschen, nicht zu lügen, um in der politischen Argumentation recht zu behalten. Wie diese Schriftsteller des sozialistischen Realismus! Eine durch die Politik vernebelte Weltanschauung ist eine Gefahr für den Stand des Schriftstellers. Ich glaube, daß dies die Essenz Ihrer Frage ist. Trotzdem würde ich gerne sagen: »Ein wahrer Schriftsteller von hohem Rang kann sich erlauben, alles zu schreiben.« Aber ich hätte unrecht. Bin ich vielleicht ein zu engagierter Schriftsteller?

Alain Bosquet: Eine letzte Frage, bevor wir uns Ihres individuellen Falls annehmen, oder, wenn Sie es vorziehen, bevor wir Ihr Unterbewußtes sondieren. Wie stellen Sie sich das Bild vor, das man sich auf internationaler Ebene von Ihnen macht?

Sie fragten mich einmal, nicht ohne ein gewisses jähes Unbehagen: »Mit wem vergleichen Sie mich?« Ich mußte mich einige Minuten konzentrieren und habe Ihnen geantwortet: »Für mich sind Sie ein Schriftsteller, der seinen Flecken Land symbolisiert.« Eine Erscheinung, die rar geworden ist, wenigstens in der westlichen Literatur. Nehmen Sie England: Kein Schriftsteller kann behaupten, das heutige England zu verkörpern. Desgleichen in Italien: Sogar Leonardo Sciascia ist alles in allem kein typischer Italiener. In den Vereinigten Staaten entzieht sich die Volksdichtung jener Generation, die sie zuletzt ausgewertet hat: dem Faulkner des tiefen Südens und dem Steinbeck der kalifornischen Ebenen. Die Deutschen, die zählen, Böll und Grass, sind nicht Deutsche, in denen sich ihre Mitbürger notwendigerweise erkennen, abgesehen von einem hartnäckigen *mea culpa*, das eines Tages erlöschen wird. Es gibt keinen französischen Schriftsteller, der sich wirklich mit den Tiefen des Landes beschäftigt: Jeder ist ein hochgradiger Individualist.

Ich sagte Ihnen, daß Sie mich am meisten an Nikos Kazantzakis erinnern, obschon beträchtliche Unterschiede bestehen. Wie er haben Sie den Blick für die Regungen des Volkes, die Imagination und die epische Dimension. Ein wenig verärgert antworteten Sie: »Aber von uns zweien bin ich der wahre Grieche.« Und Sie bewiesen mir anhand der geographischen Herkunft, daß Sie mehr als er von der epischen Gabe, die Homer zugeschrieben wird, geerbt haben.

YAŞAR KEMAL: Um ehrlich zu sein, ich erkenne mich selten in dem Schriftstellerprofil, das man von mir zeichnet. Am wärmsten wurde ich in Frankreich aufgenommen, dann in England, den Vereinigten Staaten und in Skandinavien. So viele Lobreden und Superlative zwingen den Autor, seine Arbeit penibel zu prüfen! Jenseits der Lobreden bin ich immer noch überzeugt, daß man kein Bild von mir gezeichnet hat, das der Wirklichkeit entspricht. Berechtigt das nicht zu einer gewissen Frustration? Man hat nicht immer verstanden, was ich mit meiner Arbeit als Romanschriftsteller erreichen wollte, noch was ich realisieren konnte. Im guten wie im schlechten … Was ich persönlich eingebracht habe, wurde oft in gewissen Analysen in den Hintergrund verwiesen.

Wie Sie wissen, habe ich einen Roman geschrieben mit dem Titel *Das Lied der Tausend Stiere*. Er erzählt vom Verschwinden des Nomadentums in Anatolien. Diese Nomaden haben nie den Kampf gegen die Seßhaftigkeit aufgegeben. Die entscheidende Auseinandersetzung hat sich in meiner Region abgespielt, in der Çukurova. Die osmanische Obrigkeit hat gegen die Turkmenen, die gegen die Zwangsansiedlung Widerstand leisteten, eine ganze Armee geschickt. Erst nach der Niederlage konnte man die Turkmenen auf dieses Stück Land treiben. Im Jahr der Niederlage hatte kein einziger Turkmene das Recht, im Taurus sein traditionelles Sommerquartier aufzuschlagen. Die Straßen, die Wege, die Pfade wurden durch die osmanische Armee abgeriegelt. Die Turkmenen, die unter der Hitze, den Mücken, dem Brackwasser litten, wurden vernichtet. Die Malaria und andere Krankheiten besiegten alle. Dieses schreckliche Jahr lebt in ihrer Erinnerung, ihren traditionellen Gesängen, ihren Epen, ihren Kelims. Der Sänger dieser Revolution war Dadaloğlu, der Größte unter den Großen. Der ganze Schmerz des Aufstands und der Niederlage findet sich in seinen Gedichten. Jeder kennt diesen Zweizeiler von ihm:

Der Herrscher erließ das Dekret, das unser Schicksal besiegelt, so sei es.
Das Dekret gebührt dem Sultan, doch uns gebühren die Berge …

Ich wuchs heran im Stolz über diese Revolte, im Schmerz dieser Niederlage.

Bezwungen und zerstört, wurde diesen Menschen der Zugang zu ihrem Land verwehrt. Das war die Zeit des Kampfes um Land und Überleben.

Dies ist die Realität, der reiche Rohstoff des Schriftstellers. Die Kritiker staunten über meine Art, die Natur zu beschreiben, und sahen vor allem mein Bemühen, die Agonie der Nomaden, ihr Ehrgefühl, ihren Untergang zu schildern, ohne jedoch tiefer zu suchen. Mein Vorhaben war indes nicht reduzierbar auf diese Oberflächlichkeiten. Tiefergreifende Themen hatten mich gedrängt, diesen Roman zu schreiben.

Nehmen wir eines dieser Motive: Meister Haydar, eine Hauptfigur, ist ein vortrefflicher Schmied. Nach einer langen Lehre ist er seiner Bestimmung treu geblieben, ist nicht »vom Ast gekommen«, wie wir sagen. Er »wuchs von der Wurzel her«, kam aus einem »Orden«, wie wir das nennen, aus einem Geschlecht von Schmieden. Die »Orden« sind Institutionen des Volkes, die sehr weit zurückgehen. Die Zahl dieser Orden ist groß, unter ihnen gibt es etwa die Heiler. Ich habe diese »Schwalbenmenschen« gekannt, die noch in den letzten Jahren in Anatolien ihren Tätigkeiten nachgingen. Sie durchstreiften das Land, um Augenkrankheiten zu heilen; sie operierten sogar Menschen, die an Star erkrankt waren. Andere »Orden« heilten Malaria oder Vergiftungen. Alle waren Meister ihrer Kunst; sie lassen sich fünfhundert bis vielleicht tausend Jahre zurückverfolgen.

Meister Haydar ist von so viel Respekt umgeben, als wäre er mit einer geheimnisvollen Aura ausgestattet. Nach dem Aufstand von 1865, als die Stämme begriffen, daß sich die Lebensbedingungen änderten, begannen sie, um Land zu kämpfen. Man erzählt, daß der Meisterschmied des Stammes der Cepni ein Schwert geschmiedet hatte, das er dem Herrscher als Geschenk übergab. Der Sultan schätzte das Meisterwerk so sehr, daß er dem Stamm die Ebene von Aydin zusprach. Wahrheit oder Mythos, der ganze Stamm kennt diese Geschichte. Der Meisterschmied der Legende gehörte nicht zu »denen, die von der Wurzel her wuchsen«, sondern zu »denen, die vom Ast gekommen sind«. Der Meister Haydar aus meinem Roman hingegen kommt von der Wurzel her, aus einem Geschlecht, das dem Sultan, dem Schah von Iran, den Gebietern Anatoliens und Irans Schwerter geliefert hatte. Um eines seiner Schwerter zu besitzen, wären diese mächtigen Männer vor nichts zurückgeschreckt. Aber die Herstellung eines Schwertes dauert lange, so verlangt es die Perfektion der Kunst, während der Stamm des Schmieds im Elend und in der Not lebt.

Meister Haydar gibt sich die größte Mühe, dieses Schwert anzufertigen: Können und Geschick von tausend

Jahren fließen in seine Arbeit. Als das Schwert fertig ist, trägt Meister Haydar das Geschenk zum Gebieter der Ramazanoğlu, die seit fünfhundert Jahren über Adana herrschen. Der Schmied glaubt, daß die ganze Stadt, so schön und so gepflegt, dem Gebieter der Ramazanoğlu gehört. Er glaubt, daß dieser gar nicht anders kann, als ihm ein wenig Land in der Çukurova abzugeben, vielleicht sogar die Hälfte davon, wenn er seine Opfergabe, das unvergleichliche Schwert, erblickt. In der Stadt angekommen, sucht er den Palast der Ramazanoğlu; zu seiner großen Überraschung sind nur Ruinen davon übrig. Ramazanoğlu, so berühmt er ist, lebt in einem bescheidenen Haus: ein kleiner Mann, ganz mager, kahl, hinter seiner Brille verloren. Meister Haydar ist fassungslos; doch trotz allem erzählt er ihm sein Abenteuer und übergibt das Schwert dem Empfänger. Der Mann, ein Kenner, ist außer sich vor Bewunderung, mustert das Schwert von allen Seiten. Während Meister Haydar ihm seine Geschichte erzählt, murmelt er unaufhörlich auf französisch: »Intéressant … intéressant …« Meister Haydar begreift nichts. Ramazanoğlu gibt ihm das Schwert zurück, geleitet ihn zur Tür und wünscht ihm viel Glück.

Die Leiden des Meisters und des Schwerts dauern lange. Nachdem er an die Tür sämtlicher Würdenträger geklopft hat, die in der Lage wären, ihm ein Stückchen Land zu gewähren, kommt Meister Haydar zu Ismet Pascha Inönü, der lange Zeit Präsident der Republik war. Auch er prüft mit Bewunderung das ziselierte Objekt, aber das ist auch alles. Unterdessen bewahrt sich Haydars Stamm eine irreale Hoffnung: Das Schwert, das so viele Jahre schwerer Arbeit forderte, wird ihnen zu ein wenig Land verhelfen! Meister Haydar kommt von seiner Mission zurück, erschöpft und gebrochen. Man empfängt ihn in allen Ehren, wie es ihm zusteht. Da er das Schwert mit sich trägt, ist alles klar. Haydar steigt von seinem Pferd, geht in das Zelt, das ihm als Schmiede dient, und entfacht ein Feuer. Die ganze Nacht hindurch hört man die Hammerschläge. Die Menschen kommen angelaufen: Meister Haydar liegt tot vor einem unförmigen Stück Metall, das an nichts mehr erinnert. Das Eisen, das Meister Haydar die ganze Nacht geschlagen hat, war ihr Schicksalsschwert, nun war es eine unförmige Masse. Sie trennen Meister Haydar nicht von seinem Amboß noch von dem, was sein Schwert gewesen war. Sie beerdigen ihn mit seinem Amboß und all seinen Werkzeugen in den Bergen, nahe dem heiligen Grab auf dem Gipfel.

Was ist besonders daran? Es ist ein Abenteuer wie jedes andere, werden Sie mir sagen. Vielleicht zu Recht. Während der Entstehung und dem Niederschreiben dieser Szene hatte ich zwei andere Werke im Kopf: *Der Mantel* von Gogol und *Die Fahrraddiebe* von Vittorio de Sica. Ich versuchte nicht, sie zu imitieren. Ich fragte mich, wie ich ihre Grundgedanken bereichern, wie ich zur Idee von der Relativität der Bedeutung jedes Objekts oder Werkzeugs beitragen könnte. Vielleicht erscheint Ihnen der Vergleich etwas unpassend, doch es geht um genau diese Frage: Die Figuren und Ereignisse des Romans entfalten sich durch ihren Bezug zu diesem Schwert. Hätte ein Kritiker, meinetwegen am Rande, die Problematik des Schwertes angedeutet, hätte ich gesagt: »Endlich einer, der weit genug geht, um mein Thema zu verstehen.«

Dostojewski sagte, daß der russische Roman aus Gogols *Mantel* geboren wurde. Ich bin nicht so anmaßend zu sagen, daß mein Roman oder *Die Fahrraddiebe* mit Gogol rivalisieren könnten. Der Grundgedanke meines Romans, ob gelungen oder nicht, steht in diesem Zusammenhang.

Ich erinnere mich an unsere Diskussion über Kazantzakis. Ich bin jemand, der Späße mag. Obwohl ich keine Fremdsprachen spreche, erkennen meine Freunde sehr schnell diesen Charakterzug an mir. Ich habe nicht das Gefühl, daß Kazantzakis und ich Berührungspunkte haben. Unsere Art, den Menschen zu sehen, und unsere Ideen über das, was ein Roman sein muß, sind meiner Meinung nach sehr verschieden. Ich glaube, daß in meinen Romanen die psychologische Dimension eine bestimmende Rolle spielt, jedoch nie an der Oberfläche, ohne Pauken und Trompeten. Als ich sagte: »Ich stehe Homer näher als Kazantzakis«, dachte ich wohl an Hektor. Ich erinnerte mich an König Priamos, der zu Achilles ging und die Leiche seines Sohnes suchte. Ich bin nicht einverstanden mit jenen, die dem Epos die psychologische Dimension abstreiten. Die Szene, die ich soeben erwähnte, drückt wie kaum eine andere in der Literatur die menschliche Psyche in ihrer ganzen Tiefe aus. Selten finden wir eine so tragfähige Psychologie im Roman der Gegenwart oder des neunzehnten Jahrhunderts, seiner großen Epoche. Darum wollte ich im Zusammenhang mit Kazantzakis sagen: »Der Grieche bin ich.« Mein Verständnis des Romans ist näher bei Homer.

Ich bin ein Bewunderer von Tschechow, von Charlie Chaplin und, ohne die Gründe erläutern zu können, von Faulkner. Ich bewundere ihn seit langem. Mit Tschechow mußte ich keinen Kampf ausfechten, um ihn anzunehmen, aber an Faulkner denke ich dauernd, ich streite mit ihm, ich versuche, bei ihm ein Versagen zu finden, einen Mangel. Gerade jetzt beherrscht er wieder meine Gedanken. Vor mehreren Jahren sagte ich einem Journalisten, der mich interviewte: »Wenn Homer heute zurückkäme, würde er vielleicht sprechen wie Faulkner.« Heute denke ich, daß Homer eine einfache und geläuterte Erzählweise wählen würde, anstatt wie Faulkner zu komplizieren, was er zu sagen hat. Ich habe Faulkners Kragen noch nicht losgelassen. Vielleicht ist das Land unsere Gemeinsamkeit. Ich bin ein Mann des Südens; er auch. Seine Romane sprechen von einem heißen Land, meine auch ... Doch verstehe ich nicht, warum er den Namen seines Landes verändert hat; der Leser hätte es auch so verstanden.

Oft werde ich als epischer Autor bezeichnet. Ich betrachte mich nicht als Sonderfall. Man schreibt diese Qualität auch anderen Autoren zu, denen man Beifall spenden möchte. Ich betrachte dies als Ehre. Ich weiß nicht, was sich hinter dieser Ehrung versteckt, vielleicht gar eine Einschränkung. Nicht einmal in meinen Träumen sehe ich mich als den epischen Autor par excellence meiner Zeit.

Ich fühle mich Stendhal sehr nahe. Warum wohl wählt sich ein junger Bauer Stendhal als Lehrmeister? Wenn Sie von mir erwarten, diese Fragen klar zu beantworten, hätte ich große Mühe.

Warum gelingt es den Schriftstellern nicht, die Besonderheit ihrer Länder wiederzugeben? Es ist ziemlich unbegreiflich. Sogar der hochgradige Individualismus, den Sie den französischen Autoren vorwerfen, muß einen Duft haben, eine Tonalität, einen Reichtum, nicht wahr? Vielleicht sogar mehr noch als der Individualismus des neunzehnten Jahrhunderts. Ich glaube nicht, daß es notwendig ist, den Individualismus zu bezwingen. Während sich die Individuen entwickeln, entwickeln und bereichern sich auch die Kunst und die Literatur, ist es nicht so? Wenn die Literatur eines Kontinents keine Originalität an den Tag legt, liegt es ohne Zweifel daran, daß seine Individualität verarmt und stirbt. Die Literatur der Individualismen ohne Individualität kann nur fade und gesichtslos sein. Hat die westliche Konsumgesellschaft die Menschen so schnell an diesen Rand gebracht? Wenn dies der Fall ist, müßten wir Angst haben. Oder führt vielleicht der hochgradige Individualismus in Europa zu einer ganz anderen Individualität, ohne daß wir uns dessen bisher bewußt waren? Wenn die englischen, deutschen, französischen Autoren nicht repräsentativ sind für ihre Gesellschaften, was oder wen repräsentieren sie? Wer sind sie? Woher kommen sie, sind sie vom Himmel gefallen oder in einer künstlichen Kultur gekeimt, im Reagenzglas? Wenn die Transformation ihrer Persönlichkeit nicht auf das Land zurückgeht, ist sie das Ergebnis einer unbekannten, aus dem Weltall gefallenen Energie? Sind wir die Geiseln einer universellen Herdenkultur geworden, die versucht, die ganze Menschheit in eine Gußform zu zwingen, und wir wissen es nicht? Kann man sich einen Menschen vorstellen, der nach demselben Modell zugeschnitten ist, auf eine uniforme und universelle Kultur? Ich kenne die literarischen und intellektuellen Debatten in Europa zu wenig, um darauf antworten zu können. Aber wenn die Autoren nicht ein Land repräsentieren, eine Gesellschaft, was repräsentieren sie denn? Das abstrakte Denken? Ich weiß, daß Romane auf der Grundlage der Erinnerung, der Abstraktion, des assoziativen Ideenflusses geschrieben werden. Was bleibt, wenn man den Schriftsteller von der Existenz scheidet? Sogar denjenigen, die diese Romane geschrieben haben, ist es nicht gelungen, das Denken von der Existenz zu trennen. Die Epen gehören einer Epoche an, in der die Menschen eine Welt aus Traum und Realität erschaffen wollten. Dies sind Meisterwerke, in denen das Individuum und die Gesellschaft einer Zeit sich wiederfinden. Die afrikanischen Statuen, die türkischen Kelims sind Beispiele dafür. Der Wert des Individualismus liegt nicht in der Verarmung der Persönlichkeit, sondern in der Übereinstimmung mit ihrer wahren Natur, die nach Bereicherung und Vervollkommnung trachtet. Andernfalls ist man auf dem falschen Weg. Sogar ich erfasse im Rahmen meiner bescheidenen Möglichkeiten die Tragweite dieser Gefahr, weil ich das Leben meiner Zeitgenossen teile. Wenn die Künstler nicht die Zeichen und Male ihrer Länder, ihrer Erde tragen ... Ich will nicht ausufern. Entsteht ihre Ratlosigkeit vielleicht aus der großen Instabilität, die die tiefen Veränderungen eines neuen Europas ankündigt? Ich wage zu hoffen, daß es sich nicht um eine versteckte Ursache handelt ...

Ich liebe es, Geschichten zu erzählen, und ich bin überzeugt, daß das Metier des Schriftstellers von der Tradition abhängt. Vielleicht wollen meine westlichen Freunde keine Geschichten erzählen, vielleicht ziehen sie es vor, sich von diesem literarischen Genre zu lösen, indem sie ein neues Genre erschaffen, einen neuen Erzählstil. Vielleicht besteht diese Orientierungslosigkeit, weil sie im Experimentierstadium sind. Wenn sie in ihren Bemühungen um Geschichten ohne Geschichten, Geschichten ohne das menschliche Element erfolgreich waren, hat das verborgene Ursachen. Ich glaube, ich bin offen gegenüber allem Neuen in der Kunst. Ich mag keine Teufelskreise, nicht für mich, nicht für die anderen. Ich weiß, daß es schwierig ist, in der Wissenschaft oder der Kunst das Glied zu sein, das die Kette unterbricht. In Kunst und Wissenschaft unserer Welt erleben wir Kettenreaktionen; wir machen Fortschritte, indem wir unseren Teil dazu beitragen, Glied um Glied. Bis auf weiteres gibt es nicht viele Abkürzungen oder Abbrüche auf diesem Weg. Zu gewissen Zeiten wurde behauptet, daß die griechische Zivilisation ein Wunder, aber auch ein Bruch, eine Mutation war. Die Zivilisationen der Ägypter, Hethiter, Sumerer, Assyrer und der Urartäer waren noch unbekannt. Wir wissen nicht alles über die Geschichte, über die Welt. Wir sehen die Geschichte nur im Dämmerlicht und können weder den Zufall noch die Mutationen ausschließen. Wir verfügen weder über das genaue Wissen noch über Zeugenaussagen, um das auszuschließen. Könnte es sein, daß die Mutationen und die vom Zufall bestimmten Umwälzungen sich heute in den Romanen des Westens ankündigen – wer weiß?

ALAIN BOSQUET: Wie schreiben Sie? Wissen Sie, daß diese Frage im Westen selten diskutiert wird? Man befaßt sich kaum mit dem Austragen eines Stoffs und den Gewohnheiten eines Schriftstellers, und es ist fast eine Indiskretion, ihn nach dem Geheimnis seiner Kunst zu befragen. Ist Ihre Sprache eine klassisch-traditionelle Sprache? Vermitteln Ihre Bücher gewisse spezifisch kurdische Redewendungen? Vermeiden Sie sie, oder tendieren Sie im Gegenteil dazu, sie zu unterstreichen, um Ihre Herkunft zu kennzeichnen? Schreiben Sie an Ihrem Schreibtisch in Istanbul, oder ziehen Sie sich in ein Landhaus zurück? Können Sie auf Reisen schreiben? Kommt es vor, daß Sie diktieren? Wenn eine erste Version beendet ist, bearbeiten Sie sie sofort, oder lassen Sie das Manuskript eine gewisse Zeit liegen, bevor Sie es wiederaufnehmen? Was bedeutet für Sie die Korrektur eines Manuskripts? Ist es mühsame Arbeit oder einfach technische Routine?

YAŞAR KEMAL: Ich habe Ihnen schon von meiner Arbeit als Wasserinspektor erzählt, als ich zweimal pro Woche dem Lauf des Savrun folgte. Den ganzen Sommer bis zur Herbstmitte blieb ich dort. Meine Novelle *Eine schmutzige Geschichte* schrieb ich während meines Militärdienstes. Auch da marschierte ich jeden Tag. Das Ereignis, das *Eine schmutzige Geschichte* inspiriert hat, war in meiner Region ziemlich banal. Es ist möglich, daß meine Novelle von diesen Tatsachen beeinflußt wurde. Um zum Realen zu gelangen, wollte ich erschaffen, erfinden, jedoch wollte ich die pure und simple Imitation der Natur und der Menschen vermeiden. Darin habe ich mich nicht verändert. Ich glaube, daß ich recht hatte, das Spiel der Spiegel zu vermeiden. Anfangs war diese Entscheidung nicht wirklich bewußt.

Als ich in den Reisfeldern arbeitete, mußte ich marschieren. Ich hatte weder ein Pferd noch einen Esel.

1948 begann ich die Novelle *Der Säugling*. Während des Marschierens dachte ich ein, zwei Tage über den Text nach, dann schrieb ich ihn nieder. Ich lernte viele Abschnitte auswendig. *Der Säugling* ist eine lange Novelle, mein erster Text, der in einer bekannten französischen Zeitschrift erschienen ist. Güzin Dino übersetzte ihn. In jenem Jahr hatte ich zwei oder drei freie Tage pro Woche, die ich dem Schreiben widmete. Ich hatte in einem Pinienwald auf einem Hügel ein Zelt aufgestellt. Ein Freund, ein Gemüsehändler, lieh mir einen Tisch und einen Stuhl. Die Schreibmaschine, die mir für mein Metier als Schriftsteller diente, hatte ich in einen steinernen Futtertrog, der für die Pferde vorgesehen war, installiert. An regnerischen Tagen war mein Schatz geschützt. Die erste Version von *Der Säugling* gefiel mir nicht; die zweite und dritte Version noch weniger. Ich glaube, ich mußte *Der Säugling* mindestens neunmal schreiben. Ich bereue heute, daß ich nur die allerletzte Version aufbewahrt habe. Mit meinen Erfahrungen von heute hätte ich das Ganze in einem Band veröffentlicht. Ich erwähne dies nur, damit Sie sehen, wie hart ich in meiner Jugend an einer einfachen Novelle gearbeitet habe.

Memed mein Falke begann ich 1947, ohne ihn zu beenden, zum Teil aus dem gleichen Grund. Für jede Novelle und jeden Roman benötigte ich mindestens drei Versionen. Passagen, die mir nicht gefielen, ersetzte ich nicht durch andere; ich organisierte das Ganze neu. Ich hatte eine

Manie entwickelt: Sobald die gesamte Struktur klar war, begann ich zu marschieren. Ich marschierte pausenlos, um den Text zu überdenken.

In meinen Anfängen war das Marschieren ein Zwang. Schließlich kam ich zu der Überzeugung, daß ich ohne Marschieren unfähig war zu schreiben.

ALAIN BOSQUET: Welche Rolle spielen die anderen, Ihre Frau, Ihr Sohn oder Ihre Freunde bei der Abfassung Ihrer Bücher? Konsultieren Sie sie, oder ist Ihr Schreiben eine strikt persönliche Angelegenheit, in die niemand interveniert? Haben Sie mehrere Stilformen, mehrere Schreibebenen? Das heißt, bedienen Sie sich manchmal des Stils einer Volkserzählung oder einer mehr lyrischen Erzählform, einer traumhafteren Erzählweise? Meine Fragen beziehen sich auf Ihr heutiges Schreiben. Haben Sie sich seit Ihren Anfängen auf diesem Gebiet entwickelt, in welcher Weise? Haben Sie eine klare Vorstellung von der wirksamsten Art, sich an Ihr Publikum zu wenden?

YAŞAR KEMAL: In meinen Anfängen trug ich eine Novelle oder einen Roman jahrelang in mir. Sobald ich zu schreiben begann, stellte ich Szenenfolgen und Abschnitte zusammen, die ich dann zusammentrug. Ich habe meine Romane immer stehend geschrieben. Später ließ ich sie stets noch lange reifen, aber ich schrieb nicht mehr wie anfangs jedesmal eine ganz neue Version. Der Zeitmangel und der Einfluß meines Freundes Mehmet Ali Aybar, Generalsekretär der türkischen Arbeiterpartei, waren verantwortlich für diese Neuorientierung. Aybar sagte mir eines Tages: »Wenn du weiterhin auf diese Art schreibst, wirst du kein einziges Buch zustande bringen.« Ich hatte ihm nicht viele Argumente entgegenzuhalten. Ich machte noch Krisen der Übergenauigkeit durch, aber ich schrieb nicht mehr alle Texte neu. Ach, hätte ich die Zeit gehabt, mich ganz nach Lust und Laune in eine Ecke zurückzuziehen und zu schreiben! Zum Beispiel tagelang an einem einzigen Satz zu arbeiten. Ich vervielfachte die Zahl der Versuche: Wie viele Versionen von dem, was ich in meiner Jugend in einem einzigen Satz beschrieben hatte, konnte ich zusammenstellen? Ich studierte die unterschiedlichen Redeweisen: der Alten, Kinder, der kleinen Angestellten, Bauern, Geschichtenerzähler. Ich arbeitete an mehreren Themen gleichzeitig und bediente mich der verschiedenen Stilformen. Der Erzählstil meiner ersten Novellen wie *Der Granatapfelbaum auf dem Hügel* sind beeinflußt durch die Erzähltechniken der Sänger und Erzähler der Heldenepen. Doch in *Eine dreckige Geschichte* und *Der Säugling* haben sie mich nicht beeinflußt.

In meinen Anfängen hielt ich die damalige türkische Sprache, das literarische Türkisch für wenig hilfreich. Mir wurde bewußt, daß meine Sprache, die des Sängers von Heldengedichten, auch nicht angebracht war. Was tun? Ich beschloß, mich meiner natürlichen Neigung zu überlassen. Meine Romane würden ihre eigene Sprache, ihren eigenen Stil erschaffen.

Meine Basis, meine Quelle war die Alltagssprache des Volkes der Çukurova. Sie veränderte sich je nach Epos, Erzählstil und Persönlichkeit des Erzählers. Beim genauen Hinschauen erwies es sich, daß sie sogar im Detail viele Variationen aufwies. Warum sollte ich nicht auf die Sprache der Erzähler zurückgreifen? Bei meinen ersten Texten war die epische Sprache nicht das Fundament. Danach bereicherte sich meine Sprache mit jedem Roman: Sie hat sich von der Alltagssprache wie von der epischen Erzählweise und sogar von der Schreibweise meiner früheren Romane entfernt. Warum drei Romane schreiben, wenn dreimal dieselbe Sprache verwendet wird? Ein einziger Roman genügte meiner Ansicht nach. Ich dachte, daß jedes neue Thema eine neue Atmosphäre, eine neue Sprache einführen sollte. Seit meiner Jugend ist dies mein konstantes Ziel. Ich habe sogar neue Worte in die literarische Sprache eingeführt. Ausdrücke, die man in Anatolien verwendet und die in der geschriebenen Sprache nicht zu Ehren gekommen waren. Ein Linguist hat sogar ein »Glossar von Yaşar Kemals Wortschatz« veröffentlicht.

Doch das war mir nicht das Wichtige an der Arbeit. Das waren mehr die Bedürfnisse eines Schriftstellers: An den Grenzen dieser Sprache nach einer neuen Romansprache zu suchen, um alle Möglichkeiten des Erzählens auszuschöpfen; kurz, eine neue sprachliche Atmosphäre.

Das Kurdische ist in Wortschatz und Struktur vom Türkischen sehr verschieden. Es kam vor, daß ich zwei oder drei kurdische Sätze in den Dialogen verwendete. Aber ich glaube nicht, daß meine Sprache vom Kurdischen beeinflußt wurde. Zudem beherrsche ich das Kurdische nicht so gut wie das Türkische.

Wenn ich mich entschließe zu schreiben, warum wähle ich ein bestimmtes Thema unter den vielen, die ich seit langem mit mir herumtrage? Ich kann es nicht genau sagen. Derzeit denke ich über drei kleine Romane nach, die in Istanbul spielen werden. Und über einen langen Roman. Alles ist vorbereitet; ein Roman mit großer Spannweite. Warum habe ich noch nicht zu schreiben begonnen? Ein Rätsel.

Normalerweise erzähle ich zuerst einigen nahen Freunden von den Romanprojekten, über die ich nachdenke. Zuerst Mehmet Ali Aybar. Ich habe einen weiteren Freund, Ibrahim Kiray, einen großen Arzt und ausgezeichneten Leser. Seit fünfundzwanzig Jahren erzähle ich ihm von allem, was in Bearbeitung ist. Er hört mir mit großem Wohlwollen zu. Er ist beinahe immer der erste Leser jedes

Romans, den ich zu schreiben beginne. Ohne ihn würde ich einen Roman nie dem Verleger geben. Ibrahim ist ein äußerst sorgfältiger Mann. Er erkennt sogleich die Fehler, die mir entgangen sind. Sobald er mich unbeschäftigt sieht, fragt er mich, an welchem Projekt ich arbeite.

Die meisten meiner Romane schrieb ich in einem kleinen Hafen in der Nähe von Istanbul, am Schwarzen Meer, in Şile. Vor dem Hotel, wo ich mich gewöhnlich einquartierte, erstreckt sich über mehrere Kilometer ein Sandstrand. Täglich machte ich in aller Frühe einen langen Marsch. Danach setzte ich mich an den Schreibtisch. Vor allem im Winter war ich dort. Ob starker Wind, Schnee oder Gewitter, nie verpaßte ich meinen Spaziergang. Wenn nach dem Mittagessen der Abschnitt noch nicht beendet war, zog ich wieder los, um danach bis zum Nachtessen weiterzuschreiben.

Danach entdeckte ich Abant, einen Ort am Ufer des Sees, am Fuß eines Berges von tausendachthundert Metern. Dort befindet sich ein bezauberndes Hotel ... Jeden Morgen stand ich um sieben Uhr auf und legte den sieben Kilometer langen Weg um den See in einer Stunde zurück. Ich kehrte zum Frühstück zurück und schrieb bis ein Uhr nachmittags. Nach dem Mittagessen machte ich eine Wanderung von drei Kilometern im Wald und kehrte danach zu meiner Arbeit zurück. Wenn ich nachdenken mußte, machte ich am späteren Nachmittag noch einen Seerundgang. Ich glaube, ich habe neun Romane am Ufer dieses Sees geschrieben. Wenn ich genug hatte vom See, kehrte ich nach Hause zurück und beendete den Roman.

Ein anderes Hotel liegt mitten in einem Wald, nicht weit von Istanbul, beim Dorf Yalova. Manchmal ging ich auch dorthin. Der Wald war nicht geeignet für Fußmärsche, und die Autobahn war nahe. Das störte mich in meiner Konzentration: Ich bin immer in Angst, von einem Auto überfahren zu werden.

Deshalb entschied ich mich für ein Haus am Meer, ziemlich weit entfernt von Istanbul. In einem nahen Wäldchen kann man sogar im Winter drei Kilometer spazieren. Zudem habe ich einen weiteren Rundgang von neun Kilometern. Wenn ich wenig nachdenken muß, lege ich drei Kilometer zurück. Wenn das Nachdenken lange dauert, sind es neun Kilometer. An gewissen Tagen kommt es vor, daß ich den Rundgang im Wäldchen dreimal mache.

Ich mochte es nie, im immer gleichen Stil und in der immer gleichen Form zu schreiben. Wenn ich mein Schreiben nicht hätte variieren können, hätte ich mich wohl vom Roman abgewendet. Ich hätte die Zwangsarbeit eines unveränderlichen Schreibstils nicht ausgehalten. Ein Beispiel: einer meiner Romane trägt den Titel *Die Ararat Legende*. Jedermann glaubt, ich hätte das Thema aus einer türkischen oder kurdischen Legende entlehnt. Sogar mein deutscher Verleger schrieb auf dem Umschlag, daß ich von einem kurdischen Epos inspiriert worden sei. Als ich ihn fragte: »Warum hast du das geschrieben?«, sagte er mir mit Erstaunen, daß er sicher gewesen sei, der Roman fuße auf einer Legende. Doch hat weder die türkische noch die kurdische Tradition den geringsten Bezug zu meinem Roman. Mein Ziel war, in einem zeitgenössischen Roman eine epische Atmosphäre zu schaffen. Ich hatte mich einem Schreibexperiment hingegeben.

Desgleichen wurde oft die »poetische Dimension« meiner Romane heraufbeschworen. Ich kann Ihnen Romane nennen, wo genau das Gegenteil der Fall ist, ohne alles Lyrische. Die Sprache in *Memed mein Falke* ist gänzlich verschieden von der Sprache in *Die Herren von Açasaz* oder *Zorn des Meeres* ... Die Sprache meiner Romane ist schneller gereift als die Romane selbst. Ich habe noch nicht die Meisterschaft erreicht, die ich mir wünsche. Ich weiß, welchen Roman ich vor mir sehe, aber ich finde den Zugang noch nicht. Manchmal glaube ich, daß es mir gelingt, dann bin ich glücklich, ich fliege vor Freude, dann wird mir bewußt, daß ich noch nicht am Ziel angelangt bin. Doch ich bin zufrieden mit meiner Sprache.

Als ich zu schreiben begann, war ich weit davon entfernt, an einen Leser oder eine Veröffentlichung zu denken. Ich lebte unter solch widrigen Umständen, daß ich nicht von einer Veröffentlichung träumen konnte. Wohl habe ich einige Texte an Zeitschriften gesandt. Das Resultat stimmte mit meinen Befürchtungen überein: Meine Texte waren zu hart; sie konnten im damaligen repressiven Umfeld nicht veröffentlicht werden. Ich weiß, es ist schwierig, diesen Druck einem Menschen aus dem Westen klarzumachen. Ich habe nie in der Hoffnung geschrieben, den Leser zu erreichen. Ich dachte über die Mittel nach, mit denen ich zu einer tragfähigen, wirklichkeitsbezogenen Literatur gelangen könnte. Bei uns sagt man: »Sofern du ein wenig Honig in deiner Schale hast, finden dich sogar die Bienen aus Bagdad.«

Ich täusche mich vielleicht, wenn ich sage, daß ich beim Schreiben nicht an den Leser denke. Wie könnte ein Schriftsteller, der sich ganz einem Text widmet, um ihn fesselnd zu gestalten, den Leser ignorieren? In dieser Beziehung war mein Lieblingsbuch *Die Kameliendame*: das Geheimnis der aufrüttelnden Erzählweise findet sich darin, das so gut funktioniert, daß es einem den Atem verschlägt. In meinen Anfängen herrschte eine Mode aus dem Westen: Ein Roman mußte rätselhaft sein. Die Lektüre eines Romans war vor allem harte Arbeit. Ich war immer gegen diese Sichtweise. Nie habe ich geglaubt, eine mitreißende

Erzählung sei minderwertig. Diese Qualität hat Stendhal nicht geschadet. Auch nicht Tolstoi, Dostojewski, Gogol oder Dickens. Homer noch weniger. Jedesmal wenn ich *Don Quichotte* las, riß es mich etwas weiter mit.

Doch ich dachte wohl an meinen Leser. Aber wer war meine Leserschaft? Als ich *Der Säugling* schrieb, las ich es einigen Bäuerinnen laut vor. Sie verstanden und liebten es. *Der Säugling* wurde sogar vier- oder fünfmal öffentlich gelesen, vor Gericht, als man mich der Subversion anklagte, als Beweis meiner Schuld. Der Staatsanwalt und die Zuhörer haben es sehr geschätzt. Ich glaube, daß ich wegen der Wirkung meiner Novelle auf den Richter freigesprochen wurde. Nach der Urteilsverkündung sprachen mir der Richter und seine Frau ihre Bewunderung aus.

Noch heute kenne ich meine Leser nicht. Für wen schreibe ich, und welche Menschen lieben meine Prosa? Wie sollte ich das wissen? Ich versuche, Honig in meine Schale zu geben, und warte auf die Bienen aus Bagdad. Was kann man anderes hoffen? Nur die Gattung der Bestsellerautoren kennt ihre Leser, »als wären sie die Söhne ihres eigenen Vaters«, wie man bei uns sagt.

ALAIN BOSQUET: Haben Sie das Gefühl, daß Sie ihren Lesern etwas Bestimmtes schuldig sind? Oder schreiben Sie ganz unabhängig von Ihrer Leserschaft? Sie kennen meine Meinung und teilen sie nicht. Ich stimme mit dem absoluten Individualismus der französischen Schriftsteller überein; ich schulde meinen Lesern überhaupt nichts: Ich schreibe für mich und für niemanden sonst. Ich verlange eine totale Freiheit und habe keine direkte Botschaft. Doch ich hoffe, daß das Unterbewußte des Lesers meinem Unterbewußten begegnet. In diesem eher seltenen Fall kann sich eine schwindelerregende Osmose ergeben, und er findet in mir, was er in sich selbst gesucht hat. Ich verabscheue die Schriftsteller, die sich in Propheten verwandeln und Lektionen erteilen wollen.

YAŞAR KEMAL: Es gibt vielleicht einen Unterschied zwischen Ihnen und mir: Ich schreibe nicht für mich selbst. Ich kann mir leider den Luxus nicht leisten, für mich selbst zu schreiben. Sie wissen es, die Sänger der Heldengedichte wirkten nur im Zusammenhang mit ihrer Zuhörerschaft. Sie war immer präsent, ein Gegenüber, Menschen aus Fleisch, Knochen und Gefühlen. Sie begeisterte sich, sie weinte, sie lachte mit dem Erzähler. Der Erzähler war eins mit ihr. Ich hatte das Glück, so leben zu können und in den Dörfern ein Erzähler zu sein. Ich habe dieses unvergleichliche Vergnügen genossen. Ich denke noch von Zeit zu Zeit daran. Hätte ich mit Rahmi dem Barden aufbrechen sollen, die Musik des Landes singen und die Epen rezitieren sollen? Heute wäre ich in einem Dorf ins Kaffeehaus gegangen, meine Saz oder meinen Erzählerstab zur Hand, in einem immensen Glück schwimmend, mit den Sonnen, die aufgehen, den Blumen, die sich in mir öffnen. Heute schreibe ich. Ich schreibe, aber ich sehe den Leser nicht … Ich versuche, diese Schriftsteller, die Sie Individualisten nennen, zu verstehen. Ich verstehe nicht, wie ein Schriftsteller Individualist sein kann, wenn nicht aus Verzweiflung oder um den Menschen zu trotzen. Es ist notwendig, daß die Menschen mich lesen. Es ist notwendig, daß meine imaginäre Welt zu der ihrigen wird. Seit meiner Kindheit habe ich einen bleibenden Charakterzug: Mich verstecken, mein Geheimnis den anderen gegenüber bewahren. Ich glaube, daß hinter meiner Art, transparent zu sein und im Vordergrund zu stehen, dieser alte Charakterzug steckt. Ich bin sehr scheu, und sogar meinen Bekannten gelingt es nicht, mein Geheimnis zu durchschauen. Es ist möglich, daß meine Liebe zum Erzählen von diesem Zug herrührt, wie auch vom Wunsch, dem Unbewußten meines Lesers zu begegnen, in seinen Tiefen und an der Oberfläche. Das ewige Leben der Klassiker hat mich immer sehr erstaunt. Wie erkennen wir uns in den dreitausend Jahre alten Werken? Was ist der wirkliche Grund dieser Begegnung? Vielleicht erkennen sich Menschen in solchen Werken, weil diese die menschliche Wahrheit, die Menschlichkeit erreicht haben? Weil sie die menschliche Seele in ihrem Reichtum zeigt, kann die künstlerische Wahrheit, die vor etwa dreitausend Jahren hervortrat, auch heute frontal erschüttern. Vor einigen Jahren sagte mir ein Freund: »Kannst du mir Yaşar Kemals Auffassung von Menschlichkeit erklären?« In unserer eigenen Tiefe können wir so gut einem Mörder begegnen, der hundert Menschen totgeschlagen hat, wie einem Helden, der für das Wohl der Menschheit gewirkt hat, einem Gelehrten oder einem

Künstler. Gibt es einen Menschen, dem wir nie verzeihen könnten, oder einen Mensch, an dem nichts zu bewundern wäre?

Welche Epoche wir auch betrachten, wer die Klassiker liest, interpretiert ihr Werk neu und erschafft es neu. Werden die großen Kunstwerke nicht in jeder Epoche neu erschaffen? Ob Schriftsteller, Propheten oder Moralisten: Es gelingt mir nicht, sie zu verabscheuen. Der Haß ist mir nicht vertraut. Sogar den Mörder meines Vaters wollte ich verstehen. Noch heute versuche ich unablässig, die Beweggründe dieses Mannes zu verstehen. Meine Trilogie mit dem Titel *Kimsecik* ist eine Frucht dieser permanenten Suche. Ob Prophet oder Moralist, wenn es einem Autor gelingt, die menschliche Wahrheit in den Tiefen des Unbewußten zu erfassen, wenn die Menschen sich in ihm wiedererkennen, wenn er sein Erzählen meistert und sein Handwerk kennt, wird er sein Publikum fesseln, was auch immer geschieht. Wenn ich ausdrücklich die Umwelt und die Natur in meine Arbeit integriere, tue ich das aus folgendem Grund: Man kann die Wahrheit nur erfassen, wenn man den Menschen in den Vordergrund stellt. Deshalb antwortete ich Ihnen: »Alle Autoren schreiben ihre Çukurova«, Tolstoi, Kafka oder Joyce ... »Lektionen erteilen« – das ist nicht die Frage. Ich glaube, es geht darum, die innere Wahrheit des Menschen zu erfassen. Bei jedem Wiederlesen leide ich so sehr mit Priamos, daß ich am liebsten wie ein griechischer Rhapsode seinen Schmerz beklagen würde. Ich bin voller Bewunderung für Achilles; auch ihm verdanke ich ein Epos: Er hat sich dem Alten gegenüber richtig verhalten, den er nicht mit leeren Händen wegschickte ... So zielt man über eine Entfernung von dreitausend Jahren, um »den aschgrauen Kranich im Flug ins Auge zu treffen«.

ALAIN BOSQUET: Wir schreiben kein akademisches Buch und werden nicht einzeln Ihre Figuren analysieren. Auf der ganzen Welt wird es eine eindrückliche Zahl an Arbeiten geben, die sich dem widmen. Ich möchte nur anbringen, daß seit *Memed* viele Jugendliche durch die Schule des Lebens gegangen sind. Sie entwachsen einer Kindheit, wo die Fabel wichtig ist, sie prallen zusammen mit der Grausamkeit, der Macht, den Intrigen, dem Kampf zwischen Gut und Böse. Sie gehen auf eine Wahl zu und treffen nicht immer die glückliche. Würden Sie zugestehen, daß diese Haltung charakteristisch ist für Ihre Werke und daß sie oft darin vorkommt? Sie entspricht dem »Bildungsroman«, wie man ihn im achtzehnten Jahrhundert in England und zur Zeit Goethes in Deutschland kannte.

YAŞAR KEMAL: Sie haben recht mit Ihrer Bemerkung über meine Figuren, die durch die Schule des Lebens gehen: Das ist in meinen Romanen allgegenwärtig.

Man muß ja feststellen, daß die außergewöhnlichen Schicksale früh beginnen. Nehmen wir die Anführer der sowjetischen Revolution: Sind sie nicht hauptsächlich sehr junge Menschen? Sind nicht auch Achilles und Hektor sehr jung? Waren es nicht auch Che Guevara und Castro? Und Alexander der Große? Man könnte noch viele aufzählen. Sehr jung beginnen, um zum Erfolg zu gelangen; vielleicht liegt darin eine menschliche Wahrheit.

Da Sie *Memed mein Falke* erwähnten, werde ich Ihnen erzählen, wie mir die Idee dazu gekommen ist. Es wird etwas dauern, ich bitte Sie und den Leser um Entschuldigung. Ich bin bekannt dafür, daß ich ausführlich schreibe: Man wirft es mir oft genug vor.

Eines Tages las ich ein altes Dokument über die osmanische Geschichte. Ich stieß auf die Großtaten eines gewissen Ahmed, Scheich von Sakarya. Dieser Ahmed ernannte sich zum *Mahdi*, ein Titel, der für den Sohn eines großen Meisters reserviert ist, dem Imam Hasan al Askari. In Anatolien glauben die Anhänger der Glaubensgemeinschaft der Aleviten, daß der Mahdi nicht tot ist: Er ist unsterblich. Am Jüngsten Tag wird er erscheinen und die Ordnung der Welt wiederherstellen; er wird das Böse geißeln, damit die Welt im wiedergefundenen Frieden und Glück lebe. Andere sunnitisch-muslimische Gruppen teilen diesen Glauben. Deshalb erwähnt die Geschichte der Seldschuken und des Osmanischen Reichs mehrere Inkarnationen des Mahdi. Jedesmal bekämpften diese Gottesmänner die Seldschuken oder Osmanen. Einige dieser Aufstände waren so erfolgreich, daß die Revolte von Baba Işak im dreizehnten Jahrhundert Konya, die damalige Hauptstadt, bedrohte. Dank den byzantinischen Söldnern gelang es dem Sultan der Seldschuken, die Aufständischen zu besiegen.

Der Scheich von Sakarya, den der Chronist erwähnt, war einer der messianischen Kriegsherren. Er ernannte sich zu Beginn des siebzehnten Jahrhunderts zum Mahdi, und es gelang ihm, mit einigen tausend Anhängern das Expeditionskorps von fünfzigtausend Soldaten zu schlagen, das der Sultan Murad IV. zweimal gegen ihn aussandte. Kurz nach diesen Kriegszügen schlug Sultan Murad auf seinem Eroberungszug nach Bagdad sein provisorisches Lager in Konya auf.

Der Großwesir und der Generalstabschef suchten ihn auf und sagten: »Meister, wir sind auf dem Weg nach Bagdad mit dieser ganzen Armee, aber haben Sie an den Scheich von Sakarya gedacht, den wir zweimal zu vernichten suchten, der die Berge in der Nähe Ihrer Hauptstadt besetzt hält? Wird er nicht von Ihrer Abwesenheit profitieren, um Istanbul anzugreifen?«

Der Sultan wandte sich seinem Generalstabschef zu und befahl: »Nimm dieses arabische Pferd, dieses Schwert, diesen pelzgefütterten Mantel und diese Standarte, und übergib sie dem Scheich von Sakarya. Ich ernenne ihn zum Wesir der drei Yakschwänze. Er soll eine Armee von fünftausend Mann versammeln und zu mir stoßen. Da er vorgibt, der Mahdi zu sein, werden wir, wenn ich Bagdad bezwungen habe, gemeinsam die Weltordnung wiederherstellen und den Frieden, die Freiheit und die Gleichheit einführen. Das ist ein Dienst an Gott.«

Der Generalstabschef begab sich zum Mahdi. Der Chronist beschreibt den Scheich von Sakarya: »Er war ein junger Mann, mit einem Bart, so schwarz wie Ebenholz, edel, schlank und großgewachsen, mit einem Lächeln auf den Lippen.«

Der Generalstabschef übermittelt die Botschaft des Sultans. Der Mahdi antwortet: »Ich kann nicht einwilligen!«

Der Generalstabschef insistiert: »Mein Scheich, wie du weißt, sind wir unter dem Kommando des Sultans auf dem Weg nach Bagdad mit einer Armee von hunderttausend Mann. Zweimal haben wir versucht, dich zu unterwerfen, doch du hast uns besiegt. Es ist undenkbar, daß Istanbul jetzt ohne Soldaten und ohne seinen Herren bleibt, und wir dich zwei Schritte von der Hauptstadt entfernt lassen. Wisse, daß wir mit unserer Armee gegen dich marschieren werden. Als Entgelt ernennt dich der Gebieter zum Wesir der drei Yakschwänze. Du wirst eines Tages Großwesir.

»Ich kann nicht einwilligen«, wiederholt der Mann.

»Wisse, daß wir deiner habhaft werden. Du kennst das Gesetz. Wir führen dich nach Konya. Dort wirst du an die Kruppe eines Esels gebunden, und man wird dich drei Tage lang auf den Märkten von Konya zur Schau stellen; man wird dich demütigen, man wird dir die Augen ausstechen. Du wirst bei lebendigem Leib gevierteilt und zerstückelt.«

»Ich weiß, doch kann ich nicht einwilligen.«

»Scheich, o mein Scheich, bist du von Sinnen?«

»Nein, ich bin nicht verrückt, aber ich muß meine göttliche Mission erfüllen!«

Die Voraussagen des Generalstabschefs erfüllten sich: Der Scheich wurde nach hundert Demütigungen und Folterqualen auf dem Markt von Konya hingerichtet.

Als ich jung war, glaubte ich, daß es auf dieser Welt Menschen mit einer »Verpflichtung« gibt. Später begriff ich, daß die Welt voller aufrührerischer Schicksale ist, wie das des Scheichs von Sakarya.

Für mich war die Welt vor allem das Werk dieser Aufständischen; sie drückten die Quintessenz unserer Menschheit aus. Sie hatten unser Universum verändert, um es uns in seinem jetzigen Zustand zu übergeben. Sie werden es auch in Zukunft verändern, sie werden uns helfen, dem Bösen zu widerstehen, und uns in eine menschlichere Welt führen. Es sind Männer, die in den Kampf zogen, Menschen, die den Kampf aufnahmen, obwohl sie wußten, daß sie alles, auch ihr Leben, verlieren würden; sie kämpfen, obwohl ihr Scheitern vorhersehbar ist, und sie gehen ihrem Schicksal entgegen: dem Schicksal der Besiegten.

Ich kenne heute viele solcher Menschen. Verallgemeinernd kann man sagen, daß die Menschheit dazu verdammt ist, sich aufzulehnen.

Diese »Menschen mit einer Verpflichtung« empfinden

das Gefühl der Auflehnung am stärksten, das sich in jedem von uns findet.

Mit *Memed mein Falke* habe ich über vier Romane hinweg versucht, diesem »Menschen mit einer Verpflichtung« und dem Gefühl der Auflehnung auf den Grund zu gehen. Im ersten beginnt Memed zufällig seine Laufbahn als Bandit. Das Volk, dessen Revolte er ausdrückt, ergreift Besitz von ihm, um ihn auf die Wege seiner Wahl zu führen. Sogar ohne das Wissen um sein eigenes Schicksal transformiert sich Memed in einen Mann, der verpflichtet ist zu revoltieren. Als er begreift, daß das Leben als Bandit ausweglos ist, akzeptiert er seine Verpflichtung. »Nie wird ein Bandit Herr der Welt sein«, sagt ein altes türkisches Lied. Während Jahrhunderten hatte das türkische Volk Zeit, dieses Sprichwort zu erproben. Doch zu allen Zeiten haben sich die Menschen aufgelehnt.

Ich war fünfundzwanzig Jahre alt, als ich *Memed mein Falke* zu schreiben begann. Memed war einundzwanzig. Ich war mehr als sechzig Jahre alt, als ich den vierten Band beendete. Er war erst fünfundzwanzig. Manchmal denke ich darüber nach, was ihm anschließend hätte geschehen können. Hätte ich ihn in mein heutiges Alter führen können? Ich glaube nicht. Als *Memed mein Falke* an sein Ende gelangte, war er auch in mir beendet. Ich merkte, daß ich unfähig war, einen weiteren Satz über ihn zu schreiben. Wie bin ich dahin gelangt? Ein Rätsel.

Es fällt mir auf, daß ich in unseren Gesprächen oft sage: »Ich weiß nicht, ich verstehe nicht, ein Rätsel.« Es gibt ganz offensichtlich viele Dinge, die ich in dieser Welt nicht verstehe.

Ich weiß nicht, ob meine jungen Helden denen der »Bildungsroman« aus dem achtzehnten Jahrhundert in Deutschland und England gleichen. Ich kultiviere dieses

Genre nicht. Neben Memed habe ich mehr an den Figuren der Alten und Kinder gearbeitet. Ich glaube nicht, daß in meinen Büchern die Jungen mehr wiegen als die Alten oder die Kinder.

Ich glaube, ich habe Ihre Frage nicht wirklich beantwortet. Wenn ich die Bildungsromane des achtzehnten Jahrhunderts, von denen Sie sprachen, besser kennen würde, hätte ich Ihnen vielleicht genauer antworten können.

ALAIN BOSQUET: Man begegnet bei Ihnen in verschiedenen Formen einer anderen typischen Figur: dem Machthaber oder dem Tyrannen oder dem Chef eines Clans. Er setzt sich entweder durch den Schrecken oder durch die willentliche Blindheit der anderen durch. Er toleriert den Dialog nicht und löst Tragödien aus. Jedesmal löst diese Figur, die beinahe ein Archetyp ist, Revolten aus, auch auf die Gefahr hin, sich selbst zu verändern. Versinnbildlicht er in Ihren Augen die absolute Autorität oder das Bild des Vaters, gleichzeitig im Sinne Jupiters und Freuds? Ist immer er es, der die Bewußtwerdung auslöst? Wenn die Jungen ihr Joch abschütteln wollen, versuchen sie sich zu befreien?

YAŞAR KEMAL: Der Aga ist eine der Figuren, über die ich in meiner Jugend viel geschrieben habe. Daß sich archetypische Figuren so leicht herausbilden, hat mich immer irritiert. Sie entsprachen nicht meiner Vorstellung von einer guten Romanfigur. Ich begegnete den Agas häufig in meinem Alltagsleben. Sie waren sich alle ähnlich. Ich konnte ihre Veränderung beobachten; auf jeden Fall die Versuche, die sie unternahmen, sich zu verändern. Sie entsprachen nicht dem geläufigen Bild des Feudalherren, sie waren nur halbfeudal. Man kann von primitiven Kapitalisten sprechen, wenn man diese Art von Definition akzeptieren kann. Sie waren eigenartige Persönlichkeiten. Tyrannisch, durchtrieben, sie fürchteten sich nicht davor, sich über Traditionen hinwegzusetzen, wenn diese sie störten. Obwohl sie in ihrer erstarrten Stellung abgeschottet waren, konnte ich als Schriftsteller ihre Psyche erforschen und ihre

Besonderheiten ans Licht bringen. In den Bänden zwei, drei und vier von *Memed* habe ich versucht, sie aus dem Halseisen der Archetypen zu befreien. In ihrem tiefsten Inneren gab es viele Elemente, die von Klischees nur verschleiert werden. Ich konnte sie erfassen, aber es ist mir nicht gelungen, den klischeehaften Charakter zu lockern, der diesen Figuren anhaftet.

Ich empfinde immer noch die Unzufriedenheit, versagt zu haben, kein vollständiges Bild von ihnen gezeichnet zu haben. Ihren Untergebenen gegenüber hatten sie ein unveränderlich brutales Benehmen, doch wenn sich ihre Untergebenen als die Stärkeren erwiesen, zogen sie sich schnell in ihr Schneckenhaus zurück und zeigten sich sanft. Oft waren sie ohne Mitleid. Sie hungerten die Menschen aus, schnappten sich ihre kleinen Habseligkeiten, behandelten sie wie Sklaven. Wenn sie Angst hatten, hatten sie große Angst! Es waren Menschen voller List, ohne Glauben, sie anerkannten keine menschlichen Tugenden, sie waren vor allem Meister im Erteilen von Befehlen, sie beuteten die Tagelöhner auf ihren Besitztümern skrupellos aus. Gewisse Agas waren sehr verbunden mit den Traditionen und der Religion: diese verhielten sich menschlicher. Auch wenn wenig von ihrem feudalen Erbe blieb, bezeugten sie Respekt vor der Ehre der Menschen, zögerten nicht, ihnen entgegenzugehen, öffneten ihr Haus dem Pächter und dem Tagelöhner. In ihren Häusern empfingen sie die Menschen, ohne sie nach ihrer Herkunft zu unterscheiden, zumindest kam das hin und wieder vor.

Die Agas waren kleine Tyrannen. Macht und Reichtum beruhten weder auf Tradition noch Genealogie, sondern auf Grundbesitz und Vieh. Sie spielten die Mittelsmänner zwischen der Regierung und dem Volk. Wer mit der Verwaltung zu tun hatte, wandte sich zuerst an seinen Aga, und der brachte die Sache zu Ende. Die Agas koppelten ihre Macht mit dem Einfluß der Verwaltung.

Hinter dem kapitalistischen Lack hat sich bis heute das Verhalten der Agas kaum geändert. Dieser »feudale« Typus stirbt aus und verändert sich, aber das Verhalten zu ihren Untergebenen bleibt. Solange sie nicht von der Bühne abtreten, werden sie immer die Ordnung der Agas aufrechterhalten, ob sie es wollen oder nicht. Auch wenn sie sich unter dem Einfluß des Kapitalismus verändern, erkennt man bei diesen Überlebenden immer noch die Einstellungen des verschwundenen Standes.

Die Agas des feudalen Typs waren Vaterfiguren, aber nicht die Agas der anderen Sorte. Die letzteren waren darauf auch gar nicht angewiesen. Wie dem auch sei, ich finde viele Schwachpunkte in meinen Darstellungen dieser Figuren. Meine Jugend als zorniger Militanter hat es mir unmöglich gemacht, eine unparteiische Einstellung zu bewahren. Im Grunde hatte ich gar nicht das Bedürfnis, bei dieser Art von Mensch in die Tiefe zu loten.

Heute richtet sich meine Wut gegen einen neuen Typ von Aga, gegen die Halbkapitalisten, die »Halb-Agas«. Auch wenn sie die äußeren Zeichen der Agas abgelegt haben, auch wenn sie in Großstädten wie Ankara, Istanbul, Izmir oder Adana leben, auch wenn sie Fabriken und Holdings besitzen, ist es ihnen nicht gelungen, bürgerliche Werte auf sich zu vereinigen. Ich möchte in ihrem Fall lieber von Kreaturen als von Menschen sprechen. Seltsame Menschen, eine bisher unbekannte Variation des Menschengeschlechts, schwierig zu erfassen, und ich bemühe mich, sie zu verstehen. Die meisten sprechen eine Sprache und führen ein Leben, das sich noch nicht des Flitterwerks aus der Welt der Bauern und Agas entledigt hat. Ihr Benehmen beschränkt sich auf die unterwürfige Imitation des kapitalistischen Konsums, auf das Nachäffen der Bourgeoisie. Es ist nicht möglich, sie wie einen Aga oder einen Feudalherren zu erfassen. Europa hat sie auch gekannt. Bei Balzac und den russischen Schriftstellern tauchen sie auf. Nach Möglichkeit versuche ich, sie in meinen Romanen zu integrieren, sie in ihrem Milieu darzustellen.

ALAIN BOSQUET: In vielen Ihrer Romane begegnet man einer ebenso rätselhaften Figur, die durch eine jähe Veränderung der Tonart und der Psychologie oft die Handlung unterbricht und eine Art Roman im Roman bildet – oder ein Theaterstück in einer Tragödie. Es handelt sich um den Bettler, der auch Wandersänger, Blinder, Weiser, Poet sein kann: Kurz, jemand, der weder durch die Vernunft noch die weltliche Macht, sondern einzig durch die Magie des Wortes über das Gewissen wacht. Er erzählt Geheimnisvolles oder absichtlich Unverständliches, wie bei Racine schaltet sich Phantastisches und Traumhaftes ein oder wie bei Sophokles die weit zurückliegende Erinnerung an eine Vorahnung. Geht es darum, das Gewissen der Figuren aufzuwühlen, oder darum, den Leser zu verzaubern, ihn von der Logik der Erzählung abzulenken? Aus welchem verborgenen Winkel Ihrer Kindheit taucht dieser Deus ex machina wohl auf?

YAŞAR KEMAL: Das stammt aus einer alten Tradition. Da diese Technik meine Erzählform erleichterte, habe ich sie in der Trilogie *Der Wind aus der Ebene*, *Das Unsterblichkeitskraut* und *Eisenerde, Kupferhimmel* angewendet. Ich war Zeuge der Entstehung neuer Mythen. Unter welchen Bedingungen erschafft ein Individuum oder eine Gesellschaft den Mythos? In *Eisenerde, Kupferhimmel* beschreibe ich die Entstehung eines Mythos, ich habe mich ausgiebig bereits existierender Mythen und der Erinnerungen alter Rhapsoden bedient. Ich habe einen Weisen, einen Barden, einen blinden Magier eingeschleust, obwohl es dem Ablauf der Erzählung schadete. Diese Erzähler, diese Dichter, diese zwischengeschalteten Erzählungen verstärkten, was ich erzählen wollte. Alle großen alten Erzähler griffen auf die Magie zurück, die das Wort ermöglicht. Wenn ich zum modernen Roman etwas beigetragen habe, ist es vor allem die Anwendung dieser Erzähltechnik in einer neuen Sprache. Es macht mich verlegen, unter diesem Blickwinkel von mir zu sprechen. »Für wen hält der sich denn!« werden die Leute zu Recht sagen. Ich habe keine andere Erzählform gefunden, die so wirksam wäre. Durch bestehende Mythen konnte ich die Entstehung eines neuen Mythos verstärken und glaubhaft machen. Ich will, daß die Leser in meine imaginäre Welt eintreten. Das Innenleben meiner Figuren kann sich durch diesen nützlichen Winkelzug besser entfalten. Für mich ist die uns umgebende Welt voller Magie. Wie könnten wir sonst eine Welt voller Schmerz und Probleme aller Art ertragen? Warum uns sonst an diese Welt klammern, in die wir aus der Finsternis gekommen sind und aus der wir wieder in die Finsternis zurückkehren. In der *Ilias* sagt Homer: Von allen Lebewesen leidet der Mensch am meisten; als einziger ist er sich des unausweichlichen Todes bewußt. Wie können wir diese Welt ertragen, wo wir doch um das Unausweichliche wissen? Kann uns etwas anderes als Magie an diese Welt binden? Die Lebensfreude vielleicht? Die Mythen, die wir erschaffen, tragen sie nicht zu dieser Lebensfreude bei? Sind die Mythen, die Epen nicht Freudenschreie? Glauben Sie, daß die Menschheit bei vollem Bewußtsein fähig gewesen wäre, die Schmerzen und Qualen zu ertragen, die sie zu erleiden hatte? Ist die Menschheit nicht die Schöpferin der Mythen? Wer rettet uns in dieser dürren Welt, wenn nicht die Mythen, die wir dem Alltag beigeben? Übertreibe ich? Sie sind einer von denen, die mich am besten verstehen, als Autor und als Mensch. Wir berühren uns in unserem Inneren, und es verbindet uns eine große Brüderlichkeit. Und doch kommen wir aus ganz verschiedenen Richtungen. Wir haben nicht einmal eine gemeinsame Sprache, um uns zu verstehen. Aus welcher Quelle entspringt unsere Berührung? Ist nicht auch dies Magie?

Ich sagte Ihnen bereits, daß ich mich nicht am Leser orientiere. Wie soll man erraten, was er mag und lesen will! Meine Arbeit besteht darin, diese magische Welt zu erzählen und was darin geschieht: Mich von der Wahrheit der Natur und des Menschen, der magischen Wahrheit der Erzählung, der Magie des Wortes hinreißen lassen. Der Wirklichkeit dieser magischen Welt eine Wirklichkeit hinzufügen, die wirklicher ist als die Wirklichkeit. Wir hatten einen großen Dichter, der im dreizehnten Jahrhundert lebte: Yunus Emre. Er sagt: »Es gibt ein Ich in mir, jenseits von mir.« Um mit seinen Worten zu sprechen, sage ich: »Es gibt die Wirklichkeit jenseits der Wirklichkeit; es gibt die Magie jenseits der Magie.«

Will ich durch die gewählte Erzählform das Gewissen der Menschen aufwühlen? Nein, ganz und gar nicht. Das Gewissen aufzuwühlen würde mir gar nichts bringen. Wenn es darum geht, dieses Aufwühlende zu erschaffen, um eine wunderbare Realität, einen Traum, eine Traumwelt besser wiederzugeben, dann will ich sicherlich den geeigneten Rahmen schaffen. Bedeutet dies das Gewissen aufwühlen? Ich denke, es handelt sich eher um die Suche nach einer neuen Erzählstruktur. Den Leser verzaubern? Um ihn aus unserer magischen Welt in andere Welten der Magie zu führen? Sicher. Ich kenne keine mächtigere Magie als die des Wortes.

Wenn ich an eine Vorbestimmung glaube, ist es die Vorbestimmung der Magie des Wortes. Ich wurde mir dieser Magie erst ziemlich spät bewußt, doch seit meiner Kindheit führt sie meine Schritte von Dorf zu Dorf, von Epos zu Epos, sogar schon zu der Zeit, als ich mit den unbeholfenen Gedichten eines Anfängers die Meisterbarden imitierte. Sie können nicht wissen, wie sehr diese Zeit für mich eine Zeit der Magie war. Meine eigene Magie, die ich auf den Gesichtern der Zuhörer lesen konnte. Ja, es gibt eine Magie jenseits aller Magie …

ALAIN BOSQUET: Eine der Konstanten in Ihren Büchern ist Ihre Sorgfalt, ja Ihre Obsession, mit der Sie Menschen beschreiben, die einer jähen Veränderung der Sitten preisgegeben sind. Sie kommen aus dem Mittelalter oder dem Agrarzeitalter und finden sich plötzlich einer alles verändernden Mechanisierung und Modernisierung gegenüber. Die Autorität des Vaters oder der Mutter verschwimmen, die Kinder leben in der Stadt, man organisiert sich, man lebt nicht mehr im Rhythmus der Jahreszeiten, man kämpft für seine Rechte, die Menschen sind kaum mehr Individuen, sondern ein Proletariat. Sehen Sie eine Gefahr in diesem Prozeß? Oder glauben Sie, daß Sie darin eine Ihrer reichsten Inspirationsquellen finden? In diesem Fall könnte man Sie mit Dickens vergleichen, der die Fallen der englischen Fabriken und das Elend der Industrie um 1830 aufzeigte. Oder mit Balzac, der sich zur Zeit Louis-Philippes über das Los der Arbeiter entrüstete. Oder mit Maupassant oder dem Zola der geldgierigen Bourgeoisie vor und nach dem Krieg von 1870. Oder dem Gorki des Übergangs zu mehr oder minder bezahlter manueller Arbeit. Das hieße, Sie im neunzehnten Jahrhundert oder dem ersten Drittel unseres Jahrhunderts anzusiedeln, was keineswegs meine Absicht ist.

YAŞAR KEMAL: In den fünfziger Jahren erlebte die Çukurova, das Land meiner Romane, eine Invasion von Traktoren. Ich hatte bereits während mehrerer Sommer als Traktorfahrer gearbeitet. Ich war so gebannt vom neuen Bündnis der Erde mit der Maschine wie später von der

Magie der Worte. Ich hörte sogar auf, Gedichte zu schreiben, und wandte mich den Novellen zu. Ich hörte auf, mit meinen Geschichten von Dorf zu Dorf zu eilen. Ich wurde in eine ganz neue Welt hineingeschleudert, mit ihrem eigenen Zauber.

Ich sprach bereits von der extremen Hitze bei uns. Nachmittags erheben sich die weißen Wolken auf der Seite des Mittelmeers vom Erdboden und steigen langsam bis zum Horizont. Mit den Wolken erhebt sich vom Mittelmeer her der Wind, den wir *garbi* nennen. Jeden Tag um vier Uhr beginnt der Vorgang von neuem. Das war auch die Stunde, da wir auf unsere Traktoren stiegen, um mit der Feldarbeit zu beginnen. Riesige Schaufeln durchpflügten tief die Erde. Bei Nachteinbruch, wenn die Sterne aufgingen, bohrten sich die Scheinwerfer der Traktoren noch immer in die Ebene. Hunderte von Lichtern in dieser Ebene, so flach wie eine Hand, mitten in tiefschwarzer Nacht ... Der Geruch der Erde hüllte die Nacht ein. Man arbeitete bis zum Morgengrauen auf den Feldern. Dann aß man und ruhte sich unter den Bäumen aus. Am frühen Nachmittag kehrte die Stunde der Wolken wieder, vom Mittelmeer her, und der kleine Wind. Es war so heiß, daß man das Metall der Traktoren nicht berühren konnte, so glühend heiß war es.

Während jener Zeit lernte ich die Menschen der Erde näher kennen. Für sie symbolisierte der Traktor ein neues Abenteuer, etwas Phantastisches: das Versprechen einer Welt der Freude.

Die Bauern hatten keine Schwierigkeiten, sich an den Traktor zu gewöhnen und mit diesen Maschinen zu leben. Früher hängten sie ihren Kühen und Pferden Glücksbringer aus blauem Glas um, um sie vor dem bösen Blick zu schützen; nun schmückten sie ihre Traktoren damit. Der Traktor war eine Hochzeit, ein Fest. Man glaubt, es sei schwierig, ein Proletarier zu werden. Die Menschen reißen sich los von tausend Traditionen und verändern sich radikal. Ich war voller Bewunderung Augenzeuge dieser Bauern, die mit Leichtigkeit zum Proletariat übergingen. Natürlich waren sie noch an diese oder jene Tradition gebunden, doch noch stärker klammerten sie sich an diese neue Welt. Diese Metamorphose ist das Grundthema meiner Romane. Die Veränderung des Menschen angesichts neuer Bedingungen, die Mutation der Natur als Antwort auf die soziale Veränderung: Dieses menschliche Abenteuer war die Quelle meiner Bewunderung.

In meinem ebenen Land verschwanden in ein paar Jahren wie durch Zauber die Wälder, die Sümpfe, das Röhricht, als hätte sich eine magische Hand auf die Çukurova gelegt und die Erde verwandelt. Diese Umwälzung ist das Werk des Traktors. Eine ganze Welt ist entschwunden. Mein Land wurde zu einer leeren landwirtschaftlichen Wüste. Das Korn schlägt blonde Wellen in den Sommerfeldern, und schon erscheint eine neue Welt wie aus Zauberhand.

Die allmähliche Zerstörung der Natur ist eine große Gefahr für die Menschheit. Mit der Veränderung des Ökosystems hat sich auch die Natur des Menschen verändert, aus dem Gleichgewicht geworfene Lebewesen sind erschienen. Das Volk der Ebene, das ich gekannt habe, entsprach nicht mehr dem Bild vom gesunden Menschen früherer Zeiten. Die Traditionen und Sitten veränderten sich rasch, im guten wie im schlechten Sinn. In meinem Land war die Blutrache Teil der Kultur. Nach dem Erscheinen des Traktors verschwand diese Tradition. Ich habe es beschrieben: es ist nur ein Beispiel.

Wenn die Entfremdung des Menschen eine Gefahr ist,

geht es auch darum, mit dem Finger auf sie zu zeigen. Aber die Entfremdung ist eine der Charakteristiken des Menschen: Wir werden ihm nie eine definitive Erscheinung geben können. Sobald man sich von der Natur entfernt und nicht mehr symbiotisch mit ihr lebt, ist die Verfremdung unvermeidlich. Gut oder schlecht? Ich habe keine Antwort. Dies ist eine unvermeidbare Realität. Was soll man sagen über die jähe Zerstörung der Natur durch die Maschine? Und über das Verschwinden der Wälder, die Verunreinigung der Meere und Flüsse, die Verwandlung der Luft in Gift, die Städte, die schlimmer werden als die Hölle? Das ist die große Gefahr ... Trotz dieser Gefahr rennen die Menschen in den Wahnsinn. Wir leiden an dieser Krankheit, unserem Verlangen nach gieriger Konsumation ... Wie könnte man glauben, daß die Magie dieses Ganzen – wenn man in diesem Fall von Magie sprechen kann – nicht die imaginäre Welt beeinflußt hätte, die ich erschaffen habe?

Ich war nie ein Pessimist. Die Menschheit, die die Finsternis fürchtet, weiß sich mythische Welten und Traumwelten zu schaffen, um ihren Weg weiterzuverfolgen; wenn sie in die Enge getrieben ist, wird sie Mittel finden, um sich zu retten. Die gegenwärtige Technologie hat uns dahin geführt, wo wir jetzt sind. Aber sie wird uns erlauben davonzukommen. Ein verschwundener Wald, ein zerstörter Fluß: nur die Technologie ist fähig, sie ins Leben zurückzurufen. Glücklicherweise können wir uns auf diese zukünftige Technologie verlassen.

Die größte Gefahr liegt darin, daß unsere Werte zerstört werden, daß sie sich nicht erneuern lassen. Natürlich werden sich diese Werte entwickeln, aber wenn sie verschwinden? Ohne daß neue entstehen? Der größte Wert des Menschen ist seine Kreativität: Führt ihre starke Erosion nicht zu ihrer Erschöpfung? Davor habe ich wirklich Angst. Was denken Sie darüber? In meinem eigenen Land, dem Land meiner Romane, war ich Zeuge des Verschwindens vieler Werte binnen weniger Jahre. Ich befürchte, daß das noch andauern wird. Ich imaginiere Lösungen, um den Lauf der Dinge mit all meiner Hoffnung aufgehalten – wird das etwas verändern?

Ich schöpfe Vertrauen, wenn ich die Geschichte des Menschen betrachte. Und doch bin ich für den Moment unfähig, eine Lösung zu finden. Kann sich die Menschheit, die dem Verfall und dem Verschwinden ihrer Werte zusieht, wieder in ihre Gewalt bekommen? Ist sie in der Lage, einen Sprung nach vorne zu machen, mit ganz neuen Werten, wo die Natur selbst wieder ihren angemessenen Stellenwert haben wird? Wir wissen so viel über unsere Welt, diese Dunkelheit macht mir angst. Es ist wunderbar, daß der Mensch auf den Mond reisen kann, zu diesem klaren Licht, das unsere Erde überflutet ... Wir müssen weiterhin die Freude und die Helligkeit besingen. Unsere Befürchtungen sind nicht gerechtfertigt in Anbetracht dieser unbegrenzten Schöpfungsmacht, dieser Fähigkeit, in der finstersten Verzweiflung Hoffnung zu schöpfen, die Hoffnung inmitten der Verzweiflung zu erschaffen. Man darf vor dem Menschen keine Angst haben, solange jeder Sonnenaufgang sein kommendes Glück verheißt.

Die Lebensbedingungen des heutigen Schriftstellers haben keine Ähnlichkeit mit denen des neunzehnten Jahrhunderts. Wenn ich das Elend des türkischen Arbeiters teile, wohne ich der täglichen Ermordung der Natur und der Zerstörung menschlicher Werte ohnmächtig bei, doch auch wenn ich eine mythische Welt erschaffe, bleibe ich vom Alltag meiner Gesellschaft abhängig. Ich versuche, diese chaotische Welt in ihrer Komplexität zu leben. Im neunzehnten Jahrhundert machte die Maschine angst; mich versetzt sie in staunende Bewunderung.

Nie hat die Welt eine so umwälzende Veränderung durchgemacht. Ich lebe, so sehr ich kann, in der heutigen Zeit, in den Fabriken, auf den Feldern, in der Natur, in der Politik, im Geist; mit allen meinen Kräften versuche ich, dieses Tempo mitzuhalten. Ich bin überglücklich, daß ich mit einem Fuß in der antiken Erde Anatoliens stehe, bei Homer, und mit einem Fuß in der russischen Steppe. Inmitten so großer Reichtümer leide ich unter meinem Ungenügen. Die Menschen brauchen Traumwelten, in denen sie sich selbst begegnen. Ich tue, was ich kann, aber ich gebe die Hoffnung nicht auf, noch reichere Universen zu erfinden.

ALAIN BOSQUET: In Ihren Werken findet sich keinerlei Bekehrungseifer. Sie ziehen die Vernunft nicht den dunklen Mächten vor oder umgekehrt. Sie sind lyrisch, ohne eine phantastische oder ätherische Sicht unserer Zeit anzupreisen. Sie sind episch, doch ihre Helden sind immer auch Antihelden. Das Unvorhersehbare bei Ihnen ist nicht unvorhersehbar. Die Epik trägt alles mit sich, mit dem leidenschaftlichen Vergnügen des Geschichtenerzählers, das Sie mitreißt. Indem Sie den Eindruck vermitteln, die Geschichten zu meistern, erleiden sie sie. Der Mensch des zwanzigsten Jahrhunderts, der sich selbst und gleichzeitig sein Gegenteil ist, muß sich nicht verstehen, um intensiv zu leben.

YAŞAR KEMAL: Der Mensch erdenkt den Menschen, seit er sich seines Menschseins bewußt wurde, und eine der großen Leidenschaften des Menschen ist der Mensch. Trotz all dieser Forschungen sind wir noch nicht sehr weit fortgeschritten im Wissen um uns selbst, da der Mensch das Produkt einer wunderbaren und komplexen Vermehrung mannigfaltiger Fülle ist. Vielleicht lernt der Mensch seine Grenzen kennen, damit er seine eigene Wahrheit erreicht. Vielleicht stößt unsere Sprache an ihre Grenzen, wenn es darum geht, uns zu verstehen und uns auszudrücken. Zu allen Zeiten beklagten sich die Dichter über die Beschränktheit ihrer Sprache, um ihre Gefühle und Gedanken auszudrücken. Wir sind ja nicht einmal in der Lage, das Universum des bewußten Ausdrucks zu verstehen oder zu meistern. Vielleicht täusche ich mich?

Ich denke, daß wir große Schwierigkeiten haben, uns im Bereich des Unbewußten zu bewegen. Ich habe Ihnen von Yunus Emre, unserem großen Dichter aus dem dreizehnten Jahrhundert erzählt, der für seinen Ausspruch berühmt ist: »Es gibt ein Ich in mir, jenseits von mir.« Es gibt im Menschen Hunderttausende von Ich jenseits des Ich. Das Unbewußte, das jenseits des Bewußten liegt, bleibt trotz all unseren Bemühungen ein großes Rätsel.

Ich denke, daß wir, indem wir unsere Schöpferkraft mobilisieren, über die Kreativität Zugang finden können zu diesem unbekannten Teil von uns. Geht die Kreativität aus dem Instinkt hervor? Welches sind ihre Quellen? Bewußter Prozeß oder Bereich des Unbewußten? Andere Mechanismen, die wir noch nicht kennen? Wir wissen, daß wir nicht wissen, wie wir kreieren. Würden wir die kreativen Ressourcen des Menschen untersuchen, würden wir viel über den Menschen erfahren.

Dieses kreative Potential, das ich das Abenteuer des Erschaffens nenne, interessiert mich brennend, und ich denke viel darüber nach. Jedesmal, wenn der Mensch verstehen wollte, ob es um die Natur oder um das Universum ging, jedesmal, wenn er entdecken wollte, mobilisierte er diese Schöpferkraft.

Wie erschaffen wir? Wir würden viel gewinnen, wenn wir uns diese Frage öfter stellen würden. Es ist möglich, daß wir die Quellen der Kreativität nicht finden können, aber die Bemühungen auf einer solchen Reise versprechen uns Begegnungen mit unseren Geheimnissen.

Wenn ich an den Ursprung der Kreativität denke, sehe ich einen Ort der Klarheit und des Lichts. Ich sehe auch viel Hoffnung. Ich klammere mich an dieses Licht und diese Hoffnung: wie alle unsere Meister, wie die ganze Menschheit. Ich frage mich, ob sich in der Finsternis eine

Schöpferkraft verbergen mag. Was bindet uns so stark an diese Welt und an das Leben?

Lieber Freund, Sie sehen, Sie haben mich in ein Abenteuer verwickelt, das eine zu große Herausforderung ist. Daß ich während Jahren widerstanden habe, hängt vielleicht mit dieser Befürchtung zusammen. Und doch habe ich alle Ihre Fragen beantwortet. Ich ließ mich von meiner alten Gewohnheit treiben: über meine Ängste und ihre Ursachen hinauszugehen.

Über meine Ängste und ihre Ursachen hinauszugehen: Dabei denke ich auch an die Begegnung mit meiner eigenen Realität. In meinen Romanen finden Sie immer die Angst und Menschen, die ihr entgegengehen, um sie zu besiegen. Ich stürze mich immer auf das, was mir angst macht. Lange glaubte ich, das sei nur mein Charakter. Dann erkannte ich, daß wir zahlreich sind in dieser Situation. Auf zu den Quellen der Kreativität! Und auf zu Begegnungen mit neuen Sophokles, neuen Cervantes, neuen Molières, neuen Shakespeares! Darauf beruht unser Glück.

Yaşar Kemal im Unionsverlag

Memed Zyklus

Memed, mein Falke

Die Disteln brennen

Das Reich der Vierzig Augen

Anatolische Trilogie

Der Wind aus der Ebene

Eisenerde, Kupferhimmel

Das Unsterblichkeitskraut

Auch die Vögel sind fort

Die Ararat Legende

Das Lied der tausend Stiere

Töte die Schlange

Zorn des Meeres